기독교적 관점에서 본 중독 상담과 치유

일 중독
상담과 치유

| 조숙자 지음 · **양동욱** 감수 |

쿰란출판사

추천사

　근래 상담 및 심리 치료에 대한 관심이 많이 높아지고 있습니다. 상담 및 심리 치료가 21세기에는 희망적인 성장 직종이라고 말하기도 합니다. 그런데도 상담 및 심리 치료에 대한 안내 책들은 그리 많지 않습니다. 그래도 출판되어 나와 있는 책들은 일반 상담 및 심리 치료에 관한 것들이 대부분입니다. 그중에도 중독이나 일 중독 등에 대한 심리 치료 상담기법에 관한 책은 턱없이 부족합니다. 아마 중독이나 일 중독에 대한 상담이 다른 분야의 상담보다 훨씬 어렵기 때문이기도 할 것입니다.

　일반적 심리장애는 장애로 고통받는 사람이 그런 고통에서 벗어나려고 약물 치료나 상담을 솔선해서 받는 경우가 많지만 중독자는 그런 중독 현상으로 행복감을 경험하기 때문에 본인이 의지적으로 상담에 참여하는 게 잘 안 되는 것 때문에 이 분야의 상담기법의 발전도 더딘 것이 아닌가 생각합니다.

　이런 상황에서 조숙자 박사가 중독과 일 중독에 대한 상담기법 책을 출판하게 된 것은 상담 실제에 큰 도움이 될 것으로 확신합니다. 특히 이 책은 목회 상담이나 기독교 상담 분야에는 좋은 상담 안내서가 될 것이 확실합니다. 왜냐하면 필자가 이 책을 쓰는

입장이 기독교적 관점에서 중독자 및 일 중독자를 치료하는 기법을 제시하고 있기 때문입니다.

  필자는 기독교적 관점을 확고하게 밝히고 이런 입장의 특성을 잘 기술하는 데 초점을 맞추면서도 상담에서 성서적 입장을 고수하는 보수적 기독교 상담자들과는 달리 일반 상담기법이라도 기독교적 관점과 충돌하지 않으면 그런 학설도 중독을 이해하는 이론으로 받아들이고 있는 융통성을 보이기도 합니다.

  여하튼 이번에 출판하는 중독환자에 대한 상담기법 및 실제에 관한 이 책이 목회 상담이나 기독교 상담을 전공하는 임상가나 이 분야에 관심을 갖고 있는 상담 지망생들에게는 유익한 안내서가 될 것이라고 확신하면서 기꺼이 추천합니다.

2017년 2월 1일
서울대학교 명예교수 원호택

추천사

영국의 존 번연이 쓴 《천로역정》에는 '무지'(無知)라는 이름을 가진 특이한 인물이 등장합니다. 무지는 '헛된 소망'의 도움을 받아 죽음의 강을 건너 천성의 문까지 이르게 됩니다. 그러나 왕에게 보여줄 증명서가 없어 '무지'는 '크리스천'을 천성으로 이끌었던 빛나는 이들에 의해 지옥의 문으로 던져지게 됩니다. 자신의 영적 상태 즉 '무지'를 점검하였으면 하는 아쉬운 마음이 듭니다.

일 중독, 세상의 수많은 병들 중에 이해하기 어려운 병입니다. 자신의 문제를 일 중독으로 인식해야 치료가 가능한데 대부분 '강한 자기부정'의 방어기제가 작용되어 치료가 어렵게 됩니다. 더 나아가 사명에 집중하는데 왜 나를 일 중독자로 몰아세우는가 하고 자기 변명이나 합리화나 은폐를 시도하기도 합니다.

일 중독을 '치료받아야 하는 병'으로 인식하지 못하기 때문입니다.

일 중독은 저자가 밝힌 대로 죄악이며, 잘못된 경배(a disorder of worship)이며, 병적이며 관계를 깨뜨리는 역기능적 요소입니다.

백석대학교에서 기독교 세계관에 기초하여 상담학을 전공한

　조숙자 교수가 쓴 《일 중독 상담과 치유》는 정신의학과 신학, 그리고 신앙의 복잡한 함수관계를 쉽고 재밌게 잘 설명해주고 있습니다. 포스트모던 시대의 혼돈과 고통 속에 신음하는 현대인들에게 일 중독에 대한 바른 이해와 구체적인 치유 방법을 제시하여, 일 중독자뿐만 아니라 이를 상담하는 전문가들에게도 좋은 책으로 생각됩니다.

　이 책은 의과학적으로 치우쳤거나 신앙적으로 치우쳤던 치유 사역의 균형을 잡고, 전인치유의 폭넓은 이해와 도움을 주는 숨겨진 보화가 담겨 있기에 모든 이들에게 기쁨으로 적극 추천하는 바입니다.

2017년 2월 1일
백석대학교 총장 최갑종

서문

필자는 어려서부터 지금까지 교회에서 성장하고 교회에서 청년 시절을 보냈습니다. 가난한 신학생을 만나 결혼을 하고 교회를 개척하였습니다. 교회가 성장함에 따라 남편은 교회일로 바쁘기 시작하였고, 자녀들 역시 엄마의 손길을 많이 필요로 하지 않을 만큼 성장하였을 때 '나 혼자 재미있게 놀 수 있는 방법이 무엇이 있을까?'를 고민하였습니다.

그 고민의 해답은 공부를 하는 것이었습니다. 그래서 40대 중반에 시작한 학문이 상담 공부였는데 너무 재미있고 즐거웠습니다.

공부하면서 깨달은 것이 있었습니다. 그것은 열정과 비전으로 끊임없이 일하면서 지쳐 있는 남편이 일 중독이라는 것이었습니다. 그래서 남편을 대상으로 연구하면서 쓴 박사학위 논문이 "목회자들의 일 중독에 관한 연구"입니다. 논문이 완성되어 갈 무렵에는 큰 성과가 있었습니다. 남편이 일 중독임을 인식하고 어느 정도 치유되어 함께 쉼을 누릴 수 있게 되었습니다.

필자는 대학에서 상담학을 연구하고 강의를 하면서 중독, 그중에서도 일 중독에 대해 깊은 관심을 갖게 되었습니다. 그간의 학문적 성과를 바탕으로 중독이란 큰 테두리 안에서 일 중독과 관련된 책을 집필하였고 그 결실을 이제 세상에 내놓게 되었습니다.

　이 책은 중독 또는 일 중독과 관련된 상담학을 공부하거나 중독에 관심을 갖고 있는 사람들을 위하여 쓰였습니다. 이 책을 읽으면서 중독에 대한 폭넓은 이해와 특히 일 중독에 대한 종합적인 접근이 가능할 것입니다. 또한 기독교적 관점에서 어떻게 상담하고 치유할 것인가에 대한 구체적인 방법론을 함께 공부할 수 있을 것입니다.
　따라서 이 책을 공부하게 되면 중독에 대한 보다 깊은 이해와 일 중독에 대한 분석적 시각과 효과적인 상담 기법 및 치유 방법을 확보할 수 있게 됩니다. 이를 위해 필자는 가능하면 일상생활과 연관 지으며 책을 쓰려고 노력하였습니다. 따라서 중독 혹은 일 중독의 원인과 치유과정을 알기 원하는 모든 분들이 쉽게 공감하며 누구나 크게 어려움을 겪지 않고 읽을 수 있을 것입니다.

　작은 꽃 한 송이도 그냥 한순간에 꽃이 피고 열매가 열리는 것은 아닐 것입니다. "한 송이의 국화꽃을 피우기 위해 봄부터 소쩍새는 그렇게 울었나 보다"라고 노래한 어느 시인의 시처럼, 이름 없는 꽃이라도 이를 피우기 위해서는 봄부터 햇살도 필요하고, 바람도 첨가해야 하며, 심지어는 새의 노래도 소용되는 법입니다. 보잘것없는 이 책이 나오기까지 역시 많은 사람의 땀과 수고와 격려가 필요했습니다.
　그중에서 양동욱 신학박사와 함께 중독에 관해 토의하고 오랜 시간 함께 연구하면서 땀을 합치는 시간이 있었습니다. 양동욱 박사는 필자와 함께 오랜 세월을 같은 교회에서 신앙생활 하면서 믿음의 교제를 나누었던 성실한 목회자이며 학자입니다. 필자의 중독에 대한 집필 과정에서 많은 토론을 함께 하였고, 신학적 이론의 틀을 구성하는 데 큰 도움을 주었습니다. 본 책의 신학적 접근과 해석의 상당 부분은 양동욱 박사의 도움을 받았습니다.

또한 다듬어지지 않은 원고를 일일이 읽으면서 영문 철자 하나하나까지 교정해 주신 전 한국외국어대학교 학장 예영수 박사님과 전체적인 내용을 점검하고 추천사를 써주신 서울대학교 심리학과 명예교수 원호택 장로님, 제가 학문적 결실을 맺게 해준 모교 백석대학교 최갑종 총장님께 머리 숙여 깊은 감사를 드립니다.

저의 인생 동반자인 김성기 목사에게 감사의 마음을 전합니다. 남편의 격려와 도움이 없었다면 저는 상담학을 공부할 엄두도, 본서를 집필할 생각도 못하였을 것입니다. 포기하고 싶은 순간에도 언제나 같은 마음으로 격려와 질책을 아끼지 않았습니다.

내가 준 사랑보다 더 많이 나를 사랑하고 지지해 주는 두 아들, 여호수아, 영광 전도사는 나의 최대 후원자이며 자랑입니다. 새롭게 가족이 된 며느리 현분이의 자족하는 마음씀씀이가 고맙고 감사할

뿐입니다. 또한 재롱둥이 손녀 아현, 선아는 나를 늘 웃게 합니다.

　필자를 이 자리에 있게 한 것은 아버지 같은 큰오빠(조창환 장로)의 기도와 헌신이 있었음을 고백합니다.

　세계로장로교회 교인들에 대한 마음의 빚은 이루 말할 수 없을 것입니다. 나의 연구와 집필을 위하여 중보기도를 아끼지 않았으며 나의 상담 활동에 대하여 언제나 즐거운 마음으로 응원하고 참여하여 주셨습니다. 상담학에 대한 이론적 바탕을 현장에서 검증하고 이의 토대를 쌓아올리는 데는 우리 교우들의 도움과 참여가 절대적이었습니다.

　우리나라가 급격하게 서구화되면서 한편으로는 미국에서 경험하는 것처럼 우리나라에도 각종 중독이 큰 사회적 문제로 대두되고 있습니다. 이런 사회 병리 현상을 진단하고 치유하기 위해서는 더욱 많은 사람의 연구와 사례 축적과 관심이 필요합니다. 이 소중한 가치를 향한 발걸음을 위하여 본 책이 한 줌의 '마중물'이 된다면 필자에게는 더없는 기쁨과 영광이 될 것입니다.

2017년 2월 1일
상담학 박사 조숙자

목차

추천사　원호택(서울대학교 명예교수) | 2
　　　　최갑종(백석대학교 총장) | 4
서 문 | 6

제1부　중독에 대한 일반적 이해

1장_ 중독이란 무엇인가? | 18

1. 현대사회와 중독 | 18
2. 중독의 정의 | 25
3. 중독의 특징 | 33
　1) 일반적 특징 | 33
　2) 중독의 정서적 특징 | 40
4. 중독의 종류 | 44
　1) 물질 중독 | 45
　2) 과정(행위) 중독 | 46
5. 긍정적 측면 | 50

2장_ 중독의 원인에 대한 접근 모델 | 56

1. 생물학적 모델 | 57
   1) 유전적 요소 | 58
   2) 신경생리적 요소 | 59
   3) 신체구조적 요소 | 59

2. 심리학적 모델 | 61
   1) 정신 역동적 측면에서의 이해 | 62
   2) 행동 심리학적 측면에서의 이해 | 67
3. 사회 환경적 모델 | 70
4. 신학적(영적·도덕적) 모델 | 75
   1) 죄의 결과로서의 중독 | 76
   2) 욕망의 포로로서의 중독 | 78
   3) 불안 반응으로서의 중독 | 84

3장_ 중독의 치유 | 91

1. 중독자의 치유를 위한 일반 원칙 | 91
2. 중독자의 치유전략 | 97
   1) 시작단계-중독 인식하기 | 98
   2) 중간단계(과도기) | 102
   3) 종료단계-새로운 자아 정체성 완성단계 | 110
3. 대상관계 이론에서 본 중독의 원인과 치유 | 113
   1) 대상관계 이론의 기본개념 | 114

2) 대상관계 이론에서의 중독 | 118

   3) 대상관계 이론(자기 심리학)에서 본 중독의 치유 | 125

   4) 대상관계 이론과 기독교 상담 | 130

   5) 대상관계 이론과 교회의 역할 | 137

 4. AA 12단계 프로그램을 활용한 중독의 치유 | 140

   1) AA 12단계의 의미 | 140

   2) AA 12단계의 시초와 발전 | 143

   3) AA 12단계의 내용 | 144

   4) AA 12단계가 함축하는 의미 | 157

제II부 일 중독

4장_ 일 중독이란 무엇인가 | 164

 1. 일 중독의 의미와 정의 | 170

 2. 일 중독과 물질 중독의 비교 | 170

 3. 일 중독의 원인과 이해 | 174

   1) 일 중독의 원인에 대한 신체적 이해 | 175

   2) 일 중독의 원인에 대한 심리적 이해 | 177

   3) 일 중독의 원인에 대한 사회 시스템적 이해 | 181

   4) 일 중독의 원인에 대한 영적·신학적 이해 | 191

   5) 일 중독의 원인에 대한 일반적 이해 | 198

 4. 일 중독자의 성격적 특징 | 201

 5. 일 중독의 유형 | 203

1) 계속형 일 중독자 | **204**
  2) 폭식형 일 중독자 | **205**
  3) 주의력 결핍형 일 중독자 | **206**
  4) 감상형 일 중독자 | **208**

5장_ 일 중독과 탈진(burn out) | **210**

  1. 탈진이란 무엇인가? | **210**
  2. 탈진의 증상 | **215**
  3. 탈진의 예방 및 대책 | **216**

6장_ 일 중독의 진단 | **219**

  1. 일 중독에 대한 진단 기준 | **219**
  2. 브라이언 로빈슨의 검사지 | **226**
  3. 프랭크 미너스(Frank Minirth)의 검사지 | **230**
  4. 스펜스와 로빈스(Spence & Robbins)의 진단 검사지 | **233**

제Ⅲ부 일 중독과 치유

7장_ 일 중독과 가정의 치유 | **238**

  1. 일 중독과 가족 안에서의 동반 의존 | **239**
  2. 일 중독자 가정의 치유 | **243**

8장_ 일 중독과 휴식 | 252

1. 위협받는 현대인의 일과 여가 | **252**
2. 노동관에 대한 역사적 변천 과정 | **256**
3. 일에 대한 기독교적 전망 | **260**
4. 여가에 대한 기독교의 가르침 | **264**

9장_ 일 중독과 AA 12단계를 활용한 치유 | 269

1. AA 12단계의 적용 | **269**
2. 일 중독자들을 위한 12단계 방안 | **271**
3. 현장에서 12단계를 활용하여
   일 중독을 치유할 때의 고려사항 | **274**

10장_ 일 중독과 영적 회복을 통한 치유 | 277

1. 일 중독과 영적 회복(영성 회복)의 관계 | **277**
2. 영적 회복을 통한 일 중독의 치유과정 | **284**
   1) 삼손의 섹스 중독 | **284**
   2) 삼손의 파멸과 회복의 과정 | **288**

제Ⅳ부 일 중독과 상담

11장_ 일 중독과 상담 | 294

1. 상담에 대한 일반적 이해 | **294**
   1) 개별화의 원리 | **297**

2) 의도적 감정 표현의 원리 | **297**

   3) 통제된 정서 관여의 원리 | **297**

   4) 수용의 원리 | **297**

   5) 비판단적 태도의 원리 | **298**

   6) 자기 결정의 원리 | **298**

   7) 비밀 보장의 원리 | **298**

 2. 기독교 상담과 일 중독 치유 | **299**

12장_ 일 중독과 상담의 실제 | **303**

 1. 일 중독자에 대한 상담전략 | **303**

   1) 초기단계 | **304**

   2) 본격적인 치유과정 | **305**

   3) 회복단계 | **307**

 2. 일 중독자에 대한 구체적인 상담 적용 | **311**

   1) 1단계: 선정단계 | **312**

   2) 2단계: 상담 및 치유과정 | **313**

   3) 3단계: 계속 치유전략 제공 및 상담 종료 | **322**

 3. 중독을 치유하는 상담자를 위한 제언 | **324**

참고문헌 | **332**

제1부

중독에 대한 일반적 이해

1장

중독이란 무엇인가?

1. 현대사회와 중독

어니스트 헤밍웨이는 제1차 세계대전 후의 시대 모습을 '잃어버린 세대'(lost generation)라고 표현하였다. 그의 소설인 《해는 또다시 떠오른다》(The Sun Also Rises) (1926)의 서문에서 "당신들은 모두 잃어버린 세대의 사람들입니다"(You are all a lost generation)라는 표현으로 당시의 시대상을 말하고 있다. 제1차 세계대전은 역사상 유래가 없을 정도로 많은 사상자와 전쟁의 상흔을 남겼다. 무엇보다도 당시 사람들에게 미래 세계에 대한 희망을 접도록 하였다. 이런 현상은 제2차 세계대전 이후 더욱 심각하게 나타났다. 틸리히는 20세기 서구문명의 현실을 '토대의 흔들림'으로 표현했다.[1] 제1, 2차 세계대전을 거치면서 서구문명은 급속한 사회변동을 경험하게 되었다. 그것은 기존 사회 시스템 붕괴 및 새로운 사

---

1) Paul Tillich, The Shaking of the Foundations, 김광남 역, 《흔들리는 터전》 (고양: 뉴라이프, 2008), 5.

회체제의 도래를 의미한다. 이것은 과거에 대한 상실이요, 또한 오늘을 뒷받침하고 있던 사회토대의 '흔들림'을 의미한다.

르네상스를 출발로 하는 근대주의는 인간에 대한 신뢰와 미래에 대한 긍정을 의미했다. 중세사회에서 인간의 자유로운 활동을 억압했던 모든 전통과 인습과 속박은 프랑스 대혁명을 통하여 완전 해체되었다. 이후에 인류는 이성의 자유로운 활동과 합리주의, 그리고 과학의 발달로 미래에는 비약적 발전을 이루게 될 것이라고 믿게 되었다. 그러나 제1, 2차 세계대전은 이런 인간에 대한 낙관적 견해에 대한 심각한 회의를 가져왔다. 제1, 2차 세계대전에서 대규모 살상과 전 지구적 파괴행위는 근대주의가 표방하고 있던 이성과 합리성 및 과학주의에 대한 신뢰에 심각한 의심을 가져왔다. 인류가 심각한 가치관의 혼돈을 경험하게 된 것이다. 따라서 제1, 2차 세계대전 후의 사회는 이제 근대주의에서 벗어난 포스트모던 사회로 표현하게 되었다. 포스트모던 사회는 '근대 이후'의 사회를 의미한다. 구체적으로는 포스트모던(post-modern)은 '후기'(後記) 혹은 '탈'(脫)을 뜻하는 포스트(post)와 근대를 의미하는 모던(modern)의 합성어로 '근대 후기' 또는 '탈근대'를 의미한다.[2]

포스트모던 사회는 여러 면에서 근대사회와 비교된다.

첫째로, 포스트모던 사회는 절대적 진리나 가치를 인정하지 않는다. 근대사회에서는 구성원 간에 공통의 진리와 가치관이 존재하였다. 그러나 포스트모던 사회에서는 절대적 진리관이 아닌 상대적 가치를 인정한다. 사람들은 이제 사사시대처럼 각자가 "사람마다

---

[2] 신국원,《포스트모더니즘》(서울: 한국기독학생회, 1999), 13.

자기 소견에 옳은 대로 행하"(삿 17:6)는 사회에 살고 있다. 자신의 가치관과 행동이 다른 사람의 이익을 침범하지 않고 사회에 큰 위험이 되지 않는다면, 각자의 소견대로 살아가는 것을 허용하는 시대가 되었다. 이를 달리 말하면, 다원화 사회가 되었음을 의미한다.

이처럼 포스트모던 사회는 이런 개인의 자유로운 가치와 활동을 보장하지만, 한편으로는 개인이 혼돈을 느낄 수밖에 없게끔 한다. 현대사회는 어느 절대적 선이나 가치를 인정하지 않기 때문에 무엇이 진정 옳은지에 대한 판단은 각자의 몫이 되었다. 따라서 다원화된 사회에서는 개인들이 상황에 따라 각자의 소견에 옳은 대로 행동을 하게 되고, 이것은 많은 가치관의 충돌과 혼선을 가져오게 된다. 각자의 판단에 따른 행동의 결정에 따라 사람 간의 충돌이 일어날 수밖에 없고, 이것이 때로는 혼란으로 이어지기도 한다.

둘째로, 포스트모던 사회는 공동체성의 상실을 가져왔다. 근대사회는 가정과 지역사회와 국가가 촘촘하게 연결된 공동체 사회였다. 작게는 가정이란 영역에서 시작하여 넓게는 지역사회와 국가 공동체란 영역에서 서로가 관계망을 연결하며 의존적인 삶을 살았다. 개인의 문제와 갈등은 가정이나 지역사회에서 대부분 해결되었다. 가정과 지역사회는 인간이 살아가는 데 필요한 정서적 안정과 보호를 제공하는 성채였다. 그러나 포스트모던 사회는 고도의 개인주의 사회를 지향한다. 가정 해체가 급속하게 진행되고 있으며, 지역사회는 시민의 삶에서 더 이상 큰 의미를 가지지 못하게 되었다. 특별히 1인 가구의 급속한 증가는 전통적인 가정의 변화를 가져오는 계기가 되었다. 1인 가구 수는 2000년대에 들어서면서 빠르게 증가하는 추세다. 한 언론에 따르면 지난 2000년에 전체 인구 중 1인 가구가 차지하는 비중은 15.6%였지만, 2015년에는 27.1%에 이를 것으로 전망한다. 오는 2035년이 되면 전체 인구의 3분의 1이 넘는 34.3%가 1인 가구가 될 것으로 예측하고 있다.[3] 이는 부모와 자녀세대가 동거하는 전통적인 가정이 급속하게 붕괴되고 있다는 것을 의미한다. 이런 현상은 미혼 남녀들의 결혼 기피 현상과 맞물려 더욱 가속화되고 있다.

인간은 사회적 존재이다. 인간은 가정이란 사회 속에서 태어나 지역사회의 울타리에서 친교를 통하여 생활방식을 배우고 생활을 유지하면서 사회를 형성한다. '나'라고 하는 존재는 '우리'의 일부분으로서 의미를 가지게 된다. 사람은 사회 안에서 사회를 통하여 인간다운 인간으로 성장해 갈 수 있다. 슈츠(A. Schutz)에 의하면, 인간은 세 가지 인간관계에 대한 기본적 욕구가 있다고 한다. 첫째는 타인과의 교제를 통하여 소속감을 유지하려는 소속의 욕구이며, 둘째는 지배하려는 지배의 욕구, 셋째는 우정과 친밀감을 통하여 사랑을 확보하려는 애정의 욕구이다.[4]

그러나 현대사회는 개인의 이런 소속감과 친밀감과 연대감을 채워줄 사회적 공동체의 역할과 의미가 점점 약화되어가고 있다. 그리고 그 자리를 군중 속에서 고독한 개인이 채워가고 있다. 이런 사회에서는 사회 해체의 단면을 보여주는 자살률과 우울증 환자의 급속한 증가가 불가피하게 나타난다. 자살을 시도하는 사람들의 공통된 현상이 자신의 옆에서 진지하게 대화를 나눌 사람이 한 명도 없다는 점이다. 단 한 명이라도 자신과 함께한다는 믿

---

3) 〈조선일보〉, 2015. 3. 15.
4) 이재창 외,《인간 이해를 위한 심리학》(서울: 문음사, 1995), 490.

음이 있으면 사람은 자살을 시도하지 않는다고 한다. 현대사회의 단절과 소외가 개인의 정서적, 영적 토대를 허물고 있음을 알 수 있다.

셋째는, 풍요 사회의 도래에 따른 물질주의적 경향이다. 포스트모던 사회는 자본주의의 심화에 따른 풍요로운 사회를 달성하였다. 그래서 오늘의 미국 사회를 '풍요 공동체'라고 칭하기도 한다. 그런데 이런 풍요사회는 한편 영적인 실체나 가치에 대한 외면을 가져오게 되었다. 근대 이전 사회에서는 물질의 이면을 구성하는 영적, 정신적 실체에 대한 관심이 있었다. 그러나 오늘의 포스트모던 사회는 물질적 풍요에 바탕을 두고 감각적이면서 육체적 쾌락을 추구하고 있다. 그래서 현대사회의 특징을 오락화 및 감각사회로 칭하기도 한다.

여가활동이 장려되며 특별히 경마와 합법적인 도박이 허용된다. 이런 사회에서 개인의 관심사는 자신의 취미활동과 여가활동을 보장하기 위한 경제활동에 최우선적으로 관심을 쏟게 된다. 삶의 목적이 좀 더 많은 즐거움을 위하여, 좀 더 많은 돈을 버는 데 집중되어 있다.[5] 이런 사회에서는 사람 그 자체가 목적이 되지 못하고 수단화가 된다. 상대방은 내가 함께 손잡고 나갈 동료가 아닌 경쟁상대가 되며, 또한 '일'(labor)은 단순히 돈을 벌기 위한 수단에 지나지 않는다. 따라서 개인들은 극히 이기적이며 수단적인 삶의 행태를 보이게 된다.

---

[5] 미국의 1992년 대통령 선거에서 민주당 후보였던 클린턴의 선거 전략 "문제는 경제야, 바보야!"(It's the economy, stupid!)라는 구호에서 보여주는 것처럼 정부의 존재 이유가 오직 경제적인 편익 제공에 맞추어져 있었다.

넷째로, 포스트모던 사회에서는 '소외'가 발생하게 된다. 소외(alienation)라는 용어는 오늘의 현대 포스트모던 사회의 문제점 및 병리현상을 분석하는 데 가장 많이 사용되는 용어의 하나이다. 소외의 의미는 인간이 사회와 삶의 중심적 위치에 자리를 잡는 것이 아니라, 상품과 자본 그리고 물질이 사회의 중심이 되고 인간은 이런 과정에서 주체성을 상실하고 종속되는 현상을 의미한다. 바로 인간의 수단화가 되는 것이다. 결국 가치관의 다원주의, 공동체성의 상실, 오락 및 감각사회의 출현은 단절화된 개인을 양산했으며, 삶의 목적을 오직 개인적 쾌락의 증진에 두게 되었다. 그 가운데 인간 상호 간의 단절과 소외가 일어나게 되는 것이다.

이런 소외된 사회에서는 병리현상으로 '중독'이란 현상이 발생한다. 중독은 단순히 개인적 일탈행위로 치부할 수 없다. 사회적 동물인 인간에 대한 온전한 이해를 위해서는 현대사회의 특성과 관련하여 종합적으로 접근을 해야 한다. 따라서 본 장에서 중독이란 현상을 이해하기 위해서는 먼저 거시적으로 오늘의 사회에 대한 병리현상을 날카롭게 분석할 수 있어야 한다. 포스트모던 사회에서 인간은 그 자체가 목적이 아니라 수단화되어 가고 있으며, 이것이 인간소외를 일으키고 있다는 것을 이해할 필요가 있다. 인간소외에서 나타나는 공허함을 물질이나 행위로 메우기 위해 각종 중독현상이 다른 어느 시대보다 더욱 광범위하게 나타나고 있다. 이런 거시적 관점을 우선 이해한 후에, 더욱 구체적으로 개인적인 특성을 고려하면서 미시적으로 접근을 할 때 우리는 중독에 대한 온전한 이해를 도모할 수 있게 될 것이다.

인간은 무엇보다도 영적이면서 공동체적인 존재이다. 사람이 살아가는 데 있어 물질적 필요만 충족된다고 해서 모든 것이 해결되는 것은 아니다. 사람들의 삶에 대한 만족도를 조사한 '세계 웰빙 지수'에서 한국이 전체 조사 국가 135개국 중 75위를 차지한 것[6] 은 시사하는 바가 크다. 한국 사회의 물질적인 포만이 정서적 만족까지 꼭 가져오는 것은 아니라는 것을 보여준다. 정서적 필요를 충족하지 못하는 가운데 단절된 삶을 살아가는 개인은 필연적으로 영적 공허감과 고립감을 해소할 수단을 강구하게 된다. 알코올 중독, 도박 중독, 쇼핑 중독, 마약 중독, 일 중독의 급증은 바로 이런 사회 현상과 밀접한 관련을 가지고 있다.

과거 전통사회에서의 개인은 삶의 커다란 위기를 경험할 때, 가족과 친족과 지역 공동체 안에서 의존과 상담과 지지를 통하여 극복이 가능했었다. 그러나 오늘의 극심한 개인주의를 경험하고 있는 현대사회에서는 심각한 위기가 찾아오거나 혹은 사회생활에서 경험하는 극심한 스트레스를 경험할 때, 자신을 지지해 줄 지지판을 확보하기가 어렵다. 그런 상황은 손쉽게 알코올, 도박, 쇼핑, 마약 등에 의존하려는 유혹을 가지게 된다. 이런 것들에 탐닉함으로써 경험하는 쾌락과 해방감은 더욱 중독 물질에 대한 집착을 불러일으킨다. 이런 과정을 거쳐서 결국 중독에 빠지게 되는 것이다. 중독을 개인적 문제이면서 동시에 사회적 문제로 보아야 하는 이유가 여기에 있다. 이런 관점에서 이제 '중독'이란 무엇을 의미하는가를 먼저 살펴볼 것이다.

---

6) 〈조선일보〉, 2014. 9. 17.

2. 중독의 정의

최근의 한국 사회에서 예전과 비교하여 빈번하게 사용되는 단어가 있다면 그것은 '중독'이라는 단어일 것이다. 과거에는 중독이라고 할 때 대부분이 알코올 중독, 담배 중독, 마약 중독과 같은 물질 중독에 한정하여 사용되었다. 그러나 사회 구조가 다양하게 분화되고 전문화되면서 과거에는 볼 수 없었던 새로운 다양한 종류의 중독이 등장하고 있다. 일례로 골프 중독, 음식 중독, 일 중독, 낚시 중독과 같은 새로운 명칭들이 등장하고 있다. 이것은 사회가 그만큼 복잡하고 다양화되어 가면서 과거에는 볼 수 없었던 일탈적인 행동이나 혹은 성향이 많이 출현하고 있다는 증거이기도 하다.

또한 정신의학이나 상담학에서 중독현상에 대하여 많은 관심을 보이면서 이전에는 중독에 포함시키지 않던 것들을 중독이라는 범주에 포함시키면서 더욱 다양한 중독에 대한 명칭들이 나타나게 되었다. 그 예로, 성 중독은 과거에 중독으로 보지 않았다. 오히려 남성에게는 '정력이 출중하다'는 의미를 가지기도 하였으며, 부러움의 대상이 되기도 하였다. 그러나 지금은 성에 대한 과도한 집착을 성 중독으로 포함시켜 연구대상으로 삼고 있다.

한편, 최근에는 과거에 가지고 있던 중독에 대한 부정적인 인식이 완화되어 가치중립적인 접근을 하는 경향이 많아지기도 하였다. 특별히 다양한 과정 중독이 출현하면서 이것들을 이전에 알코올 중독이나 마약 중독과 같은 부정적이고 극복해야 할 종류의 중독으로 보던 것을 탈피하려는 노력들이 학계에서 나타나고 있다. 이런 입장은 중독을 보다 중립적인 입장에서 접근하여 효율적인 상담적 치유책을 찾고자 하는 과정의 일환으로 등장하게 되었다. 그 예로, 일 중독을 일반 다른 물질 중독처럼 혐오적이고 일탈적인 성향이나 과정으로 치부한다면 일 중독에 대한 바른 이해를 할 수 없게 된다. 따라서 다양한 사회에서 다양한 중독적 행태나 성향을 관리하기 위해서는 가치판단을 가능한 배제하고 중독자와 공감하며 동행하는 가운데 치유하려는 노력들이 상담학에서 나타나게 되었다.

이렇게 다양하고 새로운 중독의 행태들이 출현하였기에, 이를 효과적으로 접근하기 위해서는 먼저 중독에 대한 정의가 이루어져야 한다. 적절한 경계선을 설정하여 중독 행위와 비중독 행위를 구분할 필요가 있다. 또한 중독에 포함된 다양한 중독 행태들에 대하여 공통점과 상이점을 비교 연구함으로써 중독 일반에 대한 특성을 도출할 때, 개별적인 중독에 대한 심층적인 이해를 할 수 있게 된다. 그러기 위해서는 중독 물질이나 행위 중독에 모두 적용할 수 있는 일반적인 정의를 필요로 한다.

이런 관점에서 국어사전에서는 중독을 "생체가 약물, 독물, 독서의 독성에 치여서 기능장애를 일으키는 일. 그 경과에 따라 급성 중독과 만성 중독의 구별이 있음"[7]으로 정의하고 있다. 여기에서 우리는 사전적 의미의 중독은 과거의 중독 행태에 한정되어 있고, 현재 다양하게 나타나고 있는 행위 중독에 대해서는 함구하고 있음을 알게 된다. 한편 웹스터 영영사전에 의하면, 중독은 "심리

---

7) 이희승, "중독", 《국어대사전》 (2011)

적으로나 물질적으로 습관을 형성하는 어떤 것에 비정상적으로 의존적이거나 내성적인 것으로 비정상적으로 강력한 갈망을 보이는 것"[8]이라고 설명하고 있다. 여기에서 웹스터 사전이 국어사전보다 더 효과적으로 중독에 대하여 정의하고 있음을 알 수 있다.

한편, 중독의 의미는 라틴어 어원을 살펴보면 그 뜻이 더욱 명료해진다. 라틴어의 'addicence'는 '동의하는 것, 양도하거나 굴복하는 것'을 의미한다. 특별히 로마법정에서 'addict'는 잡혀서 감금된 노예나 주인에게 양도된 사람을 의미한다. 이로 볼 때, 중독은 핵심적 의미가 노예화를 뜻한다는 것을 알 수 있다. 전쟁 포로이든 혹은 채무 불이행으로 인한 노예이든 일단 노예는 자기 자신에 대한 소유권을 자신의 새로운 주인에게 양도당하게 되고 굴복에 동의하게 된다. 자신에 대한 통제권을 상실하여 자신이 아닌 타인에게 종속되어 있는 것이 노예이다. 그렇다면 중독의 핵심적 의미는 바로 나 외의 다른 것에 내가 노예로 종속되어 있다는 것을 의미한다.

한 예로, 알코올 중독이라 할 때 우리는 가끔씩 술을 즐기는 사람들을 알코올 중독이라고 하지 않는다. 적정한 알코올은 스트레스를 해소하고, 대인관계를 원활하게 하는 긍정적인 측면도 있다. 또한 현대인들에게 있어 알코올은 과거보다 더 자주 접하게 되는 환경적 요인도 있다. 직장인들이 퇴근하면서 혹은 회식하면서 알코올을 음용하는 경우가 많이 늘어나고 있다. 따라서 빈번한 술자리를 가진다고 하여 이런 사람을 중독이라고 할 수는 없다. 적어

---

8) "addiction"《Webster's online dictionary》(http://www.websters-online-dictionary.net).

도 알코올 중독이라 불리려면 술에 대하여 종속관계에 있어야 한다. 노예는 강력한 주인에게 모든 것을 의존한다. 주인이 자신을 보호해 주지 못하면 심한 두려움과 무력감에 빠지게 된다. 노예는 스스로 자율적으로 판단하고 행동하는 능력이 없기 때문이다.

이런 관점에서 앤 셰프(Anne Schaef)는 "중독은 우리가 무기력해져가는 과정이다. 그것은 자신의 가치에 맞지 않는 것들을 행하고 추구하며, 우리가 더욱 충동적이며 강박적이 되도록 하면서 통제를 당한다. 중독은 자신과 다른 사람들을 속이고, 거짓말을 하며, 부정하고 숨기려는 긴급한 필요에 굴복당한다. 중독은 우리가 포기하기를 원하지 않는 어떤 것을 포기하는 것"이라고 설명하고 있다.[9] 이는 결국 중독이란 자신을 포기당하며 무기력하게 되어가는 측면이 있다는 것을 설명해 주고 있다.

그런데 여기에서 알코올 중독이 되기 위해서는 의존뿐 아니라 '집착'이란 개념이 다시 포함되어야 한다. 의존할지라도 집착을 보이지 않으면 그것은 중독으로 보기 어렵다. 가령 커피를 좋아하는 사람이 있다. 이 사람은 아침에 일어나면서 진한 커피를 한 잔 마셔야 정서적으로 무엇인가 할 의욕이 생긴다. 특히 회사에서 일에 몰두하기 위해서나 혹은 피로를 풀기 위해서 다른 무엇보다도 커피에 의존한다. 이는 다른 사람보다 커피에 더욱 의존적이라 할 수 있다. 그러나 이런 정도로 커피 중독에 걸렸다고 하지는 않는다. 여기에 커피에 대한 과도한 집착을 보여야 한다. 과도한 집착은 커피 외에 그 어떤 것도 자신에게 피로회복과 정서적 안정과

---

9) Anne Wilson Schaef, *When Society Becomes an Addict* (San Francisco: Harper & Row, 1987), 18.

심신의 휴식을 위해서 대체할 수 없다는 것을 의미한다. 만약에 이 사람이 어느 날 병원에서 진찰한 결과 커피가 건강에 좋지 않으니 끊으라는 권고를 받았다고 할 때, 이 사람이 커피를 끊고 건강에 좋은 다른 차로 대체할 수 있으면 그것은 중독이 아니다. 그래서 집착은 중독 여부를 결정하는 데 중요한 요인이 된다.

제럴드 메이(Gerald G. May)는 과도한 집착을 중독으로 인정하면서 이런 집착이 중독으로 이어지는 과정을 "중독은 욕구에 집착하며 욕구의 에너지를 특정한 행위나 사물 혹은 사람들에게 속박시켜 노예로 만든다. 그리하여 이 집착의 대상들은 우리 마음을 빼앗고 강박관념이 삶을 지배하게 된다"고 설명하고 있다.[10] 구체적으로 집착이 의미하는 영적 의미는 단어 자체가 '못 박다'라는 뜻을 가진 프랑스어에서 유래한 것에서 알 수 있듯이, 우리 욕구를 특정한 대상에 못 박음으로써 노예가 되며 중독에 이르게 되는 것을 의미한다. 따라서 메이는 영적 의미를 가진 집착이란 관점에서 중독에 접근할 것을 주장하고 있다. 그렇지 않고 중독을 단순히 신체적 혹은 심리적 측면에서 접근한다면 온전한 이해와 치유가 불가능하다고 말한다. 중독의 핵심적 의미는 영적인 의미를 가지고 있기 때문에 치유 역시 영적 접근이 선행되어야 한다고 말하는 것이다.

이를 이해하기 위해서는 먼저 인간에 대한 바른 이해가 필요하다. 인간은 동물이면서 한편 여타 동물과 뚜렷한 차이점을 지니고 있다. 그것은 인간이 영적 존재라는 것이다. 인간을 제외한 여타 동물은 생존에 필요한 최소한의 먹거리만 확보된다면 그것으

---

10) Gerald G. May, *Addiction and Grace*, 이지영 역,《중독과 은혜》(서울: 한국기독학생회 출판부, 2006), 14.

로 생존이 가능한 존재들이다. 여기에 또 다른 욕구를 가지지 않는다. 그러나 인간은 또 다른 욕구를 가지고 있다. 마치 비어 있는 저수지와 같은 존재이다. 채워져야 할 빈 공간을 마음속에 가지고 있다. 즉 모든 인간은 선천적으로 '영원'에 대하여 갈망한다. 절대자인 하나님을 향한 갈망을 품고 있다. 신앙인이건 불신자이건 관계없이 절대 영원자에 대한 갈망을 모두 가지고 있으며, 이것은 인간을 다른 동물과 구별짓는 중요한 특징이 된다.

영원에 대한 갈망은 영적으로 절대자와의 바른 관계에서 충족된다. 그러나 에덴동산에서의 추방은 이런 절대자와의 관계를 불가능하게 만들었다. 하나님에 의해 채워져야 할 인간의 영적 공간은 하나님과의 단절에 의하여 영원히 채워질 수 없는 부분으로 남아 있다는 것이다. 비어 있는 영적 공간을 하나님으로 채워야 함에도 불구하고 하나님 외에 다른 어떤 물질이나 행위로 채우려는 과정에서 종속과 집착이 일어나고 이것이 중독으로 이어진다고 메이는 말한다.[11] 결국 중독을 효과적으로 이해하기 위해서는 영적 측면에 대한 올바른 이해가 필요하며, 이것은 성경에서 약속한 하나님의 은혜에 의하여 해결될 수 있다는 것을 올바로 알고 실천할 때 가능하다.

그렇다면 이런 욕구와 집착이 어떻게 중독에 이르게 되는가? 모든 욕구를 중독이라고 할 수는 없다. 과도한 욕구를 중독이라고 한다면 그 '과도한'의 기준은 무엇인가라는 논의가 필요하다. 이에 대하여 아치볼드 하트(Archibald D. Hart)는 욕구에 대한 반응을

---

[11] 위의 책, 24-25.

스스로 통제할 수 없을 때에 그 욕구는 중독이 된다고 말한다. 단순한 욕구는 그저 무엇인가를 원하는 갈망하는 상태이다. 반면에 중독은 그 갈망을 채우려는 행위에 더 이상 자신이 통제할 수 없는 무능력한 상태가 되는 것을 의미한다. 욕구가 점차 강화되어 몸과 마음이 그 욕망에 의존하는 것이 중독이다.[12] 결국 어떤 물질이나 행위에 대한 중독 여부는 그런 물질이나 행위에 대한 자기 통제 가능성에 달려 있다.[13]

자기 통제가 가능하면 중독이 아니다. 다른 사람보다 지나치게 열정적으로 일한다고 하여 그 사람을 일 중독자라고 할 수는 없다. 일에 대하여 본인이 확실한 통제권을 가지고 있으면 그 사람은 일 중독이 아닌, 열정적인 일 수행자이다. 때때로 일을 열심히 하지만, 또한 가정을 위해서 일을 중단할 필요가 있을 때는 일을 포기하고 가족과 함께 여행을 떠난다면 일 중독자가 아니다. 그러나 가족을 위해서 함께 여행을 떠났을지라도 여행지에서 가족 몰래 컴퓨터를 켜놓고 일을 한다면 그 사람은 일에 대한 통제권을 상실한 사람으로 일 중독자이다.

자기 통제를 상실한 사람들이 중독에 이르는 과정은 세 단계로 이루어진다. 첫째 단계는 내적 변화이다. 심리적으로 중독을 합리

---

12) Archibald D. Hart, *Healing Life's Hidden Addictions*, 온누리 회복사역본부 역,《참을 수 없는 중독》(서울: 두란노, 2009), 43-44.
13) 그랜트 마틴(Grant Martin)은 중독과 비중독 간의 차이를 어떤 행위가 자신과 이웃에 유익이 되느냐, 해가 되느냐에 따라 나눌 수 있다고 말한다. 예로 '그 체험이 당신의 생활 능력을 높이는가?', '그것은 당신이 더 효과적으로 일하는 데 도움이 되는가?', '그것은 다른 사람들을 격려하고 세워주는 데 효과적인가?', '그것은 당신이 하나님께 더욱 가까이 가는 데 도움을 주는가?', '그것은 당신이 선택하거나 포기할 수 있는가?'라고 질문했을 때 긍정적인 대답을 할 수 있다면 비중독이고 그렇지 않다면 중독이라고 말하고 있다. Grant Martin, *When Good Things Become Addictions*, 임금선 역,《좋은 것도 중독이 될 수 있다》(서울: 생명의 말씀사, 1994), 36-37.

화하는 변화를 경험하게 된다. 둘째 단계는 생활방식의 변화이다. 생활이 중독을 채우기 위한 방식으로 변화를 경험하게 된다. 이 단계에서는 주위 사람들에게 중독이라는 중독자의 행태가 보다 분명하게 드러난다. 마지막 단계에서는 중독에 열중하기 위한 습관적 행동 외에는 아무것도 할 수 없는 통제 불능의 상태에 빠지게 된다.[14]

우리는 지금까지 논의해 온 중독에 대한 것들에 유의하면서 중독에 대하여 다음과 같이 정의를 내린다.

"중독은 인간의 죄성으로 인하여 특정한 물질이나 행위에 대하여 지속적이면서도 습관적으로 집착을 하며 또한 그런 집착적인 물질이나 행위를 중단하고자 할 때는 금단현상이 나타나면서 더욱 종속적이면서 자기 통제력을 상실하는 경우를 말한다."

여기에서 우리는 중독으로 정의되기 위해서는 집착을 보여야 한다는 것에 유의하여야 한다. 특정 물질이나 행위 외에는 다른 것에 자신이 몰두할 수 없으며 이런 특정한 중독 물질이나 행위들이 결여되면 심각한 무기력증을 느끼게 된다. 또 극도의 우울감이나 조울증에 시달리게 된다. 이런 무기력이나 우울증은 중독 물질이나 행위를 중단했을 때 금단현상을 동반한다. 가령 담배 중독자가 흡연을 중단했을 때는 니코틴을 흡입하지 못함으로 인해 신체적으로 극도의 불쾌감, 우울증, 절망감을 보이면서 오직 담배를 피우고 싶다는 집착에 매달리게 된다. 그리고 이런 집착과 금단현상은 동시에 그런 물질이나 행위에 대한 통제력을 상실하여 의존성을 보

---

14) 위의 책, 43.

이게 된다. 따라서 중독은 집착과 금단현상, 그리고 자기 통제력의 상실을 요소로 한다고 하겠다.

3. 중독의 특징

1) 일반적 특징

중독에는 모든 중독적 물질이나 행위를 관통하는 공통적인 특징들이 있다.[15] 우선은 모든 중독은 적어도 초기단계에서는 외부적으로 쉽게 노출되지 않는다. 자신이 중독자라는 사실을 인정하지 않는다. 그 예로, 직장에서 자신을 알코올 중독자로 칭할지라도 자신은 술을 즐기는 사람에 불과하지 결코 중독자가 아니라고 부인한다. 특히 우리나라처럼 술에 대하여 관용을 베푸는 사회에서는 알코올 중독의 징후가 뚜렷이 나타날지라도 이를 본인과 주위에서 중독으로 인정하는 경우가 많지 않다. 이런 모습을 아치볼드 하트는 '숨겨진 중독'이라고 표현하고 있다. 초기단계에서는 희생자가 자신이 중독자라는 사실을 모르고 또한 심리적으로 심각한 갈등을 경험하지 않는다.

그러나 중독을 나타내는 특징들이 부분적으로 드러나기 시작하기 때문에 중독에 들어섰다고 할 수 있으며, 다만 충분한 노출이 이루어지지 않았기에 숨겨진 중독이라고 할 수 있다. 이런 모습은 특별히 일 중독과 같은 행위 중독자에게 자주 나타난다. 일

---

15) 중독자에게 볼 수 있는 공통적인 특징에 대하여 김병태는 현실 도피성, 중독의 지배성, 중독의 쾌감성, 중독의 파괴성, 중독의 질서 파괴성, 중독자의 중독 부인 등을 들고 있다. 김병태, 《부부 행복 클리닉》(서울: 생명의 말씀사, 2002), 198-200.

중독자와 그렇지 않고 단순히 열심히 일하는 사람과의 명쾌한 구분이 어렵기도 하지만, 일 중독에 대한 특성이 명확히 나타나는 사람일지라도 그는 일 중독이라고 불리는 것을 꺼린다. 오히려 직장의 과업을 위하여 자신과 가정을 포기하면서 헌신하는 공로자로 추켜 세우기까지 한다. 일 중독자와 그렇지 않은 사람과의 구분에 대해 이미 정의한 중독의 세 가지 요소인 집착성, 금단성, 자기 통제권 상실이 고루 갖추어져 있을지라도 숨겨진 경우가 많다. 따라서 중독이 상당히 진행되어 그 폐해가 본인과 주위 사람들에게 명백히 나타날 때까지는 중독이 은닉성을 가지게 된다. 이런 은닉성은 중독의 발견과 치유를 더욱 어렵게 한다. 따라서 상담자는 예리한 통찰력으로 숨겨진 중독자를 발견하고 이들에게 치유를 향한 발걸음을 옮기도록 동기 부여하는 것이 필요하다.[16]

둘째로, 중독은 점진적으로 진행된다는 점이다. 중독의 첫 시작은 아주 미비한 동기에서 비롯될 수 있다. 그 예로 쇼핑 중독을 든다면, 가벼운 기분전환으로 시작할 수 있다. 특별히 여성들에게 있어 쇼핑은 일종의 현실의 욕구를 해소하는 해방구 역할을 수행한다. 그래서 가정에서나 사회에서 어떤 문제에 직면했을 때, 백화점에서의 쇼핑을 통하여 심신의 휴식과 새로운 힘을 얻을 수 있다. 그러나 이런 쇼핑에 지나친 집착을 보인다면, 이제는 단순히 기분전환을 뛰어넘어 쇼핑 자체가 인생의 중요한 한 목적으로 작용할 수 있다.

처음에는 쇼핑을 단순한 기분전환으로 시작했으나 곧이어 주기

---

16) Archibald D. Hart, *Healing Life's Hidden Addictions*, 온누리 회복사역본부 역, 《참을 수 없는 중독》 (서울: 두란노, 2009), 16. 하트는 이런 '숨은 중독'의 유형으로 포르노, 낚시, 도박, 쇼핑, TV 시청, 일 중독 등을 꼽고 있다. 여기에서 우리는 중독의 은닉성이 주로 과정 중독에서 나타나는 것임을 알 수 있다.

적으로 백화점이나 상가를 방문하게 된다. 그리고 자신이 사고 싶은 것을 발견하고 이를 샀을 때에는 정서적 쾌감을 느끼나 이를 사지 못했을 때에는 불안과 초조감을 느끼는 과정으로 발전하게 된다. 이런 점진적인 과정을 통하여 쇼핑의 조종을 받아 집착과 금단 현상과 의존성을 보인다면 그것은 중독이라고 할 수 있다.[17] 따라서 중독을 사전에 방지하기 위해서는 자신의 어떤 반복적인 행위들이 충동적으로 빈번하게 발생하는지, 그리고 이런 행위들에 있어서 자신이 점차적으로 합리화 과정을 통하여 중독적 행위를 심리적으로 은폐하지는 않는지를 면밀히 살펴볼 필요가 있다.[18]

셋째로, 중독자는 심적 취약성을 가지고 있다. 건강한 사람에게는 일상적이면서 대수롭지 않은 어떤 일들이 중독자들에게는 치명적인 심리적 압박감으로 작용한다. 일례로, 어떤 사건들에 대하여 중독자들은 보통 사람들과 달리 취약한 성격이나 심성을 가지고 있다. 보통 사람들은 어떤 사건이 발생했을 때 친구와 상의한다든가 가족들과 대화를 하면서 혹은 운동이나 산보를 하면서 해소하게 된다. 그러나 중독자들은 이런 사건을 과장해서 확대해석을 하게 된다. 그리고 사람들을 피하면서 자신의 힘으로 해결하려고 하는 경향이 있

---

17) 한 신문에서는 다음과 같이 쇼핑 중독의 사례를 보여주고 있다. "주부 박시현 씨(38)는 날마다 퇴근길에 백화점에 들린다. 가방, 구두, 옷 등 쇼핑에만 매달 1,000만 원 이상 쓴다. 사고 싶은 가방을 못 사고 돌아오는 날에는 밤잠을 못 이룬다. 다음날 회사에 출근해도 가방 생각에 일이 손에 잡히지 않는다. 결국 사채까지 빌려 그 가방을 손에 넣고 만다. 반면 유치원생 아이의 학용품 사는 건 너무 아깝다. 과소비 탓에 남편과의 다툼이 일상이 됐다. 〈조선일보〉 2014.1.24. 또한 이 신문에서는 한국 사람의 약 5%가 쇼핑중독 등 행위중독에 시달리고 있다고 보도한다.
18) 이런 중독의 점진성과 관련하여 마틴은 모든 중독은 기분전환과 관련이 있다고 말한다. 그는 과소비자는 탐닉적인 쇼핑을 통하여 기분전환을 추구하고, 성 중독자는 파트너를 유혹하여 성적 만족을 추구할 때 스릴과 정복감을 느낀다고 한다. 또한 음식 중독자는 어떤 곤경에 처했을 때, 많은 양의 음식을 취하여 위장에 포만감을 줌으로써 기분전환을 도모한다고 진단한다. Grant Martin, *When Good Things Become Addictions*, 임금선 역, 《좋은 것도 중독이 될 수 있다》(서울: 생명의 말씀사, 1994), 13.

다. 그러나 이런 시도는 쉽게 좌절되고 만다. 그리고 절망감에서 탈출하기 위하여 알코올이나 도박 혹은 여타 행위 중독으로 도피를 하게 된다.

중독자들은 지나치게 소심하거나 심약한 성격으로 인하여 쉽게 상처를 받으며 작은 위기에도 과도하게 그 위기를 부풀리는 경향이 있다. 그리고 이런 위기에서 시작한 어떤 물질이나 행위에 대하여 보통 사람들보다 더 예민하게 스릴감과 황홀감을 느끼게 된다. 대수롭지 않게 시작했고 기분전환으로 여겼던 화투놀이가 의외로 큰 쾌락과 해방감을 선사할 때 점차적으로 도박의 굴레로 들어가게 된다. 도박의 시작은 대수롭지 않고 또한 심각하지 않을 수 있으나 중독자의 병리적인 성격은 중독으로 점차 빠져들게 만든다.

넷째로, 중독은 현실 도피성을 가지고 있다. 현실에서 어떤 희망을 확보하지 못했을 때, 많은 사람들은 절망을 하면서 체념하게 된다. 그리고 이런 암울한 현실을 도피하기 위한 방법을 추구하게 된다. 일례로 알코올 중독자들은 술을 마심으로써 현실에서의 해방감을 맛보게 된다. 그리고 현실에서 무기력했던 자신이 술을 마심으로써 자신감과 함께 심리적 고양감을 느끼게 되는 것이다. 이들은 심리적 고양감을 통하여 일상의 잡다한 삶에서 분리되면서 일시적으로 현실세계가 정지되어 있는 느낌을 가지게 된다. 술에 의하여 현실세계와는 다른 세계에 자신이 있다는 착각을 가지게 되며 그 세계는 자신의 왜소함과 무능력이 아닌, 세상을 움켜쥘 어떤 힘을 가지고 있다는 착각을 가지게 된다. 이런 감정은 술에 의하여 일시적으로 가지는 해방감이기도 하다.[19] 이렇게 중독은 중독자들에게 자신만의 외딴 성곽을 구축토록 하고 그 성에서 자신만의 성을 만들어가도록 한다. 그러나 그런 성은 결코 오래갈 수 없는 허상이요, 족쇄에 불과한 것이다.

다섯째로, 중독은 내성을 지니고 있다.[20] 내성은 심리적 만족을 느끼기 위하여 중독의 대상을 지속적으로 필요로 하고, 그 필요로 하는 물질의 양이나 행동의 빈도가 더욱 증가하는 것을 의미한다. 즉, 중독 물질이나 중독 행위에 대하여 보다 많은 양이나 행동을 요구하게 되고 이를 확보하지 못했을 때는 초조감과 불안감을 보이는 경우를 말한다.[21] 따라서 중독자들은 이전보다 더 많은 중독 물질을 사용하여야 동일한 정신적 쾌감을 얻을 수 있게 된다. 그만큼 중독의 심각성은 더욱 높아져 간다.

여섯째로, 중독에는 금단증상이 들어있다. 중독자가 중독된 행동이나 물질을 중단하면 두 가지 유형의 금단현상이 나타난다. 우선은 스트레스 반응이다. 신체의 일부분이 잘못된 것처럼 위험신호를 보내며 심리적 압박감을 가지게 된다고 한다. 아울러 중독과 반대되는 역행이 일어나게 된다. 중독자는 중독 물질의 공급이나 중독 행위를 중지했을 때, 중독에 의한 황홀감과는 반대되는 무기

---

[19] Stanton Peele, *Love and Addiction* (New York : New American History, 1975), 111-113.
[20] 메이는 중독의 공통된 특징으로 내성, 금단현상, 자기기만, 의지력 상실 등을 들고 있다. Gerald G. May, *Addiction and Grace*, 이지영 역, 《중독과 은혜》 (서울: 한국기독학생회 출판부, 2006), 40-54.
[21] 메이는 이런 내성과 관련된 질문을 다음과 같이 제시하고 있다.
- 지금 가진 돈과 재산이 자신의 안전을 위하여 충분하다고 느끼는가, 아니면 좀 더 있다면 정말 좋겠다고 느끼고 있는가?
- 권력과 통제는 충분하다고 느끼는가, 아니면 좀 더 필요하다고 느끼는가?
- 내 인생에서 중요한 사람들은 충분히 의지할 만하고 이해할 수 있고 사랑스러운가, 아니면 그들이 좀 더 그렇게 된다면 더욱 안전한 느낌을 갖게 될 것 같은가? Gerald G. May, *Addiction and Grace*, 이지영 역, 《중독과 은혜》 (서울: 한국기독학생회 출판부, 2006), 50.

력증, 우울감, 심한 졸음, 혹은 발작증세를 보이게 된다.[22] 이런 금단현상은 특히 행위 중독보다는 물질 중독에 잘 나타난다. 특히 마약 같은 경우에는 어떤 중독 물질보다도 중독성이 강하다고 하겠다. 여기에서 중독성이란 그런 중독 물질을 끊었을 때 금단현상이 더욱 극심하게 나타난다는 것을 의미한다. 담배를 쉽게 끊기 어려운 것은 담배에 포함된 니코틴에 대한 중독성 때문이다. 니코틴에 대한 중독성은 마리화나나 코카인 같은 마약보다도 더 강한 것으로 알려져 있다.[23] 담배를 끊었을 때는 최소한 1주일간은 두통, 심리적 초조와 불안감, 권태감이 나타나며 심한 스트레스를 받게 된다고 한다. 따라서 상담자는 중독자들을 상담할 때에 해당되는 중독에 대한 금단현상의 정도를 미리 파악하는 것이 중요하다. 금단현상이 강하게 나타날 때에는 그에 따른 치유책을 충분히 고려하되 심리적 요법뿐 아니라 약물요법도 동시에 고려해야 한다.

일곱째로, 중독의 특징으로 자기기만을 들 수 있다. 중독자들은 중독을 지속하기 위하여 평소에는 가지지 못했던 절묘한 아이디어를 사용하여 주위를 기만하고 중독에 빠져들려고 한다. 알코올 중독자들은 술을 사기 위하여 온갖 거짓으로 가정에서 돈을 타내거나 상점에서 외상으로 술을 사려고 한다. 그리고 이런 기만은 주위에서 뿐 아니라 자기 자신에게도 향하게 된다. 퇴근하면서 술을 먹

---

22) 메이는 금단증세와 관련하여 다음과 같은 질문을 제시한다.
   - 일상적인 한 주간 동안 나는 이런 것들을 지키기 위해 얼마나 많은 시간과 염려와 에너지를 소비하는가?
   - 이것들 중 한 가지 혹은 그 이상을 잃게 되면 어떤 느낌이 들 것인가?
   - 금단에 따른 역행이나 반동 반응(극도의 불안정과 '세상이 끝난 것처럼' 상처받기 쉬운 느낌들)을 경험한 적이 있는가? Gerald G. May, *Addiction and Grace*, 이지영 역, 《중독과 은혜》(서울: 한국기독학생회 출판부, 2006), 50.
23) 〈동아일보〉, 2012. 1. 11.

게 될 때 술을 먹는 것에 대한 죄의식을 피하기 위하여 온갖 기만으로 자신을 합리화하려 한다. 때로는 부정 혹은 연기와 자기 위로를 통하여 '이번 한 번만'을 마음속에서 속삭이게 된다. 그러나 '이번 한 번만'은 중독을 합리화하기 위한 자기 속임에 불과하고 결코 이번 한 번만이 아닌 그것을 영원히 계속 추구하게 된다.[24]

여덟째로, 중독에 따른 의지력 상실이다. 중독자들은 때로 중독 행위를 중단하기 위한 수많은 결심을 하게 된다. 그러나 그런 결심은 번번이 실패를 하게 된다. 중독자들은 자신이 원하면 언제든지 중독을 중단할 수 있다고 생각한다. 그리고 이런 자신에 대한 의지력을 과신하게 된다. 그러나 이런 결심은 결코 성공한 적도 없고 성공할 수도 없다. 중독에 이미 노예로 매여 있기에 그런 노예의 끈을 스스로 끊는다는 것은 불가능하다. 그럼에도 불구하고 중독자들은 자신이 원하면 언제든지 중독 행위를 멈출 수 있다고 말한다. 자신은 결코 중독이 아니라고 한다. 그러나 결코 이런 의지와 결단은 성공할 수 없으며 자신의 무능함을 드러낼 뿐이다. 중독이 진행될수록 자신의 무기력함을 경험하면서 한편으로 자기혐오감으로 진행된다.[25]

---

[24] 메이는 '자기기만'과 관련하여 다음과 같은 질문지들이 가능하다고 제시한다.
 - 소유물이나 권력을 더 획득하는 것을 합리화하기 위하여, 혹은 인간관계에서의 파괴적인 행동을 정당화하기 위하여, 자기변명이나 부인 혹은 속임수를 사용한 적이 있는가?
 - 내 소유의 일부를 다른 사람들로부터 숨기고 싶거나 혹은 자신이 지나친 권력을 소유하고 있다는 생각에 그것을 부인하고 싶었던 적이 있는가?
 - 제정신이라면 결코 하지 않을 어떤 안정 추구 행위에 사로잡혀 있는 자신을 발견할 때가 있는가?
 - 조용히 반성해 보는 시간을 갖는 것에 대해 때때로 어려움을 느끼는가? 그 이유는 내가 이런 일들에 관한 나의 진실에 직면하는 것을 원하지 않기 때문이 아닐까라고 반문한 적이 있는가? Gerald G. May, *Addiction and Grace*, 이지영 역, 《중독과 은혜》 (서울: 한국기독학생회 출판부, 2006), 51.
[25] 메이는 중독에 따른 '의지력 상실'과 관련된 질문으로 다음과 같이 말하고 있다.
 - 소유, 권력 혹은 인간관계에 부여하고 있는 중요성을 줄여야겠다는 결심을 해 본 적이

마지막 특징은 주의력 왜곡을 들 수 있다. 인간은 영원에 대한 사모함이 있다. 이를 성경은 "하나님이 모든 것을 지으시되 때를 따라 아름답게 하셨고 또 사람들에게는 영원을 사모하는 마음을 주셨느니라"(전 3:11)고 말씀하고 있다. 즉 이 말씀 안에는 하나님과의 관계 회복에 대한 염원이 숨어 있다. 하나님과의 관계 회복을 통하여 사랑받고자 하는 마음과, 헌신하기를 원하는 본능이 인간 안에 있다. 따라서 하나님을 향하여 주의력을 집중코자 한다. 그러나 중독은 이런 정상적인 주의력 집중을 방해한다. 하나님 외에 다른 물질이나 행위를 하나님 자리에 앉혀놓고 이를 향하여 주의력을 집중하게 한다. 이것이 중독으로 인한 주의력 왜곡이다. 이를 달리 말하면 우상 숭배라고 할 수 있다. 결국 중독에 의한 주의력 왜곡은 하나님을 사랑하고 정상적 관계를 맺어야 할 인간이 중독 물질을 숭배하면서 이를 섬김으로써 중독물에 대한 노예관계가 형성되고 있음을 의미한다고 하겠다.[26]

2) 중독의 정서적 특징

중독은 근원을 추적하다 보면 결국 중독자의 정서상의 병리현상의 결과임을 알 수 있다. 마약 중독자의 중독 원인을 알기 위해서

있는가?
- 이 결심들에 대해 성공이나 실패, 긍지나 패배감을 느껴본 적이 있는가? 그리고 그런 느낌의 결과는 어떠했는가?
- 이 영역 중 어디에서든 나의 느낌이 단순한 욕구에서 진짜 강박관념과 통제 불능으로 보이는 지나친 요구로 변하는 경험을 한 적이 있는가? Gerald G. May, *Addiction and Grace*, 이지영 역, 《중독과 은혜》 (서울: 한국기독학생회 출판부, 2006), 52.
26) 메이는 중독에 따른 '주의력 왜곡' 현상을 판별하기 위하여 다음과 같은 질문을 할 수 있다고 제시하고 있다. -언제 그리고 어디에서 소유, 권력, 인간 관계에 대한 집착이 나의 주의력을 빼앗고, -하나님을 향한 사랑, 다른 사람들을 향한 사랑, 나 자신에 대한 사랑에 대한 주의력을 방해했는가? Gerald G. May, *Addiction and Grace*, 이지영 역, 《중독과 은혜》 (서울: 한국기독학생회 출판부, 2006), 52.

는 먼저 마약 중독자의 성장과정을 살펴보아야 한다. 많은 경우 정서상의 왜곡이 중독을 일으키는데, 이런 정서상의 왜곡은 성장과정에서 가정을 통한 다양한 문제로 시작된다. 성장기의 부모와 자녀간의 갈등 혹은 부부간의 갈등은 성장기에 있는 자녀에게 치명적인 심리상 문제를 일으킨다. 상담과정에서 중독자의 성장기의 가정을 살펴보면 많은 경우 중독의 원인을 찾을 수 있다. 물론 중독자 개개인의 성격적 특성도 아울러 고려해야 한다. 성격적 문제로 인하여 대인기피증을 보이는 경우가 많은데, 이런 경우가 중독으로 이어질 가능성이 많다. 중독자의 정서상의 문제는 다음과 같은 과정을 거쳐 진행된다.

첫째로, 중독자는 정서적 병리현상의 첫 단계로 '부인'(denial)을 시작한다. 그는 직장생활을 하면서 큰 스트레스를 받을 수 있다. 이런 스트레스를 벗어나기 위해 처음에는 별다른 경계심 없이 혹은 주위의 권유에 의해 술이나 마약 혹은 도박을 시작하게 된다. 처음에는 아주 사소하고 선한 의도로 시작한다. 직장 동료와 함께 경마장에 가는 것이 인간관계를 유지하면서 스트레스도 푸는 길이라고 생각하며 대수롭지 않게 시작할 수 있다. 그러나 이런 행위들이 점차 반복되면서 자기 스스로 무엇인가 잘못되어 가고 있다고 깨닫게 된다. 혹여나 자신의 행위가 중독으로 이어질지 모른다는 그런 단계까지 이르게 된다. 그래서 벗어나야겠다는 생각을 하면서도 한편으로는 중독에 대한 부인이 일어난다. 중독에 더욱 빠져들어 집착을 보이면서도 자신은 이것이 중독과는 전혀 관계가 없는 단순한 취미나 기분전환에 불과하다며 도박 진입 단계를 부정한다. 그러나 이런 중독 행위들은 반복할수록 악순환이 지속되며 중독의 사이

클이 진행될수록 중독 행위에 대한 몰입과 의존성이 더욱 커지면서 중독에 대한 강한 의존성과 집착의 강도를 더욱 높여간다.

둘째로, 중독에 대한 정서상의 특징은, 중독이 심화될수록 중독에 대한 '합리화'를 시도하게 된다는 것이다. 중독이 자신의 삶을 더욱 죄여올수록 이제는 중독이 단순히 기분전환을 위한 사소한 것들이 아니라는 것을 깨닫게 된다. 그리고 중독 행위를 중단하기 위한 여러 시도를 하게 된다. 그러나 이런 노력들이 실패를 거듭할 때, 그래서 중독에서 벗어나는 것이 불가능하다는 것을 아는 순간에 자신과 타협을 하게 된다. 죄책감을 피하기 위해 중독에 대한 합리화를 시도하게 된다. 자신의 행위에 대한 자기 내부의 심리적 공격으로부터 방어하기 위하여 중독 행위를 하지 않을 수 없는 그럴듯한 이유를 찾아내는 것이다. 이런 합리화는 때로는 '다른 사람이라도 나와 똑같은 행위를 할 수밖에 없을 거야. 내가 이렇게 하는 것은 어쩔 수 없는 거야'라고 자신에게 속삭이면서 자신의 행위에 대한 새로운 방어수단을 확보하려고 한다. 이런 과정을 통하여 중독자는 중독 행위에 대한 죄의식을 애써 감추려고 한다. 이 과정에서 중독 물질(행위)에 대한 집착이 발생한다. 이제는 집착에서 벗어날 수 없는 삶의 한 과정이요, 습관 형성이 이루어진다.[27] 그러나 이런 합리화를 통하여 중독자는 죄책감을 제거하면서 합리화를 추

---

[27] 메이는 집착이 학습, 습관 형성, 투쟁의 과정을 통하여 형성된다고 설명한다. 그는 특정한 물질을 흡입하거나 행위를 실행했을 때, 고통 완화와 해방감 및 쾌락을 경험하게 되고, 뇌가 이를 기억함으로써 학습화 과정이 일어난다고 말한다. 이런 과정을 반복하여 실행할 때, 그런 중독이 삶의 일부분이 되는 습관 형성이 일어난다고 한다. 그리고 중독 물질에 대한 내성이 생겨서 더욱 강도 높은 중독 물질을 원하게 된다. 이때는 이런 중독에 몰입하는 자신에 대한 혐오감이 발생하고 이를 회피 혹은 중지하려고 하는 투쟁과정에 이르나 결국은 실패하게 된다. 그리고 이제는 중독에 순응하고, 이는 삶의 피할 수 없는 가장 중요한 부분으로 자리 잡는다고 설명한다. May, *Addiction and Grace*, 이지영 역, 《중독과 은혜》 (서울: 한국기독학생회 출판부, 2006), 77-80.

구하기 때문에 더욱 중독에 몰입하고 집착하게 된다.

셋째로, 중독에 따른 정서상의 특징은 심리적 은폐성이다. 그 예로, 알코올 중독자들의 경우 이 단계에서는 가정에서 적극적인 만류를 시도하게 된다. 그러나 중독자는 술을 숨겨놓고 먹는다든가 혹은 남에게 들키지 않기 위한 온갖 기발한 생각을 하면서 숨어서 술을 먹는 행위를 지속하게 된다. 이런 과정에서 가정에서나 주위에서 중독자에 대한 동조가 이루어진다. 중독 행위를 금지하는 것이 불가능하다는 것을 깨달은 가족들은 중독자에 대한 동조를 넘어 의존관계로 발전하기까지 한다. 이런 동반 의존은 특히 알코올 중독자들에게 잘 나타난다. 알코올 중독자가 있는 가정은 중독에 대한 동조와 의존이 가족 상호간에 일어난다. 그러나 이런 동반 의존은 알코올 중독뿐 아니라 다른 일반 중독에도 광범위하게 나타나는 것으로 알려져 있다. 한 연구에 의하면, 우리나라에는 700만 명 이상의 중독자와 1,500만 명에 가까운 중독자들의 가정이 있다고 말한다. 이것은 중독은 단순히 한 개인의 문제가 아닌, 가정 전체 차원에서 접근해야 하며 치유가 가정 단위로 이루어져야 효과적이라는 것을 보여준다.[28]

마지막으로, 중독에 대한 '자기 소외'가 나타난다. 중독의 마지막 과정은 철저한 자기 패배와 소외이다. 인간은 창조주이신 하나님과의 정상적인 관계 속에서 삶을 영위할 수 있다. 그러나 하나님과 인간의 관계에서 하나님은 제외되고 중독 물질로 대체함으로써 하나님과의 소외가 일어나게 된다. 하나님과의 소외는 영적

---

28) 고병인, 《중독자 가정의 가족 치료》 (서울: 학지사, 2010), 21.

인 소외로 나타난다. 이는 공허감과 절망감과 불안으로 나타난다. 이런 영적 소외를 피하기 위해 중독자는 대체재로 중독 물질을 도입한다. 그러나 중독 물질로 인하여 이제는 자신이 노예가 됨으로써 자신에게 대한 소외가 일어난다.

자신과의 소외는 삶에 대한 극도의 회피, 사람에 대한 회피, 책임감의 결여로 나타난다. 인간은 하나님과의 결합 속에서 생존하는 영적 동물이다. 그러나 중독 물질이 인생의 목적이자 삶의 중심을 차지하는 순간, 인간은 중독 물질의 종속물로 전락하게 된다. 이는 인간의 존엄성의 상실을 의미한다. 만물을 통치하여야 할 인간이 특정 물질에 지배되는 것은 하나님이 인간에게 부여한 존엄성의 상실을 의미하며 따라서 자신의 존엄성으로부터 추방된 자기 소외가 일어나게 된다. 모든 중독의 마지막 종착지는 철저한 자기 소외와 자기 패배 그리고 인간의 존엄성 상실이라는 비극으로 결론을 맺게 된다.

4. 중독의 종류

중독의 종류는 여러 가지 기준에서 분류될 수 있다. 일반적인 분류는 중독의 대상의 물질 여부에 따라 물질 중독과 과정 중독으로 나눈다. 이런 방식에 따라 물질 중독과 과정(행위) 중독을 분류하면 다음과 같다.[29]

---

[29] 하트는 이런 분류와는 달리 중독을 통해 얻는 목적과 필요에 따라 다음과 같이 분류하고 있다.
 - 자극시키는 중독: 대부분의 중독이 이에 해당하며, 각성과 쾌감을 주는 중독을 말한다.
 - 진정시키는 중독: 진정과 긴장을 완화시키고 불안을 달래주는 중독을 의미한다. 예로 음식 과다 섭취, 스포츠나 장거리 달리기에 중독되는 것을 말한다.

1) 물질 중독

물질 중독은 섭취적 중독이라고도 하며, 우리 몸 안에 섭취된 물질에 대한 중독을 말한다. 우리의 육체는 이런 중독적 물질에 의존성을 가지면서 중독에 이르게 된다. 물질 중독 가운데서 특별히 그 대상이 화학물질이 될 때, 이를 약물 중독이라고도 하며 보통 중독이라고 하면 이를 지칭한다. 이런 약물 중독으로는 최면제 계열의 아편, 마리화나, 헤로인이 있고 흥분제 계열에는 코카인이 있다. 그리고 환각제 계열로는 LSD, 페요테, 메스칼린 등이 있다. 이런 화학물질이 중독이 되는 것은 물질 자체에 있다기보다 이를 반복적으로 섭취함으로써 중독성과 습관성이 나타나고 더욱 진행되면 극도의 약물에 대한 의존성이 생기기 때문인데, 이것이 문제가 되는 것이다.

물질이 중독을 일으키는 원인 중에서 가장 큰 변수 중 하나는 유전적인 요인이 작용한다는 것이다. 특별히 알코올 중독과 같은 경우에는 유전적 요인이 강하게 나타나는 것으로 알려져 있다. 그 예로, 일란성 쌍둥이의 경우 한쪽이 알코올 중독에 걸리면 다른 쪽이 알코올 중독에 걸릴 가능성이 이란성 쌍둥이보다 배나 높다고 알려져 있다.[30]

이렇게 유전적 요인이 물질 중독에 있어서 중요한 것은 중독자의 성격이 중독의 전개에 상당한 요소로 작용하기 때문이다. 그

- 심리적 욕구를 만족시키는 중독: 어떤 특정한 행동이나 활동이 기분을 조절하고 즐겁게 해주는 중독을 말하며 숨겨진 중독과 밀접한 관계가 있다.
- 독특한 욕구를 만족시키는 중독: 개인이 가지고 있는 독특한 욕구에서 비롯되는 중독을 말한다. 그 예로 개인별로는 독특한 식욕이 중독을 일으키듯, 특정한 과정에 집착하는 중독을 말한다. Archibald D. Hart, *Healing Life's Hidden Addictions*, 온누리 회복사역본부 역, 《참을 수 없는 중독》(서울: 두란노, 2009), 19-24.

30) 강경호, 《중독의 위기와 상담》(서울: 한사랑가족상담연구소, 2002), 213.

런데 성격은 후천적 환경과 학습에 의해 결정되기도 하지만, 유전적 요인이 큰 작용을 한다고 보아야 한다. 하트는 중독을 일으키는 요소로 3가지를 꼽고 있다. 첫 번째로는, 중독을 일으키는 약물 혹은 물질 자체이다. 두 번째로는, 중독을 유발시키거나 허용하는 환경이다. 마지막 세 번째는, 중독에 예민하게 반응하는 성격을 꼽고 있다.[31] 물질 중독에 있어 유전적 요인에 강한 영향을 받는 성격이 중요한 요소를 차지하기 때문이다.

2) 과정(행위) 중독

과정 중독은 인간의 구체적인 행동과 생활 과정에서 나타나는 중독성과 집착성을 보이는 중독을 말하며 행위 중독 혹은 생활 중독이라고도 한다. 이런 과정 중독은 일반적으로 일이나 스포츠 활동, 쇼핑, 성생활 등에 많이 나타난다. 과정 중독자들은 어느 한 가지 중독에만 빠진 경우가 드물다. 물질 중독과 과정 중독이 결합되거나 혹은 2개 이상의 과정 중독이 결합된 상태로 나타난다. 그 예로, 도박 중독자가 동시에 알코올 중독 혹은 쇼핑 중독에 걸릴 수 있다. 이런 중독을 공존 의존(coexisting dependencies)이라고 말하며, 이런 이유로 인하여 과정 중독은 물질 중독보다 더 치유하기가 어려운 것으로 알려져 있다. 과정 중독이 다른 중독과의 병존

---

31) Archibald D. Hart, *Healing Life's Hidden Addictions*, 온누리 회복사역본부 역,《참을 수 없는 중독》(서울: 두란노, 2009), 56.
　하트는 물질 중독자에게 나타나는 성격적 특성을 다음과 같이 들고 있다.
　- 물질 중독자는 비전통적 경향이 있다. 이들은 반항적이며 사회가 요구하는 가치나 규범에 순응적이지 않다.
　- 새로운 경험이나 욕구에 적극적이다.
　- 욕구가 즉시 충족되어야 하며, 이를 채우지 못하면 매우 충동적인 파괴 행위를 보인다.
　- 이들은 낮은 자존감과 피해의식에 젖어 있다. Archibald D. Hart, *Healing Life's Hidden Addictions*, 온누리 회복사역본부 역,《참을 수 없는 중독》(서울: 두란노, 2009), 57.

적 관계를 보이기도 하지만, 한편으로 과정 중독에는 물질 중독처럼 판명하기 어려운 숨겨진 중독이 많기 때문이다.

숨겨진 중독이란 과정 중독자들의 중독 이면에 숨겨진 것으로 겉으로 드러나지 않는 중독을 말한다. 쇼핑 중독자의 경우는 쉽게 일반 쇼핑객들과 구분이 되지 않는다. 그러나 쇼핑 중독자들과 일반인의 쇼핑은 구입을 하는 이유부터가 다르다. 일반인의 쇼핑은 물건의 필요 때문에 산다. 그러나 쇼핑 중독은 물건에 대한 필요보다는 그 물건을 구입할 때 느끼는 쾌감 때문에 물건을 구입한다. 그래서 쇼핑 중독자의 가정에 가보면 상품을 구입하고 전혀 사용하지 않은 채 보관하고 있는 경우가 많다. 또한 도박 중독의 경우에 단순히 화투를 즐기기 위한 것보다도 퇴근 후 가정에서의 아내와의 불화 때문에 귀가를 늦추고 도박장에 출입하기도 한다.

이렇게 과정 중독에는 일반인들이 쉽게 알 수 없는 숨겨진 이유가 있다. 이를 숨겨진 중독이라고 하며 이것은 과정 중독의 특징에 속한다.[32] 이런 특징 때문에 과정 중독자는 어느 한 과정 중독에서 벗어났을지라도 중독의 원인을 제거하지 않으면 다른 중독에 빠질 경우가 많다. 그 예로, 남편과의 불화로 인하여 경마장 도박에 빠진 주부의 경우 남편과의 관계가 정상화되지 않으면 도박

---

32) 하트는 숨겨진 중독에 대하여 세 가지 특징을 말하고 있다. 첫째로, 중독자는 자신이 중독자라는 사실을 모른다. 그래서 중독 행위에 대한 어떤 죄책감도 없으며 또한 중독 행위에 쉽게 굴복한다. 둘째로, 사회가 과정 중독에 대하여 중독으로 평가하지 않고, 오히려 바람직한 행위로 칭찬할 수 있다. 일 중독이 그런 예이다. 사회의 이런 인식은 과정 중독자의 노출과 진단, 그리고 치유를 더욱 어렵게 만드는 요인으로 작용한다. 마지막으로, 마약이나 술처럼 숨겨진 중독도 중독자를 조종하고 통제한다. 물질 중독은 이런 통제 과정을 외부에서 쉽게 파악할 수 있지만, 숨겨진 중독은 이를 쉽게 파악하기 어렵다. 대부분의 경우 숨겨진 중독자들은 전문 상담자와 상담과정을 통하여 자신이 과정 중독자 혹은 숨겨진 중독자라는 것을 알게 될 때가 많다. Archibald D. Hart, *Healing Life's Hidden Addictions*, 온누리사역본부 역, 《참을 수 없는 중독》 (서울: 두란노, 2009), 16.

중독이 치유될지라도, 아내는 쇼핑 중독과 같은 다른 중독으로 빠질 가능성이 높다고 하겠다.

그런데 여기에서 유의할 것은 중독을 물질 중독과 과정 중독으로 나눈다 할지라도 이들 사이에는 유사점이 많다는 것이다.[33] 물질 중독이든 혹은 과정 중독이든 일정한 중독에 대한 메카니즘을 가지고 있다는 것이다. 메이는 이를 세 가지로 꼽고 있다.

첫째로, 물질 중독이 중독을 강화시켜가는 과정을 살펴보면, 긍정적인 강화를 일으키는 물질과 부정적인 강화를 일으키는 물질이 있듯이, 과정 중독도 긍정적인 강화와 부정적인 강화를 일으키는 것으로 나눌 수 있다는 것이다. 코카인, 담배와 암페타민은 섭취할 때 기분이 즐거워지면서 고통이 사라지고 심리적으로 안정이 되면서 긍정적인 효과를 발생한다. 그러나 아편이나 벤조디아제핀과 같은 물질은 기분을 가라앉혀줌으로써 중독의 효과를 발생시킨다. 이런 현상은 과정 중독에서도 나타난다. 도박 중독, 일 중독, 스포츠 중독, 쇼핑 중독 등이 심리적 긍정 효과를 발휘한다. 그러나 토론하기, TV 시청, 과식 등은 기분을 향상시키는 것이 아니라 신경안정제처럼 기분을 가라앉혀주고 긴장을 덜어주는 그런 기능을 한다. 우리는 여기에서 물질 중독이나 과정 중독이나 중독의 효과가 기분을 향상시키며 최고조의 흥분 효과 혹은 쾌감을 유발하는 중독이 있거나 혹은 이와 반대로 기분을 가라앉히고 차분하게 해주며 긴장을 풀어주는 중독 효과가 있다는 것을 알 수 있다.

두 번째 유사점은, 중독이 주는 쾌감에 대한 기억으로 인한 중

---

33) Archibald D. Hart, *Healing Life's Hidden Addictions*, 온누리 회복사역본부 역, 《참을 수 없는 중독》(서울: 두란노, 2009), 45-49.

독현상이 물질 중독이나 과정 중독이나 동일하게 나타나며, 이것이 중독으로 고착화되는 핵심적 메카니즘에 속한다는 것이다. 물질 중독은 모두가 금단에 대한 고통과 불쾌감을 피하려고 하다 보니 중독에 이르는 것이 아니다. 코카인의 경우에 약물 투여를 중지해도 금단현상이 심하게 나타나지 않는다. 중독자가 원하는 경우에는 금단현상에 대한 고통 없이 손쉽게 코카인 흡입을 중단할 수 있다. 그런데도 많은 사람들이 코카인 중독에서 벗어나지를 못하고 있다. 그것은 중독을 계속 유지할 수밖에 없는 이유가 물질 흡입을 중단했을 때 나타나는 금단현상으로 인한 고통이 아니라 중독에 따른 황홀감에 대한 기억이 뇌 속에 깊이 자리 잡고 있기 때문이다. 코카인 중독자들은 물질이 주는 황홀감에 대한 강력한 기억을 뇌 속에 저장하고 있다. 금단현상이라는 불쾌감을 수반하지 않아도 뇌 속에 자리 잡고 있는 중독 물질에 대한 쾌감을 기억하고 갈망하게 되는 것이다. 그리고 이런 갈망은 결국 중독으로 이어지는 것이다.

과정 중독에 이르는 과정도 이와 유사할 수 있다. 어떤 과정 중독은 설령 그런 중독을 중지할지라도 큰 금단현상을 경험하지 않는다. 그러나 특정 행위를 했을 때의 고조된 기분과 쾌감에 대한 강력한 기억이 뇌에 저장되어 있는 경우에는 이런 기억이 갈망을 일으키고 결국 습관적인 행위에 들어가게 된다. 그 예로, 성 중독 혹은 성도착증은 이런 과정을 거쳐 중독에 이르게 된다. 특정 대상이나 방법에 대한 중독자의 뇌 속에 보관되어 있는 기억이 갈망을 일으키게 된다. 그런 성행위를 하지 않을지라도 금단현상은 나타나지 않는다. 참을 수 있게 된다. 그러나 참지 못하는 것은 금단현상이 아닌, 특정한 대상이나 방법으로 인한 성적 행위에 대한 황홀한 쾌감과 이에 대한 기억이 있기에 반복적으로 성에 집착하고 행하는 것이다.

상담현장에서 많이 접하는 사례는 성 중독이나 쇼핑 중독의 경우에 자신도 모르게 성적 추행이나 백화점으로 발길을 향하게 된다는 것이다. 자신의 의지와는 상관없이 번잡한 지하철에서 여성에게 성적 추행을 하는 경우가 많다. 그러나 성추행이 발각되어 큰 문제가 되었을 때 비로소 자기 정신으로 돌아오는 경우가 많다. 자신이 정신을 차렸을 때는 감당할 수 없는 성적 추행의 범인으로 지목되거나, 과도한 쇼핑물을 집으로 가져왔을 때이며 이런 행위를 후회하는 경우가 많다. 그리고 다시는 이런 행위를 하지 않겠다고 결심을 하기도 한다. 그러나 과정 중독자들은 어떤 특정한 조건과 환경이 주어지면 자신의 의지와는 관계없이 중독적 행위에 돌입하게 된다. 이것은 중독이 가져오는 쾌감이 주는 기억에 대한 무조건적 반사행동이기 때문이다.

5. 긍정적 측면

중독은 일반적으로 바람직하지 못하다. 중독으로 인하여 얻을 수 있는 긍정적 효과는 거의 없다고 보아도 좋을 정도이다. 그래서 어느 사회이건 중독에 대하여 커다란 경각심을 가지고 있는 것이다. 특히 마약 중독의 경우 개인에게도 심각한 후유증을 낳고 있고, 또한 국가적으로 여러 가지 문제를 일으키기에 어느 국가든 엄격한 통제를 하고 있다. 일례로 중국은 마약 활동에 대해서는 어느 나라보다도 가혹한 처벌을 실시하고 있다. 중국은 19세기에 영국과의 아편전쟁(1840-1842)을 통하여 마약이 개인과 국가에 얼마나 큰 위해를 가져올 수 있는지를 몸소 경험하였다. 이런 경험 때문에 중국에서의 마약사범에 대한 엄격한 처벌은 전 세계에 알려져 있을 정도이다.[34] 이렇게 대부분의 중독은 사회에서 엄격하게 관리가 이루어지고 있다. 그것은 중독이 가져오는 부정적인 측면 때문이다. 그러나 중독을 적절하게 활용하면 오히려 개인들에게 긍정적인 영향을 주는 경우도 있다. 이런 긍정적인 효과는 대부분의 경우 과정 중독에 해당한다.

과정 중독은 어떤 특정한 행위를 할 때에 물질 중독의 경우처럼 뇌에 다량의 엔도르핀이 생성되고 이것이 행위자에게 쾌감과 스릴과 흥분을 주게 된다. 낚시 중독의 경우에는 낚시를 할 때에 중독자에게 더할 나위 없는 안정과 휴식을 선사하게 된다. 낚시 중독자에게 있어 낚시를 하는 이유는 바로 낚시를 통하여 해방감을 얻고 쾌감을 얻기 때문이다. 그래서 중독자에게 있어 낚시는 인생의 목적이며 도저히 피할 수 없는 강력한 유혹으로 자리 잡는다. 그런데 낚시 중독이 문제가 되는 것은 남편의 그런 행위로 인하여 가정이 함께 즐길 수 있는 시간이 없게 된다는 것이다. 주말에 가장이 낚시를 떠나 집을 비우는 경우에 그 집을 지키는 가정주부와 아이들에게는 상실감이 클 수밖에 없다. 이런 일이 반복될 경우에는 낚시로 인하여 가정에 커다란 위기가 찾아올 수 있다.

---

34) 중국에서 마약사범은 엄격히 처벌한다. 중국 법률은 아편 1,000g, 헤로인·필로폰 50g 이상을 소지·매매·운반한 마약사범은 사형을 선고한다. 이런 규정은 외국인에게도 엄격히 적용된다. 중국은 전 세계 사형집행의 70%를 차지할 정도로 엄격한 법집행을 유지하고 있으며, 이런 사형집행의 많은 부분을 마약사범들이 차지하고 있다. 〈경향신문〉 2015. 1. 20.

그러나 좀 더 효과적으로 활용한다면 낚시 중독이 마냥 부정적인 측면만 있는 것은 아니다. 가장이 온 가정과 함께 즐길 수 있는 낚시와 관련된 프로그램을 만들 수 있으면, 그래서 온 가족이 바다와 강으로 가서 낚시를 하면서 함께 휴식을 취할 수 있다면, 낚시 중독은 오히려 가정을 더욱 화목하게 만드는 촉진제가 될 수 있는 것이다. 문제는 이런 과정 중독을 어떻게 긍정적인 중독으로 바꿀 수 있느냐 하는 것이다.

윌리엄 글라써(William Glasser)는 중독의 긍정적인 측면에 관심을 가지고, 과정 중독에 있어 어떻게 하면 부정적 중독에서 긍정적 중독으로 바꿀 수 있을 것인가에 관심을 가졌다. 그에 의하면 행위 중독을 긍정적 중독으로 전환하기 위해서는 다음과 같은 여섯 가지가 고려되어야 한다고 말한다.[35]

첫째로, 매일 적정한 시간을 꾸준히 하면서 경쟁적이지 않아야 한다. 가령 골프를 좋아하는 사람이 중독에 빠지지 않고 긍정적 중독이 되기 위해서는 우선 적정한 시간 조절이 가능해야 한다는 것이다. 부정적 중독의 폐해는 집착에 있다. 과도한 시간을 중독에 빼앗기기 때문에 여타 일에 대하여 소홀히 할 수밖에 없다. 골프 중독자들은 골프 외에는 다른 것을 생각할 여지가 없는 사람들이다. 이들은 골프에 종속되어 있는 사람들이다. 그 결과 골프에 대한 통제력이 상실되어 있기에 시간 조절이 불가능하다. 할 수 있으면, 가능한 많은 시간을 골프에 전념코자 한다. 이를 긍정적 중독으로 바꾸기 위해서는 시간 통제를 해야 한다는 것이다.

---

35) William Glasser, *Positive Addiction*, 김인자 역,《긍정적 중독》(서울: 한국심리상담연구소, 2008), 124.

대체로 매일 1시간씩 할 수 있으면 중독에 빠지지 않고 긍정적 중독으로 만들 수 있다고 한다. 그리고 골프를 통하여 다른 사람과의 시합에서 지나치게 승패 여부에 매달리지 말아야 한다. 긍정적 중독이 되기 위해서 경쟁적이지 않아야 한다는 것은 승패에 과도하게 관심을 쏟아서는 안 된다는 것을 의미한다. 골프 행위 자체를 즐길 수 있어야지 시합을 통하여 다른 사람에 대한 우위를 확보하려고 한다면 긍정적 중독이 될 수 없다.

둘째로, 모두가 손쉽게 할 수 있고 또한 잘하기 위해서 지나치게 많은 노력이 필요하지 않아야 한다. 행위 중독에 있어 긍정적 중독이 되기 위해서는 모두가 함께 참여할 때 가능하다. 참여를 통하여 서로가 좋은 인간관계를 맺어가는 것이 필요하다. 그러나 어떤 행위 중독이 숙달되기 위하여 지나치게 많은 시간이 투입되거나 혹은 고도의 훈련이 필요하다면 소수의 선택된 사람만이 참여하게 된다. 이들은 울타리를 만들고 자신만의 세계를 구축하면서 그 안에서 경쟁적인 관계로 나아가게 된다. 많은 사람들이 손쉽게 참여할 수 있다는 것은 일차적으로 가족들이 함께 참여할 수 있다는 것을 의미한다.

낚시 같은 것은 사람마다 호불호가 분명하게 갈리게 된다. 따라서 온 가족이 함께 즐길 수가 없다. 또한 일정한 수준의 낚시 실력에 도달하기 위해서는 낚시에 대한 많은 훈련의 시간이 필요하다. 따라서 긍정적 중독으로 만들기가 어렵다. 그러나 등산 같은 경우에는 특별한 노력과 기술이 필요치 않다. 등산을 가족끼리 혹은 친지끼리 함께할 수 있으면 그런 행위는 일상적 삶에 큰 유익이 될 수 있고 따라서 긍정적 중독으로 전환이 가능하다.

셋째로, 참여하는 사람들의 어떤 특정한 과정이 혼자서도 할 수 있고 다른 사람에게 지나치게 의존적이어서는 안 되는 것이어야 한다.

넷째로, 그런 행위에 몰두함으로써 그것이 우리의 삶에 긍정적인 가치가 되어야 한다는 것이다. 화투놀이를 하는 경우에 이것을 아무리 위의 조건에 부합되게 할지라도 화투놀이가 긍정적인 중독이 되기는 어렵다. 화투놀이에 대한 사회의 좋지 않은 선입감이 있다. 사회적으로 부정적으로 평가받는 것은 그런 행위를 통하여 삶에 긍정적인 가치를 부여하기가 어렵다.

다섯째로, 우리가 어떤 행위를 반복적으로 한다면, 향상시킬 수 있다고 믿고 그런 평가는 다른 사람이 아닌 자신이 내릴 수 있어야 한다. 이것은 어떤 행위를 통하여 긍정적 가치를 받을 수 있고 또한 향상시킬 수 있다면 다른 사람의 어떤 평가에는 크게 개의치 말아야 한다는 것이다.

마지막으로, 어떤 특정한 과정이나 행동이 자신과 주위에서 비판을 받지 않고 긍정적인 수용을 얻을 수 있어야 한다. 긍정적 수용을 얻을 수 없다면 그런 행위를 지속할 수 있는 힘을 확보하기 어렵다.

긍정적 중독은 중독적 성격을 가지고 있다. 그러나 이런 중독적 성격은 자신의 삶을 파멸시키는 방향이 아니라 오히려 그런 행위를 통하여 삶을 향상시킬 수 있다는 것을 의미한다. 긍정적 중독에 이를 수 있는 가장 어렵지만 확실한 것으로 달리기를 들 수 있다. 많은 사람들은 달리기를 건강을 유지하기 위한 방법으로 사용한다. 의무적으로 하는 경우가 많기 때문에 달리기를 통하여 어떤 쾌감이나 스트레스를 해소하기 어렵다. 그러나 달리기를 할 때에 중독에 몰입할 때 나타나는 심리적 고양감, 성취감, 쾌감, 정서적 안정 등을 확보할 수 있다면 그런 달리기가 바로 긍정적 중독이 되는 것이다.

글라써는 달리기가 삶에 긍정적 가치를 부여하며 활력을 주는 긍정적 중독이 되기 위해서는 "달리기를 못하면 불편하십니까"와 "달리기를 할 때 항상 즐거우십니까"라는 질문에 "그렇다"라고 답변할 수 있어야 한다고 말한다.[36] 달리기를 하지 않으면 불편하다는 의미는 달리기에 이미 중독이 되었다는 것이다. 그러나 달리기를 할 때 항상 즐겁다고 답변할 수 있으면 중독에 빠졌지만 그런 중독은 오히려 삶에 긍정적 가치를 부여하기 때문에 달리기가 긍정적 중독이 될 수 있다는 것이다. 우리는 여기에서 물질 중독에서는 고도의 주의와 회피가 필요하지만, 과정 중독 가운데는 지혜롭게만 활용한다면 오히려 중독을 좋은 방향으로 바꿀 수 있다는 것을 알 수 있다.

---

36) William Glasser, *Positive Addiction*, 김인자 역, 《긍정적 중독》(서울: 한국심리상담연구소, 2008), 137.

2장

중독의 원인에 대한 접근 모델

중독에 대한 올바른 이해를 위해서는 다양한 각도에서 중독의 원인과 그 과정을 살펴보는 것이 필요하다. 중독은 다양한 원인과 경로를 통해 발생하기 때문에 일률적인 관점에서 접근하는 것은 불가능하다. 다양한 관점에서 중독에 대한 접근을 할 때 우리는 보다 폭넓고 올바른 이해에 도달할 수 있다. 이렇게 중독에 대한 원인들이 규명될 때 이에 따른 치유책도 마련될 수 있다. 중독에 대한 이해를 논할 때 일반적으로 생물학적 접근과 심리적 접근 그리고 거시적 관점에서 사회 환경적 접근을 하게 된다. 이런 접근법은 서로가 보완관계에 있다고 할 수 있다.

중독에 대한 개인의 생물학적 특성을 고려하여 접근하는 방식은 한계가 있게 마련이다. 개인의 일탈 행위는 어느 한 측면에서 발생하지 않기 때문이다. 일탈 행위를 일으키는 사회 시스템도 고려하여야 한다. 따라서 중독을 바르게 이해하기 위해서는 중독에 대한 다양한 원인들을 폭넓게 이해하여 복합적으로 접근하는 것이 바람직하다. 이런 관점에서 중독에 대한 접근방식을 모델화한다면 먼저 생물학적 모델, 심리학적 모델, 사회 환경적 모델, 도덕 및 종교적 모델로 대분할 수 있다.

1. 생물학적 모델

많은 중독자들은 현재의 중독상태에서 자신이 결심하면 언제든지 벗어날 수 있다고 생각을 한다. 그러나 현실은 그렇지 않다. 이들은 이런 결심들이 언제나 실패로 끝난다는 것을 경험하며 깊은 좌절감을 맛보게 된다. 이것은 중독이 단순히 심리적인 의지의 결여로 인하여 생긴 것이 아니기 때문이다. 중독은 일차적으로 중독자 개인의 신체적 특성과 밀접한 관련이 있다. 이를 중독의 생물학적 모델이라고 한다. 중독자의 중독 물질이나 행위에 대한 반응은 매우 예민하며 또한 육체적이기 때문에 단순히 정신적인 어떤 결심으로 이런 육체적인 중독을 끊을 수 없는 것이다.

한 마약 전과자는 마약으로 교도소에서 형을 복역하고 출소한 후에 마약을 완전히 단절하고 7년을 새로운 삶을 꿈꾸며 돈을 모았다고 한다. 그래서 26억이란 거금을 저축하게 되었다. 이 정도가 되면 이 마약 전과자는 마약에서 완전히 손을 끊었다고 할 수 있다. 교도소에서 마약을 끊은 후에 출소해서도 수없는 시간들을 마약과는 완전히 절연하겠다고 결심하였을 것이다. 그러나 주변 사람이 마약 전과자 앞에 던지고 간 필로폰 주사기를 보았을 때 그는 정신이 혼미했다고 한다. 과거에 마약을 했을 때 그 통쾌한 쾌감이 머릿속을 계속 맴돈 것이다. 그는 자신도 모르게 필로핀 주사기를 잡으면서 주사기를 몸에 꽂게 되었다고 한다. 그 순간 몸에 짜릿한 쾌감이 확산되는 것을 느끼면서 투약한 순간 "26억 그게 뭐라고 7년 동안 이 좋은 걸 참았냐는 생각이 들더라"고 경찰에서 진술했다고 한다.[37] 마약 중독과 같은 약물 중독은 의지의 문제가 아니고 신체적, 생물학적인 강력한 집착의 결과라는 것을 알 수 있다. 따라서 중독을 이해할 때, 먼저 중독이 우리의 신체라는 생물학적 존재에 어떻게 작용하는지를 알아보는 것이 필요하다.

1) 유전적 요소

중독의 생물학적 접근을 시도할 때, 가장 먼저 고려해야 할 것은 그런 중독현상이 유전적 요인을 가지고 있느냐 하는 점이다. 만약에 중독이 유전적 요인에 강하게 영향을 받는다면, 중독으로 인한 병리적 현상에 대한 책임을 단순히 중독자 개인에게만 돌릴 수는 없는 것이다. 이것은 중독을 해결하기 위해서는 유전학이라는 학문과도 학제 연구를 하여야 한다는 것을 의미한다. 그런데 특별히 약물 중독의 경우에는 유전적 요인이 강하게 작용한다는 연구가 있다.[38] 음주에 의해 얼굴이 붉어지거나 다른 사람보다 더 빨리 술에 취하는 사람들은 알코올을 분해하는 효소가 부족하여 아세틸콜린이 증가했기 때문이며, 이런 분해 효소의 부족은 유전적 요인에 많은 영향을 받는 것으로 알려져 있다. 즉 술에 빨리 취하거나 혹은 술로 인한 과잉행동에 있어서 유전적인 요인이 크게 작용한다는 의미이다.

---

37) 〈뉴스 1〉, 2015. 9. 3.
38) E. Gardner, *Brain Reward Mechanism in Substance Abuse, A Comprehensive Textbook* by J. H. Lowinson et al., 2nd ed. (Baltimore; Williams and Willkins, 1992), 113-114.

2) 신경생리적 요소

그리고 중독에 대한 생물학적 요인을 분석할 때 중독이 신체적으로 어느 부분과 관련이 있느냐 하는 것이다. 그것은 신체의 여러 부분 중 특별히 뇌와 직접적 관련이 있다. 뇌는 신체의 다른 부분과 마찬가지로 세포로 이루어져 있다. 뇌에는 여러 종류의 세포가 있으나 가장 중요한 것은 바로 뉴런(neuron)이다. 뉴런은 신경계의 단위로 자극과 흥분을 전달하는 기능을 가지고 있다. 뉴런은 신경세포체(soma)와 같은 의미로 사용하기도 하고, 신경세포체와 거기서 나온 돌기를 의미하기도 한다. 그런데 뉴런의 기본 기능은 자극을 받았을 경우 전기를 발생시켜 다른 세포에 정보를 전달하는 것이다. 뉴런은 신경세포체와 다른 세포에서 신호를 받는 부분인 수상돌기(dendrite), 그리고 다른 세포에 신호를 주는 부분인 축삭돌기(axon)로 세부적으로 나누어진다. 또한 돌기 사이에서 신호를 전달하는 부분은 시냅스(synapse)라고 한다.

3) 신체구조적 요소

그런데 중독은 이런 뇌세포가 비정상적인 작동으로 인하여 쾌감을 불러일으키는 것으로 알려져 있다. 그 예로, 알코올 중독자들은 일반적으로 심각한 뇌손상을 경험한다. 일반인의 정상적인 뇌와 비교하여 뇌 손상을 보이는 경우가 많다고 한다. 따라서 알코올 중독자들은 자신의 의지로 아무리 금주를 결심한다고 하여도 뇌에서의 술에 대한 강력한 갈망을 해소하지 않는 한 쉽게 성공할 수 없다. 이런 모습은 '훔치기 중독'의 예에서도 볼 수 있다. 경제적으로 별 어려움을 겪지 않는 중상층 주부들이 백화점에 가서 자신도 모르는 사이에 물건을 집어 들고 나오다 절도 피의자로 조사를 받는 경우가 종종 있다. 이것은 특별히 물건을 훔칠 필요가 없을 정도의 경제력이 있음에도 불구하고 물건을 훔칠 때 오는 모험심과 스릴이 중독으로 이어져 습관화되는 경우에 해당된다. 이런 경우는 성장과정에서의 어떤 문제로 인한 심리적 문제가 원인일 수 있다. 그러나 신체적으로 본다면, 유전적인 요인으로 인하여 의학적으로 국소적인 뇌 이상이나 대뇌피질 위축, 측뇌실의 과대 확대가 원인일 수도 있다. 이런 뇌세포의 이상으로 인한 중독의 발생은 대체로 약물 중독의 경우에 많이 발생한다. 이런 관점에서는 중독을 일종의 질병으로 간주한다. 중독의 원인을 유전적 소인(genetic predisposition)과 뇌손상으로 인하여 발생하는 만성적인 질병으로 보고 있다. 중독을 인간의 뇌를 포함한 인간 세포의 강력한 역동성에 기인하는 것으로 보는 것이다.

중독을 이런 신체적 질병의 한 종류로 본다면 그 치유법도 이런 관점에서 접근하게 된다. 즉 치료를 위한 의학적 약물 투여, 혹은 행동주의적 관리를 통하여 행동을 스스로 통제할 수 있도록 하는 것이다. 이런 입장에서는 중독을 비도덕적이거나 탈법적인 관점에서 보지 않고 질환자 혹은 사회적 체계 혹은 가족 체계의 병리현상 때문에 희생된 사람으로 보게 된다. 알코올 중독, 니코틴 중독, 마약 중독과 같은 중독을 중독자 개인의 치명적인 불명예(disgrace)로 간주하는 것이 아니라 의학적, 심리적, 정신적 치유를 받아야 할 질환(disease)의 일종으로 보는 것이다.

따라서 중독을 개인의 책임으로 돌리지 않는다. 또한 중독의 치유를 위해서 가족, 지역사회의 적극적인 협력을 요구한다. 특별히 정부의 체계적이고 효과적인 재정, 인적 지원을 요구하게 된다. 왜냐하면 중독은 유전적 요인과 사회 환경적 요인에 의한 신체와 뇌의 비정상적인 활동의 결과로 보기에, 중독의 책임을 개인의 자율적 책무의 소홀로 볼 수 없기 때문이다. 이는 개인의 책임을 떠난 유전적 요인, 신체 결함적 요인으로 보고 가정과 사회와 국가의 공동책임으로 바라보게 한다. 그리고 중독을 치유하기 위한 제반 모습을 의학적 활동의 하나로 간주한다. 이런 견해는 미국의학협회(American Medical Association)의 지지를 받고 있는 것으로 알려져 있다.[39]

2. 심리학적 모델

중독을 중독자 개인의 심리적, 정서적 반응의 결과로 보는 입장이 심리학적 모델이자 접근법이다. 중독의 원인에 대하여 신체적 요인이나 사회 문화적 요소도 동시에 고려해야 하지만, 사람의 정서적 측면에 주안점을 둔다. 그래서 중독을 중독 물질이나 행위에 대한 심리적 왜곡의 반응의 결과로 보게 된다. 가령 중독은 사람의 의지와 자존감이란 측면에 심각한 병리적 부작용을 초래한다. 사람은 동물들과 달리 의지적 존재이며, 이를 통해 자신의 정체성과 자존감을 확보해 간다. 그러나 중독은 의지를 분열시킨다. 의지의 한 부분은 중독으로 인한 쾌감을 갈망한다. 그러나 이로 인한 자존감의 분열이라는 고통을 경험한다. 따라서 의지의 또 다른

---

39) 김병오, 《중독을 치유하는 영성》 (서울: 이레서원, 2003), 27-28.

측면은 중독으로부터의 해방을 갈망한다. 그러나 이런 심리적 갈망 역시 실패를 경험한다. 이로 인하여 자존감의 상실을 경험하는 것이다. 중독을 이렇게 심리적 욕구의 추구로 이해한다면, 중독의 심리적 원인이나 진행 과정, 그리고 그 반응 등을 고려하여 접근하는 심리학적 모델의 중요성을 짐작할 수 있다. 이런 심리학적 모델에는 세부적으로 정신 역동적 측면과 심리 행동주의적 접근이 있다.

1) 정신 역동적 측면에서의 이해

중독에 있어 정신적 측면에서의 반응을 역동적으로 분석하는 것을 정신 역동적 측면의 이해라고 할 수 있다. 프로이드에서 시작된 이런 접근법은 인간의 외적 행동을 분석하기 위한 것으로, 행위 내면에 존재하는 정신적 측면을 중시한다. 그리고 정신적 측면은 일정 부분이 현실에 대한 '가장'을 가지고 있다고 전제한다. 그러므로 중독에 접근할 때 정신 역동적 접근법을 활용한다면, 중독자의 외적 행동에서의 가장된 모습을 벗겨내는 작업을 먼저 하게 될 것이다. 인간은 겉으로 드러난 현실의 모습과는 달리 내면의 심리에서는 본인도 파악하지 못하는 또 다른 '자아'가 있다고 전제를 한다.

프로이드는 자아를 숨겨진 무의식의 영역을 나타내는 '원초아'(id)와 '자아'(ego)라는 현실의 자아 그리고 '초자아'(superego)로 나누어 설명을 한다. 이드는 숨겨진 욕망을 말하며, 에고는 이를 적절하게 조절하고자 하는 현실적 자아를 말한다. 에고는 조절된 자아라고 할 수 있으며 이드는 원초적 본능이라고 할 수 있다. 그런데 인간의 역동적 에너지는 원초적 본능에서 시작하며 그 근원은 성욕이라고 말한다. 이를 단순화하여 설명하면 '리비도'(libido)라고 할 수 있다.

프로이드는 이런 성적 욕망인 리비도는 5단계(구강기, 항문기, 남근기, 잠복기, 생식기)를 통하여 형성되나, 특별히 출생 후 1살까지 구강기가 중요하다고 한다. 구강기에 모친과의 정상적인 관계를 통하여 구강의 본능을 충족한 경우에는 다음 단계로 나갈 수 있으나, 어떤 원인으로 인하여 아기와 모친의 관계가 왜곡이 되면 다음 단계로의 정상적인 진행이 발생되지 않고 욕구 불만으로 나타난다고 한다.

정신 역동적 측면에서의 인간에 대한 이해는 유아 시절의 부모와의 관계가 아이의 인격 형성에 중대한 영향을 미친다는 점을 강조하고 있다. 즉 유아기의 애정 결핍은 아이의 정서 발달에 심각한 영향을 미친다는 점을 강조한다. 이것이 성장하면서 중독으로 연결될 가능성이 높다고 본다. 중독의 특성은 애정 결핍이며, 이것을 다른 중독 물질 혹은 행위를 통하여 대리 충족하려는 과정으로 이해한다. 이것은, 인간의 행동을 이해하기 위해서는 겉으로 드러난 모습보다는 내면에서 본능적으로 작용하는 충동에 대한 이해가 선결되어야 하며, 이런 본능에 대한 충동은 인간의 원초적 욕구의 충족 여부에 따라 정상인과 중독자들의 경계가 형성된다는 함축적 의미를 가지고 있다. 이렇게 중독을 정신 역동적인 측면에서 충족되어지지 않은 욕구에 대한 과도하고 왜곡된 갈망으로 이해한다면, 중독은 숨겨진 '본능적 쾌락'의 추구라고 할 수 있다.

중독의 심리적 측면에서 본능적 쾌락의 추구란, 현실적으로 충족이 불가능한 욕망은 쉽사리 우리의 뇌에서 사라지지 않는다는 것을 강조한다. 인간이 유아기 시절에 충족되었어야 할 욕구가 채워지지 않은 경우 그 사람의 정서적 성장은 구강기(oral stage)에 고착되어 있다. 이런 경우에는 다른 대체 물질이나 행위를 찾아 충족되지 않는 욕구를 모색하게 된다. 이것은 한편 성격 구조의 결함을 의미하며, 중독은 이런 결함을 보충하는 행위라고 할 수 있다. 인간의 병리 행동을 정신 역동적 측면으로 접근하는 사람들은 '자아'(ego)의 불안정성과 자존감의 확보가 어려운 사람들에게 성격 구조의 결함이 보이며 이런 것을 보충하기 위하여 알코올이나 마약과 같은 대체 물질을 찾게 된다고 한다. 그러나 문제는 이런 행위들이 오히려 성격구조의 결함을 더욱 심화시킨다는 점이다. 중독자들은 중독에 따른 죄의식을 탈피하기 위하여 자신에게 유리한 방어기제를 활용하여 자신을 방어한다고 말한다.[40] 그런 방어기제에는 다음과 같은 것이 있다.

첫째로, 부인(denial)과 합리화이다. 부인은 현재 자신의 중독을 인정하지 않는 것을 말한다. 고도의 중독상태에 도달할 때까지는 자신이 중독자라는 것을 인정하지 않는다. 그리고 자신의 중독을 합리화시킨다. 알코올 중독자들은 자신의 중독을 쉽게 인정하지 않는다. 자신은 술에 포박되어 있지 않다고 말한다. 언제든지 자신이 결심하면 술을 끊을 수 있다고 한다. 자신은 그저 술을 즐기고 있을 뿐이라고 말한다. 또한 자신과 같은 처지에 있는 사람들이라면 누구든지 자기처럼 술을 먹을 수밖에 없다고 자신의 중독

---

[40] O. F. Kernberg, *Borderline Condition and Pathological Narcissim* (New York: Jason Aronson, 1975), 35-36.

행위를 합리화시킨다. 그러면서 주위 사람들의 동의를 얻기를 시도한다. 그러나 이것은 자신의 중독을 숨기기 위한 합리화라는 것을 주위에서는 모두가 알고 있으나 자신만 모를 뿐이다.

둘째로, 축소화이다. 알코올 중독자들은 자신의 음주에 대하여 축소하여 반응을 한다. 주위의 경고에도 불구하고 술은 자기의 건강에 별 영향이 없으며, 또한 대외적인 활동에도 아무 문제가 없다고 하며 중독의 부정적인 효과를 애써 축소한다. 오히려 자신의 주량을 자랑하는 경향도 있다. 중독자들은 일반적으로 중독의 악영향에 대하여 심각하게 생각하지 않으며, 필요하다면 적절한 치료를 통하여 언제든지 회복이 가능하다고 과신하는 경향이 있다.

셋째로, 억압이다. 이것은 과거의 고통스럽던 경험을 애써 회피한다. 이런 고통을 긍정적 기능으로 승화하지 못하고 억압을 한다. 그리고 이런 억압의 과정에서 중독에 몰입한다. 도박 중독자들은 도박을 하여 돈을 따겠다는 생각을 하는 경우보다도 자신의 과거 경험으로부터의 탈출을 위하여 도박을 한다. 이들은 도박 행위를 통해 자신의 과거를 억압한다. 억압은 기억하고 싶지 않은 과거에 대한 일종의 방어기제로 사용된다.

한편 정신 역동적 접근은 중독이 상실된 모성애에 대한 갈망이라고 이해하기도 한다. 어린 시절의 모성에 대한 기억은 성장 후에 현실 삶에서의 깊은 그리움으로 남는다. 어린 시절 어머니 품 안에서 휴식과 용서를 받았던 경험들이 생존 경쟁이 치열하게 일어나고 있는 현실에서 대안적 도피처로 나타나게 된다. 한편 어린 시절 부모와의 관계에서 큰 결함을 가진 사람은 성장 후에 모성애 결핍을 경험할 수 있다. 이런 모성애의 결핍에 대한 대안으로 중독 물질을 추구하게 된다. 특히 술이나 마약과 같은 것에 대한 물질 중독자들은 어린 시절 부모의 학대, 방치, 무관심으로 인한 잘못된 부모상을 가지고 있다. 인간의 본능 속에 잠재된 모성애 추구가 충족되지 못하는 경우 쉽게 술을 통하여 대리 만족하려는 경향이 있다.[41] 모성애에 대한 갈망은 어머니에 대한 포용적인 자세, 생명을 잉태하고 양육하는 모습, 비판하고 부정하기보다는 수용하고 이해하는 모성에 대한 그리움에서 비롯된다. 남성은 외적 활동을 통하여 자신의 욕구를 충족하는 대외 지향적 모습을 보이지만, 모성은 자녀 출산과 양육을 통하여 내적 지향성을 가지고 있기 때문이다.[42]

중독에 대한 정신 역동적 접근은 인간을 지나치게 욕구적 존재로 본다는 단점이 있다. 인간은 자신의 본능과 욕구에 민감하게 반응하는 존재이다. 또한 어린 시절 성장과정에서 이런 욕구에 대한 충족되지 않은 아픈 과거를 가지고 있거나 왜곡된 기억을 가지고 있는 경우 역작용으로 중독에 빠질 수 있다는 것이 정신 역동적 접근의 핵심이다. 그러나 인간은 욕구를 충족시키고자 하는 이기적 인간이기도 하지만, 한편으로는 자신을 억제하며 보다 '거룩함'을 추구하고자 하는 측면도 있다. 그런 면에서는 이런 것을 제외하고 지나치게 육체적 본능을 강조하였다는 단점이 있다. 그러나 한편으로 정신 역동적 접근이 인간의 표면 이전에 자리 잡고 있는 무의식의 세계를 분석하고, 이를 중독과 연결하여 분석을 시도했다는 점은 높이 평가받아야 한다. 중독은 어떤 의미에서 무의

---

41) 김충렬,《알코올 중독과 목회상담적 치료》(서울: 한들출판사, 2011), 215.
42) Gerald Caplan, *Principles of Preventive Psychiatry* (New York : Basic Books, 1964), 28-35.

식적인 심리적 측면이 중요하기 때문이다. 그래서 중독의 심리적 접근에 있어 정신 역동적 접근법은 중요한 요소로 고려되고 있다.

2) 행동 심리학적 측면에서의 이해

행동 심리학적 이해는 정신 역동적 이해와는 달리 객관적으로 관찰과 분석이 가능한 행동을 연구대상으로 하여 중독을 이해한다. 행동 심리학의 뿌리는 이반 파블로프(Ivan Pavlov)의 조건반사 이론에 크게 빚지고 있다. 파블로프는 개를 관찰한 결과 주인의 발자국 소리를 듣고 침을 흘리는 현상을 보며 동물들은 어떤 조건에서 일정한 반응을 보인다는 사실을 발견하였다. 그 후 타액과 위액의 분비 활동에서 조건반사를 발견하였다. '자극'과 '반응'에 일정한 규칙이 있다는 것을 확인한 것이다.

이런 파블로프의 발견은 그 후에 심리학이나 정신의학에서 큰 영향을 미쳤다. 정신 역동적이라는 다소 주관적이고 개별적인 연구 방향에 한계를 느끼던 미국 학계는 보다 객관적이고 규범적인 연구의 진행을 위해서는 이런 조건반사를 응용한 행동주의적 연구가 필요하다는 것에 공감하여, 미국 심리학 분야에서는 인간의 규칙적인 행동 규범을 발견하기 위해 많이 활용하고 있다.

행동 심리학에서는 프로이트가 일컬었던 쾌락 원리를 대신하여 효과의 법칙을 중시한다. 효과 법칙은 어떤 행동이 쾌락 혹은 고통의 해방을 가져온다면 그런 행동은 반복적으로 계속될 것이라는 것이다. 이것을 긍정적 강화라고 한다. 그러나 어떤 행동이 고통이 제거되지 않거나 쾌락이 반감된다면 이것을 부정적 강화라고 한다. 이것은 조건화(conditioning)라고 하는 것으로 일정한 행동이 가해졌을 때, 일정한 효과를 가져오는 경우를 말한다. 가령 내가 직장에서 스트레스를 극심하게 받았을 때 귀가하면서 술집에 들려서 간단히 술을 한잔하고 귀가할 수 있다. 처음에는 기분 좋은 것과 술 마시는 것을 연관짓지 못하지만 술 마실 때마다 기분 좋은 경험을 한다면 술을 계속해서 찾게 된다는 것이다.

그런데 이런 행동들이 스트레스를 제거하고 쾌감을 주었다면, 동일한 스트레스 상황이 도래하였을 때에도 동일한 음주를 기억하고 이것을 택하여 고통을 제거하고 즐거움을 얻으려고 할 것이다. 이렇게 음주와 고통 제거라는 일련의 행동들이 반복되었을 때 이런 과정을 통하여 술에 대한 집착이 발생할 수 있다. 그런데 행동 심리학에서는 이런 집착이 학습을 통하여 발생한다고 보는 것이다. 따라서 행동 심리학의 조건화를 통하여 반복적인 행동으로 집착이 발생하고, 이것이 학습을 통해 더욱 강화되면서 중독으로 이어진다는 것이 행동 심리학의 통찰이다.

메이는 학습을 통한 집착이 중독으로 발전하는 과정이 학습과 습관 형성, 그리고 투쟁이라는 3가지 단계로 구성되어 있다고 본다.[43] 1단계인 학습(learning) 단계는 특정한 행동을 취하거나 특정 물질을 취했을 때 고통이 제거되거나 쾌감이 생기는 것을 말한다. 이런 행동들이 반복되었을 때 뇌는 특정 행동과 그로 인한 결과를 기억한다. 그리고 이런 행동들이 반복되었을 때 그런 기억들은 강화되고 집착의 2단계인 습관 형성이 발생한다. 습관 형성은 1단계에서 어떤 특정한 환경에서 특정한 행동이나 물질을 취

---

[43] May, *Addiction and Grace*, 이지영 역, 《중독과 은혜》(서울: 한국기독학생회 출판부, 2006), 77-81.

했을 때 얻었던 효과가 이제는 자동적으로 반복되는 경우를 말한다. 그리고 그런 특정한 행동이나 물질에 대한 집착이 강화되는 단계를 말한다. 즉 중독의 단계에 들어가는 것을 말한다. 특정한 행동이나 물질을 취하지 않으면 극도의 불안감, 고통의 증가, 초조함 등이 발생하게 된다. 3단계에서는 투쟁이 일어난다. 중독의 습관화로 내성이 생기게 된다. 이전에 비하여 더욱 자주 중독 행위를 하게 된다.

그러나 한편으로는 그런 행위에 대하여 중단하고자 하는 투쟁 과정을 거치게 된다. 때로는 중독에 빠져드는 자신의 모습에 패배감을 느낀다. 정체성이 상실되며 자존감의 파괴를 맛보게 된다. 이에 따라 중독을 중단하고자 한다. 그러나 금단현상이 발생하여 자신과의 투쟁에서 번번이 실패를 맛보게 된다. 그리고 더욱 강도 높은 행동화 과정에 돌입하게 된다. 이런 과정은 또한 습관 형성을 더욱 촉진시킨다. 행동 심리학은 학습과정을 통하여 집착이 강화되면서 중독이 발생한다고 보는 것이 특징이라고 할 수 있다.

중독이 학습화 과정을 통하여 집착이 일어난다고 할 때, 그 중독을 행동 심리학으로 설명하는 것에는 한계가 있다. 인간은 실험실에서 쥐나 개와 같은 동물들에게 조작적 과정을 통하여 일률적으로 행동과 결과를 범주화할 수 있는 그런 존재가 아니기 때문이다. 개인의 심리는 파블로프가 관찰한 것과 같이 개라는 동물이 주인의 발자국 소리를 듣고 침을 흘리는 것처럼 그렇게 단순하지 않다. 인간의 어느 한 가지 행동이 다른 사람에게는 전혀 예측하지 못했던 결과로 나타나는 경우가 많다. 어떤 사람이 직장에서 퇴근하면서 술을 한잔하는 것이 항상 그 개인에게 고통의 제거와 쾌감의 증가를 가져오는 것은 아니다. 오히려 어떤 조건에서는 음주를 했을 때, 직장에서 느꼈던 스트레스가 더욱 강력하게 밀려와 고통을 줄 수도 있다. 그러나 중독이라는 고도의 개인의 심리적 활동의 결과를 행동이라는 변수를 택하여 객관화 범주화하려는 행동 심리적 관점은 긍정적으로 평가해야 할 것이다.

3. 사회 환경적 모델

사람은 환경에 영향을 받는 사회적 동물이다. 고립된 개별로 살아가는 것이 아니고 사회라는 틀의 한 부분으로 살아간다. 파슨즈(Talcott Parsons)는, 사회는 상호 의존적인 여러 부분들로 구성되며 이들 부분이 사회의 체계(system)를 형성하여 균형을 유지해 간다고 보았다. 그는 각 부분들이 전체 사회의 시스템에 영향을 주고 받으면서 사회의 유지와 발전에 기여한다고 보았다. 이는 개인의 행위를 이해할 때는 미시적인 관점에서뿐 아니라 사회라는 전체 구조에서 거시적으로 보아야 함을 의미한다. 이를 중독에 적용한다면, 중독은 각 개인의 일탈적 행동만이 아니고 개인이 자리 잡고 있는 사회와 직간접적으로 영향을 받고 있으며, 따라서 개인을 둘러싸고 있는 사회와 문화의 환경적 영향을 고찰해야 함을 의미한다.

체계 시스템적 접근에 의하면 가정은 가족이라는 시스템을 이루면서 가족 구조 내에서 구성원들의 독특한 개성들이 모여 복합 단위를 이루면서 전체 체계 유지에 기여하며, 한편 가족 구성원들이 상호 의존적으로 관련되어 있다는 것을 알 수 있다.[44] 이런 과정에서 가정의 유지를 위하여 가정 시스템은 '항상성'을 가지게 된다. 항상성이란 가정이 내부적으로든 외부적으로든 가정의 유지에 부정적으로 영향을 미치는 요소에 적극적인 대응과 적응을 통하여 가정의 유지를 도모하는 과정을 뜻한다. 가족 체계가 이런 항상성을 이루지 못하면 가족 체계의 평형을 잃게 되는 변화를 경험하기 때문에 가족 구성원 간의 상호의존은 '순환적 인과관계'를 가지게 된다.[45] 이것은 중독자는 가족 구성원에 의해, 나아가 가정의 문화적 환경에 의해 중독의 과정에서 직접적으로 혹은 간접적으로 영향을 받는다는 것을 의미한다. 그 예로, 알코올 중독자는 강력한 가족력을 가지고 있는 것으로 알려져 있다.

알코올 중독자를 아버지로 두고 있는 가정의 자녀가 중독자가 될 가능성이 아들인 경우 33%, 딸인 경우 15%에 이른다고 한다.[46] 이것은 중독자의 유전적인 요인이 자녀에게 이어지면서 자녀들이 중독이 된다는 의미도 있지만, 한편으로는 알코올 중독자의 가정에서 일어나고 있는 술과 관련된 분위기와 가정 문화가 자녀들에게 술을 가까이하는 촉진 역할을 하기 때문이다.

중독자의 가정은 정상적인 가정에서 나타나지 않는 특유의 분위기 내지 문화가 있다.[47]

첫째로, 중독자의 가정은 정서적으로 문제가 있는 가족에게 지

---

44) 고병인, 《중독자 가정의 가족 치료》 (서울: 학지사, 2010), 39.
45) alvador Minuchin, *Family and Family Therapy* (Cambridge: Harvard University Press, 1974), 62-65.
46) Craig Nakken, *The Addictive Personality*, 오혜경 역, 《중독의 심리학》 (서울: 웅진지식하우스, 2008), 194-195.
47) Tim Sledge, *Making Peace with Your Past*, 정동섭 역, 《가족치유 마음치유》 (서울: 요단출판사, 1996), 15-21.

나치게 관심이 집중되어 있다. 따라서 가정의 균형추가 정상적으로 작동하지 못하고 항상 불안한 분위기에 휩싸이게 된다.

둘째로, 중독자의 가정은 감정 표현을 통제 내지 제한하며 한편으로 가족 상호간에 서로의 감정 표현에 관심을 보이지 않는다. 작은 감정 표현에도 짜증을 내며 때로는 극도의 무관심을 보이기도 한다.

셋째로, 중독자의 가정은 내부적으로 많은 문제가 있음에도 불구하고 이를 노출시키며 대화를 통한 공개를 회피한다.

넷째로, 중독자의 가정은 어린아이들에게 정서적으로 악영향을 미치게 되고 어린아이들은 그런 불안한 환경에서 생존하기 위한 자기 나름대로의 방안을 찾게 된다.

다섯째로, 중독자의 가정은 어린이에게 필요한 적절한 양육을 제공하지 못하고 따라서 심각한 발달 장애를 초래한다.

여섯째로, 중독자의 가정은 은폐성을 지니고 있다. 중독이라는 문제를 노출시키지 않기 위해 외부세계와 단절되어 있으면서 한편으로 폐쇄성을 띠게 된다. 이것은 중독자가 자신이 속한 가정의 환경적 문화에 얼마나 심각한 영향을 받는가를 알 수 있다.

또한 중독은 중독자가 속한 국가나 사회의 문화에 직접적으로 영향을 미친다. 인간의 존재를 '환경의 결과'라고 칭하는 것처럼 인간은 사회의 영향을 받는다. 특별히 압박감이 심한 사회에서는 이런 환경에서 벗어나기 위해 도박과 술, 그리고 마약 등에 몰입할 가능성이 있다. 직장에서의 강한 스트레스와 사회에서의 압박감은 한편으로 자존심에 심각한 악영향을 미치기도 한다. 그래서 자존감을 확보하고 한편으로 자긍심을 높이기 위해 중독에 몰입하는 경우도 있다. 도박 중독자들은 도박을 해서 자신이 돈을 따면 그것으로 자신의 존재감이 높아지고 고양감을 가지는 경우가 많다고 한다.[48]

한편 중독에 대한 사회의 평가가 중독을 용인하기도 하고 또는 중독을 억제하기도 한다. 우리나라와 같이 술에 대하여 관대한 나라는 알코올 중독에 대하여 관대하다. 한국의 술 소비량은 전 세계에서 가장 높은 수준에 이르렀다.[49] 이것은 음주 문화가 다른 나라에 비하여 상당히 관대하기 때문에, 한국 사람들은 많은 술을 소비하고 이에 따른 알코올 중독과 범죄 발생 등 부작용을 낳고 있는 것이다. 그러나 음주에 대하여 엄격하게 금지하고 있는 이슬람 국가에서는 알코올 중독이 상대적으로 적은 편이다.

마약도 마찬가지다. 미국의 몇몇 주에서는 마리화나 등 일부 마약의 제조 및 판매와 흡입을 합법화하고 있다. 따라서 마약 사용은 이제 더 이상 음습한 곳에서 숨어서 해야 할 범죄 행위가 아니다. 물론 판매량 및 사용처 등에 엄격한 제한이 뒤따르지만 미국 사회에서 마약은 더 이상 혐오물질이 아니다. 이럴 경우 마약 중독이 급격히 발생할 가능성이 있다. 물론 마약 중독이 이런 사회문화적 평가 기준의 변경으로 얼마나 많이 발생할 것인가는 많은 연구가 필요하지만, 마약이 용인된 사회에서는 그렇지 않은 사회보다 마약 중독에 노출될 가능성이 그만큼 높은 것이다. 마약을

---

48) E. Bergler, *The Psychology of Gambling* (New York: International Universities Press, 1970), 34-35.
49) 세계보건기구(WHO)에 의하면, 한국의 1인당 알코올 소비량은 전 세계 188개국 가운데 13위를 차지했다고 한다. 특히 알코올 도수가 높은 증류수의 소비량은 전 세계에서 1위에 해당한다.〈조선일보〉2012. 7. 18.

손쉽게 구할 수 있는 사회적 환경이 조성된다면 더욱 마약에 의존적이 될 것이기 때문이다.

한편 일 중독은 자본주의가 고도로 발달한 사회에서 더욱 빈번히 나타날 수 있다. 자본주의 사회는 노동을 통하여 자신의 생계를 유지하면서 동시에 일로 인하여 얻게 되는 승진이나 보상을 자신의 능력을 대외적으로 과시하는 수단으로 삼는다. 자본주의 사회에서 많은 성과는 더욱 큰 보상으로 이어지며, 이것은 자신의 직장 내에서 지위 향상과 사회에서 인정을 받는 지름길이 되기도 한다. 따라서 보다 많은 일을 하는 것이 장려되고, 회사에서는 명시적으로든 암묵적으로든 구성원들에게 업무에 집중할 것을 요구하며 이것이 하나의 기업 문화가 되면서 사회 문화를 형성하게 된다. 이런 사회 문화적 환경에서는 일 중독이 광범위하게 발생할 수 있다.

경쟁이 치열한 사회일수록 과다 경쟁으로 인한 부작용이 더욱 빈번하게 발생하게 된다. 미국과 같이 자본주의가 고도로 발전한 사회에서 일 중독에 대한 연구가 대학에서 활발히 일어나는 이유가 바로 여기에 있다. 일 중독을 포함한 여타 중독은 좁게는 가정과 나아가 지역 공동체와 기업, 그리고 사회 문화에 직간접적으로 영향을 미친다. 따라서 중독을 적절히 관리하고 치유하기 위해서는 중독자 개인에게만 초점을 맞추어서는 성공하기 어렵다.

먼저 가정환경을 살펴보고 그 가정에 대한 치유부터 선행되어야 한다. 또한 지역 공동체의 회복이 중독 치유를 위해 필요하다. 현대사회에서 개인주의의 심화는 이미 사회적 문제로 부각되고 있다. 중독의 치유는 관계성의 회복에서 시작이 된다. 이런 관계성은 가정에서 그리고 지역사회와 개별 기업에서 시작이 되어야 한다. 그러나 한국의 경우 가정과 지역사회와 기업에서 개인주의가 심각하게 나타나고 있는 것을 볼 수 있다. 사람들은 '군중 속의 고독'을 경험하고 있다. 이렇게 개별화된 사회에서는 관계성의 파괴로 인하여 중독이 더욱 다양하고 빈번하게 발생하게 된다. 관계성을 회복하여 중독을 치유하기 위해서는 가정에서부터 공동체주의를 회복하고 이런 과정들이 지역사회를 넘어 전사회적으로 확산되도록 하여야 한다. 이것은 결국 정부의 역할과 몫이 될 것이다. 따라서 중독의 치유는 개인의 노력과 아울러 정부의 종합적 대책이 함께 구비될 때 효과적으로 이루어질 수 있다.

4. 신학적(영적·도덕적) 모델

중독을 영적 측면에서 접근하여 이를 분석하고자 하는 것이 신학적 모델이다. 이를 달리 표현한다면 영적·도덕적 모델이라고 할 수 있다. 지금까지 살펴본 중독에 대한 이해는 주로 현대의 과학적 사고를 활용한 접근이었다. 생물학적 이해와 심리학적 모델 그리고 사회·환경적 모델은 드러난 현상에 대한 경험적 연구와 귀납적 연구를 적용한 결과이다. 그러나 신학적 모델은 이와는 달리 중독자의 영적 측면에 대해 강조하는 가운데 영적·종교적 접근을 특징으로 한다. 이런 견해는 과학적 사고와 경험적 연구를 강조하는 미국 사회에서 일부 비판을 받고 있기도 하다.

그러나 상담업무를 오랫동안 담당하고 있는 상담자들은 중독자들에 있어 이런 현상적, 경험적 측면에서의 중독에 이르는 어떤 원인들이 존재하는 것처럼, 영적 도덕적 측면에서도 중독에 이르지 않을 수 없는 어떤 어두운 그림자들이 분명히 존재하고 있다는 것을 대부분의 경우 인정한다. 따라서 중독자에 대한 이해는 신학적 접근, 즉 중독자의 영적 문제를 다루는 것이 포함되어야 한다. 이런 접근은 중독에 대한 보다 폭넓은 이해를 가능하게 한다.

엘런스가 중독은 유전적이면서 생화학적 요소와 인지적이며 정서적인 측면과, 사회적이며 문화적 요소 이외에도 의지적이며 영적인 측면들이 복합적으로 작용을 하고 있다고 보았고, 종합적인 접근을 주장하고 있다는 점에서 잘 나타난다.[50] 메이 역시 중독을 이해함에 있어 통합된 견해가 가능하며 또한 필요하다고 말하고 있다.[51]

따라서 중독의 신학적 측면은 중독자의 영적 측면을 고려하여 접근하는 것이라고 할 수 있다. 이렇게 중독을 신학적으로 접근하고자 할 때 다음과 같은 요소들이 고려되어야 한다.

1) 죄의 결과로서의 중독

중독의 특징 중에 하나는 중독자와 주변의 관계성의 파괴와 개인 실존의 고립을 들 수 있다. 이런 관계성의 파괴는 영적 측면에서 '죄'의 결과이다. 죄란 하나님과의 단절을 의미한다. 죄의 이미지는 '추방'이다. 중독에서 '죄'란 개념을 활용할 때 그 죄란 도덕적 개념의 죄가 아니다. 영적이면서 성경적 개념이다. 죄를 효과

---

[50] J. H. Ellens, "Sin and Sickness: The Nature of Human Failure", *in Counseling and the Human Precicament*, 74.
[51] Gerald G. May, "The Nature of Addiction", *The Way*, Vol. 40(4) (Oct, 2000), 304-305.

적으로 설명할 수 있는 이미지는 구약성경의 창세기에서 보여주는 에덴동산에서의 '추방'이다. 인간은 하나님의 명령에 불순종함으로써 에덴동산에서 추방을 당했다. 죄는 불순종의 결과이다. 그 이유는 인간의 교만에서 시작되었다. 따라서 교만에서 시작된 불순종은 인간의 모든 죄의 뿌리가 된다. 그리고 하나님과의 분리를 가져왔다.

힐트너는 이런 인간과 하나님과의 분리가 인간의 소외를 가져왔다고 진단하고 있다.[52] 소외는 고립된 자아의 모습이다. 낙원에서 추방된 인간의 모습은 이전의 풍요의 모습과는 상반된 초라한 실패자의 모습으로 추락하였다. 인간은 소외를 극복하기 위하여 하나님 외의 다른 대체물을 창안하였으나 그것은 더 큰 실패의 모습에 불과하다. 그 대체물은 하나님이 주시는 평화와 만족을 결코 줄 수 없다. 오히려 인간을 중독물에 의한 노예로 삼아버리는 것이다. 죄가 인간을 죄의 노예로 만들어버리듯이, 중독은 인간을 중독 물질 혹은 행위의 종속물로 만들어버린다. "죄의 삯은 사망"(롬 6:23)이라고 성경이 선언하고 있듯이 중독은 영적 죽음에 이르게 한다. 이런 영적 죽음의 현상이 중독자에게 나타나는 극도의 소외감, 초조감, 낮은 자존감, 절망의 감정이다.

중독을 인간의 죄의 결과로 본다면, 그 치유는 죄로부터의 해방에서 시작되어야 한다. 그리고 죄에서의 해방은 그리스도의 은혜의 주입에 의해 가능하다. 그래서 메이는 중독의 근본적인 치료는 죄의 회개와 믿음의 고백을 통한 그리스도의 은혜에 의하여 가능

---

52) S. Hiltner, "Sin: Theological and Psychological Perspectives", 27.

하다고 말한다.[53] 은혜에 의하여 죄에서 사죄함을 받은 새로운 '자아'가 탄생할 수 있다.[54] 성경은 이를 생명의 회복이라고 표현하고 있으며 이는 하나님과의 화평의 회복이요, 이웃과의 관계의 회복을 의미한다. 그럴 때에 중독의 속성인 관계 단절과 소외는 극복되고 하나님과 이웃 안에서 화평과 관계를 회복하며 중독에서 해방된 새로운 자아를 회복하게 된다.

2) 욕망의 포로로서의 중독

인간은 사회적 존재로 태어났다. 이것은 인간이 '관계적' 존재임을 의미한다. 인간은 먼저 수직적 관계를 형성해야 한다. 하나님과 바른 관계가 작동될 때, 사회적 존재로서 가치를 확보하게 된다. 그러나 위로부터 하나님과의 관계가 파괴되었을 때에는 수평적인 이웃과의 관계도 왜곡될 수밖에 없다. 성경의 창세기에서 아담과 하와가 하나님과의 관계가 단절되었을 때 가장 먼저 나타나는 현상은 이웃과의 관계가 파괴되는 것임을 알 수 있다.[55] 이것은 사회적 존재가 되어야 할 인간이 홀로 살아가야 할 고립된 존재로 바뀌었음을 의미한다.

다른 한편으로는 사랑의 '상실'을 뜻한다. 하나님은 우리를 사랑으로 창조하시고 보시기에 좋은 선한 존재로 만드셨다. 성경은

---

53) Gerald G. May, *Addiction, and Grace* (San Francisco: Harper Collins, 1988), 29.
54) "그런즉 누구든지 그리스도 안에 있으면 새로운 피조물이라 이전 것은 지나갔으니 보라 새 것이 되었도다"(고후 5:17).
55) 성경은 하나님과의 관계가 단절되었을 때 사람 간에 깊은 단절이 시작되고 있음을 말하고 있다. 아담과 하와는 에덴동산에서 하나님의 명령에 불순종하여 선악과를 따 먹는 순간 "자기들이 벗은 줄을 알고 무화과나무 잎을 엮어 치마로 삼았"(창 3:7)다고 증언하고 있다. 이것은 한 몸이어야 할 부부가 죄로 인하여 둘로 나누어지면서 동시에 수치감을 느꼈다는 것을 알 수 있다. 바로 인간 간에 극복할 수 없는 커다란 벽이 설치되었음을 의미한다. 이렇게 하나님과의 관계가 왜곡되면 이웃 간에도 깊은 수치와 불신의 벽이 생기게 된다.

인간을 하나님의 형상에 따라 창조된 하나님의 작품으로 보고 있다. 또한 인간을 창조하신 후에 하나님이 "지으신 그 모든 것을 보시니 보시기에 심히 좋았더라"[56]고 증언하고 있다. 이것은 인간의 창조 모습이 하나님의 형상을 따라 자유인으로, 하나님과의 자유로운 교제 가운데 하나님이 주신 축복을 누리는 영적 존재로 창조되었음을 의미한다.

그러나 인간의 하나님을 향한 반역은 에덴동산에서의 추방으로 나타났고 하나님과의 사랑의 교제가 끊겼다. 이런 결과로 인간은 하나님을 향한 선한 관계를 추구하기 위한 영적 욕구가 단절되었다. 토머스 머튼은, 모든 인간은 하나님을 향한 거룩한 관계의 욕구가 자리 잡고 있음을 말하고 있다.[57] 사도 바울이 아덴 사람들에게 '종교심'이 많다고 한 것도 이런 의미를 가지고 있다. 그러나 이런 거룩한 욕구가 결코 온전히 충족될 수 없게 되었다. 불순종으로 인한 죄의 장막이 하나님과 인간 사이를 분리시켰기 때문이다. 그 결과는 이웃과의 관계 단절로 나타났다. 이것은 위로는 하나님과, 옆으로는 이웃과의 관계에 있어 '사랑'의 상실로 나타나게 된다.

이제 인간은 무조건적인 사랑에서 조건적이며 이기적이며, 자기 본위적인 사랑에 만족하게 되었다. 이런 온전한 사랑의 상실은 필연적으로 인간관계의 파괴를 가져온다. 그리고 하나님이 아닌 다른 것을 통하여 영적 만족을 충족하려고 한다.[58] 하나님과의 관

---

56) 창세기 1장 31절.
57) T. Merton, *The Sign of Jonas* (New York: Harcourt Brace Jovanovich,1953), 112.
58) May, *Addiction and Grace*, 이지영 역, 《중독과 은혜》 (서울: 한국기독학생회 출판부, 2006), 119.

계가 단절되어 상실된 영적 욕구가 충족되지 못하자 인간은 이를 대신할 다른 대체물을 찾게 된다는 것이다. 넓게는 우상 숭배로부터 시작하여, 좁게는 중독과 같은 행위들이 이에 해당된다.

그런데 이런 욕망 충족의 대리 수단으로서 중독은 특히 중독자가 자리 잡고 있는 사회의 문화적 분위기와 밀접한 관계를 맺고 있다. 막스 베버는 《프로테스탄티즘의 윤리와 자본주의 정신》에서 어떤 사회적 현상은 그 사회에 내재되어 있는 문화적 요소와 밀접한 관련이 있다고 말한다. 서구에서 발전한 자본주의 시스템과 가치는 종교 개혁기 이후 서양에서 뿌리내린 청교도 정신에 영향을 끼치고 있음을 말하고 있다. 그렇다고 하면, 중독이라는 사회적 현상도 단절적인 모습이 아니라 사실은 중독을 배타하는 한 사회의 문화적 흐름 내지 추구하는 가치와 밀접한 관련이 있음을 의미한다. 따라서 어떤 사회에서는 중독이 빈번하게 발생하기도 하나, 다른 사회에서는 이런 중독이 억제되면서 상대적으로 발생 빈도가 적게 나타나기도 한다. 자본주의가 고도로 발전하면서 빈부의 격차가 크게 벌어지고, 또한 경쟁이 치열하고 특히 욕망 충족을 부추기는 사회에서는 중독이 빈번하게 발생하게 된다.

오늘날 중독과 관련된 일탈 행위의 증가와 이로 인한 사회적 문제가 크게 발생하는 나라는 단연 미국을 꼽을 수 있다. 미국은 알코올 중독, 마약 중독, 섹스 중독 등 다양한 중독들에 대한 위험도가 매우 높은 사회이다. 이에 대한 반증으로 중독을 예방하고 이를 치유하기 위한 제반 사회적 시스템 내지 학문적 노력이 전 세계에서 미국이 크게 앞서고 있다는 점을 들 수 있다. 중독이 미국에서 다른 국가와 달리 다양하면서 빈번하게 나타나는 것은 미국의 문화적 흐름 내지 사회적 가치와 밀접한 관련이 있다.

앨빈 토플러는 그의 저서 《미래 쇼크》에서 오늘의 미국 사회의 모습을 일회용 사회, 휴대용 놀이터, 유행 제조기, 비영속성의 사회, 조립식 환락 궁전의 사회로 진단하고 있다. 미국 사회는 과거 전통과의 단절 속에서 급격한 변화를 일으키면서 일회적 쾌락 추구와 임시적 관계 형성에 익숙해지고 있다는 것이다. 그리고 사람이 살아가는 목적이 유행을 따라가면서 소비의 충족을 통한 환락을 추구하는 것이 장려되는 그런 사회적 흐름이 있다는 것이다.[59] 이런 사회에서 사람들은 급격한 가치관의 혼돈을 느끼면서 한편으로는 숨겨진 욕망에 대한 분출을 부추기게 된다. 이를 뒷받침하기 위해 환락 추구와 소비가 미덕인 것으로 인정을 받는다. 또한 삶의 목적이 소비, 휴가, 취미생활에만 집중되어 있다. 헌신, 봉사, 비전, 공동체에 대한 애정과 같은 가치들은 오히려 고리타분한 것으로 여겨지는 사회이다. 이런 사회에서는 소외감, 우울증, 충족되지 못한 욕망으로 인한 분노 등이 광범위하게 형성되고 한편으로는 중독도 다양하게 나타난다.

미국의 이런 모습은 한국 사회에서도 점차로 나타나고 있다. 그 예로, 한국 사회에서도 각종 중독에 대한 경고음이 계속 켜지고 있다. 한 조사에 의하면, 우리나라에서 4대 중독(알코올, 도박, 마약, 인터넷)의 폐해가 갈수록 심각하게 나타나고 있다고 한다. 이런 폐해는 개인적 차원에서 이제는 가족과 사회 전반에 걸쳐 심각한 위협이 되고 있다. 알코올 중독자는 155만 명, 도박 중독자는 220

---

59) Alvin Toffler, *Future Shock*, 이규행 역, 《미래 쇼크》 (서울: 한국경제신문사, 1996), 62-74.

만 명, 마약 중독자는 10만 명, 인터넷 중독자는 233만 명에 이르는 것으로 조사되고 있다. 그리고 이 조사에서는 이런 각종 중독의 급격한 발생의 원인을 현대사회의 즉흥적 쾌락을 추구하는 사회적 분위기와 사회 부조화 및 소외 그리고 치열한 경쟁 격화로 인한 스트레스로 꼽고 있다.[60] 한국 사회도 사회구조가 서구사회화 하면서 유대감의 상실, 소비 지향적 사회로의 전환, 쾌락 추구적인 가치관의 형성이 중독을 더욱 부추기고 있다고 볼 수 있다.

중독의 원인이 개인의 고립감과 소외 현상, 그리고 인간의 내면에 자리 잡고 있는 욕망에 대한 충족 욕구에서 비롯된 것이라면 이에 대한 해결책은 관계망의 구축으로 해결될 수 있다. 이웃과의 관계 파괴는 고독과 소외를 더욱 심화시키기 때문이다. 그리고 이웃과의 관계 파괴의 시작은 바로 수직적으로 하나님과의 관계 파괴에서 비롯된다. 하나님과의 관계 파괴는 영적 공허감을 가져오게 된다. 그 결과로, 하나님 대신 다른 대상에 방향을 돌려 욕망 충족을 위해 집착하게 되는 것이다. 그래서 메이(May)는 중독의 영적 의미를 "단지 우리가 어떤 일들에 대한 집착을 통해 자유를 잃게 되면서, 그것들이 그토록 우리의 궁극적 관심이 되어버리는 것을 뜻한다"라고 말한다.[61] 중독을 알코올이나 마약 혹은 도박이나 쇼핑 같은 대상에 대한 집착을 통해 그런 것들이 자신의 삶의 유일한 목적이 되는 것, 또한 인간이 이런 것들에 포로가 되어 자유를 상실하는 과정으로 이해를 한 것이다.

---

60) 정진욱 외 3인,《약물 및 알코올 중독 현황과 대응방안》(세종특별자치시: 한국보건사회연구원, 2014), 11-12.
61) May, *Addiction and Grace*, 이지영 역,《중독과 은혜》(서울: 한국기독학생회 출판부, 2006), 120.

또한 중독자들은 사회적 인간관계 구성에 있어서도 단절되어 있다. 일차적으로 가족 관계, 이웃 관계, 직장에서의 인간관계가 정상적이지 못하다. 홀로 고립되어 소외된 채 중독에 빠져드는 삶을 살고 있다. 또한 이들은 어느 한 가지 중독이 아니라 더욱 자극적인 쾌락을 위하여 여러 가지 중독에 동시에 빠져 있는 경우가 흔하다. 그 예로, 섹스 중독자들 가운데 불과 13% 미만이 단지 한 가지 중독을 가지고 있으며, 그 외에 42%가 화학물질에 의존하고 있고 또한 코카인 사용자의 50-70%가 성적 강박증에 시달리고 있다고 한다.[62]

중독자는 결국 파멸에 이르게 된다. 중독의 핵심적 개념은 왜곡된 관계 형성 내지 관계의 병리현상 때문이다. 이를 만회하기 위해 중독에 빠져든다. 그 근저에는 결코 채워질 수 없는 욕망이 자리 잡고 있다. 이런 욕망은 죄의 결과이다. 욕망은 에덴동산에서 불순종의 결과로 추방이 이루어졌고, 하나님과 인간의 관계가 단절된 죄로 인한 결과이다. 왜곡된 관계는 그 자리를 채우기 위해 하나님을 대신할 것을 찾기 때문이다. 따라서 욕망은 죄의 결과이며 죄가 장성하면서 사망에 이르게 된다.[63] 이는 중독이 영적 죄의 결과로 나타난 탐욕의 한 과정임을 의미한다. 이런 과정은 복합적이며 가속적으로 이루어지면서 결국 전인적, 점진적, 만성적인 붕괴로 귀결된다.[64] 이런 중독의 영적 성격을 이해하지 않고 피상적으로 드러나는 중독자의 현상만 보고 진단을 할 경우, 중독에 대한 온전한 이해와 치유가 불가능하다는 것을 깊이 이해해야 할 것이다.

---

62) 김병오, 《중독을 치유하는 영성》(서울: 도서출판 이레원, 2003), 35.
63) "욕심이 잉태한즉 죄를 낳고 죄가 장성한즉 사망을 낳느니라"(약 1:15).
64) Patrick McCommic, *Sin as Addiction* (New York: Paulist Press, 1989), 152.

3) 불안 반응으로서의 중독

(1) 실존적 불안의 측면

불안은 한편으로는 '두려움'으로 표현할 수 있다. 상실로 인하여 단순한 심리적 동요 상태인 '불안'에 머물지 않고 거기서 더 나아가 두려움으로 발전한다면 그런 상실은 중독자에게 커다란 위기로 다가올 것이다. 따라서 중독자는 심리적으로 두려움에서 탈피하여 자신의 '안전'을 확보하기 위하여 대체물을 확보하게 되고, 이런 대체물로의 집착을 통하여 두려움에서 안전감으로, 불안에서 심리적 안정감을 찾으려고 한다. 따라서 우리는 중독의 발생 가능성과 현실로 실제 나타나는 것은 상실로 인한 불안과 두려움이라는 심리적 격변이 있음을 알게 된다.

그래서 하워드 클라인벨은 인간의 불안감이 중독과 깊은 관련이 있으며, 이런 불안에는 억압된 기억에서 비롯되는 신경증(neurotic)적 불안과 주변의 환경으로 인한 역사적(historic)인 불안, 그리고 실존적(existential) 불안이 있다고 말한다.[65] 클라인벨은 이들 불안 가운데 중독과 직접적으로 관련이 있는 것은 실존적 불안이라고 말한다. 실존적 불안은 죽음에 대한 공포, 그리고 이런 공포를 회피하기 위한 죽음의 부정과 회피에서 시작되는 불안이다. 이것은 인간의 실존 자체에 대한 근본적인 불안을 의미하며 두려움을 의미한다. 클라인벨은 이런 실존적 불안은 심리적 요법으로는 결코 치유될 수 없으며, 사랑에 대한 영적 체험을 통하여 극복

---

65) Howard Clinebell, *Understanding and Counseling Persons with Alcohol, Drug, and Behavioral Addictions* (Nashville: Abingdon Press, 1989), 265-267.

이 가능하다고 말한다.

　실존적 불안은 한편으로는 성경적 불안을 의미한다. 실존적 불안이 자신의 생명의 상실에 대한 두려움을 의미한다면, 우리는 그 원형을 아담과 하와에서 발견할 수 있기 때문이다. 아담과 하와는 에덴동산에서 불순종으로 인하여 낙원에서 추방당했다. 낙원에서의 추방은 하나님과의 단절을 의미한다. 이것은 영적인 죽음을 의미한다. 생명은 하나님 안에서 육체적으로, 영적으로 온전히 결합되어 인간이 누릴 수 있는 최고의 축복이다.

　그러나 낙원에서의 추방은 비록 육체적 생명이 유지될지라도 영적인 생명은 이미 죽었음을 의미하는 영적 사망을 뜻한다. 그리고 이런 육체적 생명도 언제나 죽음이라는 현실 앞에서 위태로운 상태를 유지한다. 이미 영적인 죽음을 경험한 인간은 육체적 죽음이라는 현실 앞에서 생명에 대한 '상실'로 인한 두려움과 불안을 경험하는 실존이다. 중독을 이런 영적 생명의 상실로 인한 영적인 문제라고 한다면, 약물이나 심리상담 혹은 다른 어떤 방책으로 영적인 치유를 기대할 수 없다. 효과적인 치유책이나 치료 프로그램을 개발하고 운영하기 위해서 중독자의 영적 측면에 대한 고려가 반드시 있어야 하는 이유가 여기에 있다. 효과적인 프로그램은 "약물과 숨겨진 중독이 의학적 질병일 뿐 아니라 영적인 질병이라는 사실을 충분히 인식하고 있어야 한다"는 점을 유의해야 한다.[66]

　중독을 육체적, 심리적 질병만이 아닌 영적인 질병으로 본다

---
66) 고병인, 《중독자 가정의 가족 치료》 (서울: 학지사, 2010), 102.

면, 우리는 이에 대한 해결책을 성경에서 찾을 수 있다. 결국 영적인 질병은 죄로 인한 하나님과의 분리에서 시작된다. 하나님과 분리된 인간은 영적인 죽음을 맞이할 뿐 아니라, 실존적 불안에 지배를 당할 수밖에 없다. 하나님을 대체할 다른 중독 대상을 추구하게 되는데, 이를 통해 임시적인 위로를 얻을 수 있다. 그러나 그런 중독물은 오히려 중독자를 지배하며 중독자의 우상으로 존재하게 된다. 우상의 영적 지배를 받는 것이 중독자라면, 그것은 분명 영적 죄이며 질병이다. 죄를 한편으로는 질병이라고 표현할 수 있고, 이것이 중독이 치료를 필요로 한다는 것을 뜻한다. 그리고 이런 치유는 하나님과의 관계 회복을 통하여 영적 생명을 회복하는 과정에서 이루어져야 한다. 중독자의 마음 깊이 자리 잡고 있는 생명의 상실에 대한 불안감과 두려움은 그리스도에 의한 '생명'의 회복을 통해 치유가 가능하다. 성경은 예수 안에 생명이 있음을 증언하고 있다.[67]

생명이신 예수를 취했을 때 상실에 대한 두려움에서 해방된다. 예수 그리스도의 생명이 우리 안에 회복되고 자리 잡게 될 때, 그리스도의 기쁨이 우리 안에 활동하게 된다.[68] 영적인 기쁨이 중독자의 심령 안에 가득할 때, 이제 그는 육체적 죽음이라는 위협 앞에서 벗어나 하나님이 주시는 참된 영적 기쁨을 맛보게 되며, 이것이 바로 실존적 불안으로 인한 중독에서 해방될 수 있는 길이다.

---

[67] "그 안에 생명이 있었으니 이 생명은 사람들의 빛이라"(요 1:4).
[68] "내가 이것을 너희에게 이름은 내 기쁨이 너희 안에 있어 너희 기쁨을 충만하게 하려 함이라"(요 15:11).

(2) 사울 왕의 예로 본 불안의 실제 모습

중독은 영적 불안의 결과라는 클라인벨의 주장을 성경의 사울 왕의 예를 통하여 구체적으로 이해할 수 있다. 이스라엘의 초대 왕 사울을 파멸로 이끌었던 것은 바로 사울이 사로잡혀 있던 '불안 의식'이다. 그의 이런 불안 의식이 신경증적 불안, 역사적 불안을 거쳐 실존적 불안이란 막다른 골목까지 이르는 것을 보게 된다. 우리는 먼저 사울이 어떻게 하여 권력의 노예가 되어 가는가를 살펴봄으로써 그가 권력 중독자로 변해 갔는지를 알 수 있다.

그는 이스라엘의 초대 왕이라는 화려한 스포트라이트를 받으면서 등장했지만, 그의 일생은 그리 행복하지 않았다. 특별히 그의 마지막은 비참하고, 모독적인 죽음으로 끝내야 했다. 이렇게 그의 일생이 파멸로 끝날 수밖에 없었던 것은 그의 일생을 지배하고 있던 상실로 인한 불안 의식이었다. 그는 이를 해소하기 위해 왕이란 자리에 더욱 집착을 했다. 그러나 이런 그의 집착은 그의 두려움을 이길 수 없었고, 오히려 인생의 파멸을 이끌게 된다. 이런 모습은 신경증적 불안을 거쳐 역사적 불안으로 이어지고 결국은 실존적인 불안에 이르는 모습을 보게 된다.

사울 왕의 상실에 대한 두려움은 블레셋과의 전투 직전에 행하였던 번제에서 시작되었다. 사울 왕은 블레셋과의 전투를 시작하기 전에 먼저 번제를 드렸다. 그러나 번제를 드려야 할 사무엘이 약속한 기한 내에 오지 않자 자신이 직접 제사를 집례한다. 그의 이런 행동으로 인해 사무엘에게 "여호와께서 왕에게 명령하신 바를 지키지 아니하였"(삼상 13:14)다고 책망을 받게 되고, 사울 왕의 나라가 길지 못할 것임을 경고받는다. 그러나 이런 경고에도 불구하고 사울은 또다시 전쟁에서 하나님의 명령을 정면으로 어기게 된다. 아말렉과의 전쟁에서 하나님의 진멸 명령을 어기게 된다. 결국 사무엘에게 "여호와께서도 왕을 버려 왕이 되지 못하게"(삼상 15:23) 하신다는 말씀을 받는다.

사무엘의 경고처럼 사울 왕은 하나님과의 관계 단절로 인한 상실을 경험하게 된다. 아마 사무엘의 최종적인 선고로 사울 왕의 마음속에는 깊은 두려움이 자리 잡게 되었을 것이다. 하나님이 자신을 버렸다는 고독과 두려움 속에 지냈을 것이다. 이것이 신경증적인 불안의 시작이 되었다. 마음속에 과거의 어떤 고통과 기억으로 인하여 심리적인 불안감을 보이는 단계이다. 그러나 이때까지는 사울에게 아직 권력에 대한 집착이 나타나지 않는다. 중독을 또 다른 형태의 집착과 과도한 불안이라고 한다면, 이때의 사울에게 권력 중독은 잠복기이다.

그러나 사울은 곧이어 '역사적 불안'의 과정을 경험한다. 다윗의 출현이다. 다윗이 골리앗과의 전투에서 승리하자, 그의 마음속에 자리 잡고 있던 신경증적 불안이 작동하기 시작한다. 그의 마음속에 자리 잡고 있던 하나님으로부터 버림받았다는 상실감이 다윗의 출현으로 더욱 현실화된다. 더욱이 다윗이 블레셋과의 전투에서 매번 승리하면서 개선할 때, 군중들이 다윗을 향하여 환호하며 부른 노래[69]는 사울을 절망시키기에 족했을 것이다. 자신의 왕위가 다윗에 의하여 위협받고 있다는 불안한 심리는 그의 실존을 극도로 두려움에 쌓이게 했다. 그는 하나님과의 관계 단절에서

---

[69] "여인들이 뛰놀며 노래하여 이르되 사울이 죽인 자는 천천이요 다윗은 만만이로다 한지라"(삼상 18:7).

시작된 불안 의식을 정확히 파악하는 데 실패했다. 오히려 그런 두려움을 왕권에 대한 집착으로 극복하려고 하였다. 이것은 그의 사위이기도 한 다윗을 죽이기 위해 10년간 추격전을 벌이는 계기가 된다.

이제 사울 왕이 왕권을 상실할지도 모른다는 불안에서 시작된 두려움이 오히려 왕권에 대한 집착으로 나타난다. 이것은 그의 실존적 불안이 권력 중독이란 변형된 형태로 바뀌었음을 의미한다. 사울 왕이 자신의 불안과 두려움의 원인이 왕권의 상실에 대한 우려가 아니라 하나님과의 관계 단절로 하나님을 상실한 것에서 기인한 것이었음을 알았다면, 그는 회복의 가능성을 얻을 수 있었을 것이다. 그러나 그의 일생을 깊이 연구해 보면, 그는 어떤 경우에도 진실된 마음으로 여호와란 이름을 한 번도 부르지 않았음을 알게 된다.

성경은 로마서 10장 13절에서 "누구든지 주의 이름을 부르는 자는 구원을 받으리라"고 선언하고 있다. 아무리 심각한 죄를 저지른 인간일지라도 진실된 마음으로 회개하고 하나님께 용서를 구하면 죄 용서와 하나님과의 관계 회복을 이루어주심을 약속하고 있다. 그러나 사울은 오히려 블레셋과의 마지막 전투를 앞두고 하나님과의 관계 회복을 위한 시도를 하는 대신, 엔돌에 있는 접신녀를 찾아감으로써 하나님과의 관계 회복을 스스로 차단하고 만다. 결국 이런 그의 모습은 블레셋과의 전투에서 자신과 3명의 아들이 비참하게 전사함으로써 끝을 맺는다.

사울의 실존적 불안은 권력에 더욱 집착을 보이면서 권력 중독으로 몰아갔고, 결국은 이것이 그를 파멸로 이끌었던 것이다. 클라인벨은, 실존적 불안은 신경증적 불안, 사회 심리적 불안 등 모든 불안의 뿌리가 되며, 이것들은 중독자들에게 더욱 중독에 의존하게 만들면서 중독을 영속화시키는 요인이라고 말한다.[70] 우리는 사울의 예를 통하여 실존적 불안이 어떻게 중독으로 연결되는가를 살펴보았다. 그리고 그 치유 방안도 모색하였다. 결국 중독은 심리적, 약물적, 상담적 기법을 활용하기 이전에 먼저 영적인 치료가 선행되어야 한다는 것을 의미한다. 그것은 또한 하나님을 상실하였던 자가 하나님이 주시는 영적 사랑을 체험하는 가운데 회복되는 것을 의미한다.

---

70) Howard Clinebell, *Understanding and Counseling Persons with Alcohol, Drug, and Behavioral Addictions* (Nashville: Abingdon Press, 1989), 267.

3장

중독의 치유

1. 중독자의 치유를 위한 일반 원칙

중독을 어떤 관점에서 보느냐 하는 것이 중독의 치유에 있어서 중요하다. 중독을 '있을 수 있는 일'의 하나로 본다든지, 혹은 보통 사람보다 '약간 특별한 사람' 식으로 중독자를 본다면 중독을 치유하기 위한 과정도 이런 시각에 맞출 수밖에 없다. 우리는 알코올 중독자에 대하여 유난히 관대하다. 우리나라 문화의 특성상 남자는 술을 많이 먹는 것에 대하여 특별한 문제를 제기하지 않는다. 오히려 호탕한 사람으로 치부하는 측면도 있다. 혹은 행위 중독인 쇼핑 중독이나 일 중독에 대하여도 중독의 심각성을 생각하지 않고 약간 특별한 사람으로 보는 경향이 있다. 이런 시각에서는 중독의 치유를 기대할 수 없다.

중독의 치유에 있어서는 우선적으로 중독을 '질환'의 하나로 보는 것이 중요하다. 중독을 질병의 하나로 본다면 우리는 알코올 중독자나 쇼핑 중독자에 대하여 특별한 자세로 접근할 수 있다.

중독을 치유받아야 할 질환의 하나로 본다면 그 치유에 있어 중독자 본인뿐 아니라 이들을 치유해 줄 전문가가 필요하다는 것을 의미한다. 전문가의 도움 없이 혹은 일반적인 수준에서의 일반인의 도움을 받아 질병인 중독을 치유한다는 것은 불가능하다는 것이 임상 전문가들의 경험담이다. 따라서 중독의 치유는 중독자 본인과 전문 상담자의 협동적인 작업이 있어야 효과적인 치료가 이루어질 수 있다. 따라서 중독자의 효과적인 치유를 위해서는 전문가의 도움을 받아야 하는 것이 필수적이다. 그렇다면 우리는 중독의 치유에 있어 이들을 치유하는 데 직접적인 개입을 하는 상담자와 중독자 본인으로 나누어 일반적인 원칙을 살펴볼 수 있다.

첫째로, 상담자는 중독자의 치유를 위해서 탁월한 리더십을 확보해야 한다. 치유가 중독자 본인과 상담자와의 협동적 과정이라고 한다면 그 주도권은 상담자가 지니게 된다. 이럴 때, 상담자가 얼마나 중독자를 신뢰와 소통 속에 이끌어갈 수 있느냐가 관건이다. 중독자가 상담자를 신뢰하고 깊이 있는 대화를 나눌 때보다 효과적인 치유가 이루어질 수 있다.

둘째로, 상담자는 풍부한 경험을 가지고 있는 전문가여야 한다. 우리는 교회 내에서 목회자가 중독자들에 대하여 목회 차원에서 하고 있는 상담들이 의도했던 효과를 보지 못하는 경우를 많이 보게 된다. 오히려 중독자는 목회자에게 필요한 답을 얻지 못해 더 절망하는 모습을 보이기도 한다. 이런 모습은 상담자에게는 일반적 수준이 아니라 전문가적인 식견과 경험이 요구된다는 것을 의미한다. 상담자는 무엇보다도 중독에 대한 현장 경험과 상담에 대한 다양한 경험, 그리고 이들에 대한 학문적 연구를 고루 구비하고 있어야 한다. 단순히 풍부한 임상 경험만을 가지고 있는 상담자라고 하면, 중독을 어떤 학문적 토대 위에서 접근하느냐에 따라 미묘한 접근방식의 차이를 드러내는 깊이 있는 상담을 실시하기가 어렵다. 그 예로, 알코올 중독자의 치료에 있어 알코올 중독을 이해하는 시각에 따라 다양한 방법이 제시된다. 그런 다양한 방법은 알코올 중독에 대한 학문적 접근의 차이에서 비롯된다. 따라서 상담자는 알코올 중독을 보는 관점에 대한 다양한 학문적 차이를 연구하며 풍부한 임상 경험을 가지고 이를 개별 중독자들에게 적용할 수 있는 전문적인 능력이 필요하다.[71]

셋째로, 상담자는 전문적인 식견을 활용하여 중독자를 치유하기 위한 구체적인 목표와 세부적인 전략을 마련할 수 있어야 한다. 중독자를 치유함으로써 얻고자 하는 확실한 목표를 먼저 설정하는 것이 중요하다. 이런 목표 설정은 중독자에게 새로운 기대감을 심어준다. 중독자의 세부적인 사정을 깊이 숙고하고, 깊이 있는 대화를 통하여 상담자는 확고한 방침 아래 중독자에게 중독의 치유 가능성을 보여주면서 이를 목표화하는 것이 요구된다. 치료 목표의 설정은 한편으로 목표 달성에 필요한 구체적인 전략을 마련하면서 그 과정을 구체적으로 계획화하는 것이라 할 수 있다.[72] 명확한 목표를 설정하지 않으면 상담자와 중독자 사이의 대화와 면담이 효과적으로 이루어지기 어렵다. 피상적인 면담으로 흐를 가능성이 많다. 그러나 실현 가능한 명확한 목표를 제시하면 중독

---

71) 김충렬, 《알코올 중독과 목회상담적 치료》 (서울: 한들출판사, 2011), 282.
72) J. Michaal & S. Jones, *The Art of Moderation; An Alternative to Alcoholism* (San Francisco: Vision Books International, 1999), 68-69.

자는 기대감을 가지고 자발적으로 상담에 응할 가능성이 그만큼 높아진다.

넷째로, 상담자는 전인적이며 폭넓은 시각을 가지고 있어야 한다. 중독이라는 현상은 아주 복합적인 원인들이 결합하여 나타나는 것이다. 상담자는 중독이 의학적인 질병일 뿐 아니라, 영적인 질환이라는 전인적인 시각을 가지고 있어야 한다.[73] 또한 중독자 본인뿐 아니라 가족의 병이기도 하기에 가족 치료, 가족 활동 등을 효과적으로 조망하고 조절할 수 있는 능력을 겸비해야 한다. 그리고 중독 치유를 위한 전략을 마련함에 있어 중독자의 과거 지향적 회복과 현재 지향적 회복 그리고 미래 지향적 회복을 적절하게 고려하여야 한다.[74]

과거 지향적 회복 전략은 중독자의 과거에 대한 상처를 치료하는 과정이라고 할 수 있다. 많은 경우에 중독자들은 역기능적 가정에서 성장한 경우가 많다. 이런 경우에는 과거에 대한 깊은 상처가 있으며 이로 인하여 중독에 이르는 경우가 많다. 따라서 상담자는 현재 지향적 회복, 즉 당장 중독 행위를 중단키 위한 전략을 마련하면서 동시에 과거의 상처에 대한 치유전략을 마련해야 한다. 또한 중독자들은 중독 행위를 중단함으로써 오는 미래에 대한 두려움을 가지고 있다. 많은 중독자들은 이런 불확실한 미래에 대한 탈출로 중독에 들어간다. 따라서 상담자들은 미래에 대한 불안과 두려움을 어떻게 스스로 극복토록 할 것인가에 대한 구체적인 전략을 가지고 있어야 한다. 이런 의미에서 상담자는 전문가로

---

73) 고병인, 《중독자 가정의 가족 치료》 (서울: 학지사, 2010), 67.
74) Dale Ryan, *Addiction and Recovery*, 정동섭 역, 《중독 그리고 회복》 (서울: 예찬사, 2008), 29-30.

서 전인적이며 통합적인 자세가 요구된다고 하겠다.

중독자 본인이 견지해야 할 원칙은 무엇보다도 중독은 자기 내부의 문제라는 것을 명확히 인식해야 한다. 중독자의 내면에서는 실존적 자아와 중독된 자아 간에 치열한 갈등이 벌어진다. 본래 모습을 회복하려는 '나'와 중독에 얼룩진 '나' 그리고 중독을 중단하고픈 '나'와 계속 중독에 빠지고자 하는 병든 '나'가 혼합되어 치열하게 전쟁이 일어나는 것이다. 내면에 숨어있는 중독자로서의 존재를 극복하기 위한 것은 결국 '나' 자신밖에 없다는 것을 깨닫는 것이 필요하다. 그런 의미에서 중독에서 회복되는 과정을 '자아의 재생'이라고 할 수 있다. 철저하게 중독에 찌들어있는 현재의 실존이 본래의 실존으로 회복되어 가는 것이 중독의 치유과정이다.[75] 자아의 재생이 발생해야 할 지점도 '나'이며, 이를 감당할 주체도 '나'가 되어야 한다. 이것은 중독의 치유과정은 결국 중독자 본인의 주체적 결단의 과정이라는 것을 의미한다.

상담자는 이런 결단의 과정을 보다 효과적으로 이끌어가는 인도자에 불과한 것이다. 이런 주체적 결단이 일어나기 위한 일반적인 원칙은 첫째로, 중독자가 먼저 '나에게 문제가 있다'는 것을 인정하는 것이다.[76] 가장 선행적으로 이루어져야 할 것이면서도 쉽게 인정되지 않는 것이 '나에게 문제가 있다'는 고백이다. 중독자들은 이런 문제의식을 외부로, 타인에게 돌리는 경향이 있다. 그래서 중독자들은 중독의 치유과정에서 필요한 '고백'을 회피하게

---

75) Craig Nakken, *The Addictive Addictive Personality*, 오혜경 역, 《중독의 심리학》 (서울: 웅진지식하우스, 2008), 127.
76) Dale Ryan, *Addiction and Recovery*, 정동섭 역, 《중독 그리고 회복》 (서울: 예찬사, 2008), 31-37.

된다. 중독은 나의 문제가 아니라 나를 둘러싼 환경과 타인에 의한 희생이라는 것이다. 그래서 자기 자신을 오히려 희생자로 여기는 경향이 있다. 그러나 중독자가 자신이 바로 가정과 이웃과 주변에 긴장을 일으키는 주범이라는 것을 인식하는 것이 치유를 위한 첫걸음이 된다.

둘째로, 중독자는 자신의 문제가 나를 둘러싼 사람들과의 '관계'의 왜곡에서 시작되었다는 것을 인정하는 것이다. 어린 시절 가정에서의 불만족스러운 부모와의 관계, 혹은 직장에서 동료나 상사와의 만족스럽지 못한 인간관계, 가정에서 배우자와의 잘못된 관계가 중독으로 이끌어가는 근본 원인이라는 것을 깨달아야 한다. 중독의 치유는 관계 회복과 유대 강화가 이루어질 때 가능하다는 것을 본인이 깨닫고, 이런 관계 회복의 시급성을 알아야 효과적인 치유가 이루어진다.

셋째로, 중독이 영적 문제라는 것을 인정해야 한다. 죄의 문제가 해결되지 않으면, 또한 하나님과의 영적 관계가 정상화되지 않으면, 어떤 치유책도 한계가 있다는 것을 깨닫고 영적 훈련의 중요성을 깊이 인식하고 상담자의 이런 영적 치유에 기꺼이 순복할 수 있어야 한다.

마지막으로, 중독의 치유과정은 마치 장거리 여행을 하는 것과 같다는 것을 인식하는 것이다. 중독자가 조급하게 중독 치유의 성과를 얻으려고 하면 안 된다. 그 예로 알코올 중독과 같은 물질 중독의 경우 약물 치료에 의하며 알코올을 일시적으로 중단할 수 있다. 그러나 병원에서 처방하는 약물 치료에 의하여 알코올 중독이 치유되었다고 생각해서는 안 된다. 알코올 중독자들은 다양한 원인과 경로에 의하여 장시간에 걸쳐 술을 먹는 생활이 습성화되어 있기 때문이다. 습성화된 생활양식으로 인한 알코올 중독은 약물에 의하여 치유가 일어나는 것이 아니다. 오랜 세월에 걸쳐 알코올 중독에 이르게 된 생활환경과 성격 문제 등을 한 꺼풀씩 걷어내야 하는 장기적인 과정인 것이다.

따라서 중독의 치유는 단순히 중독이란 한 가지만 치유하는 것에 목적을 가져서는 안 된다. 생활 전반에 대한 검토와 재설계가 중독의 치유과정에 모두 포함되어야 하며 이것은 장기간의 시간이 필요하다는 것을 의미한다. 상담자는 이런 사실을 중독자에게 충분히 주지시켜 인내심을 가지고 중독의 치유과정에 참여하게 하는 것이 필요하다.

2. 중독자의 치유전략

모든 중독에는 치유에 대한 기본적인 과정이 있다. 이런 기본적인 과정을 바탕으로 물질 중독과 행위 중독 간의 미세한 차이를 고려하여 구체적인 치유과정에 들어가게 된다. 이런 기본적인 과정을 인식하고 이를 구체화하는 과정을 치유전략이라고 한다. 그런데 치유전략에는 시작과 종료를 설정할 수 있어야 한다.

시작단계는 중독상태를 의미하며 이 단계는 치유를 위한 제반 초기 과정이라고도 할 수 있다. 그리고 종료는 중독에 대한 치유가 끝난 상태이다. 물론 중독에 있어 어떤 종류의 중독은 완전한 치유가 불가능할 수 있다. 평생에 걸쳐 치유과정이 지속되어야 할 그런 고착적 중독도 있을 수 있다. 그러나 전문가에 의한 치유는 어느 단계에서, 예컨대 중독자 본인이 스스로를 관리할 수 있는 단계에 이르면 종료할 수밖에 없다. 그리고 나머지 치유의 지속적인 과정을 본인에게 맡기는 단계가 종료단계라고 할 수 있다. 그리고 시작과 종료 사이에 중간단계가 있다. 이는 치유가 이루어지는 과도기라고 할 수 있다. 따라서 치유전략을 시작과 중간단계 그리고 종료단계로 나누어 설명하면 다음과 같다.

1) 시작단계-중독 인식하기

(1) 중독 부정에서 중독 인정으로의 단계

모든 중독자들은 다소간의 차이는 있을지언정, 자신의 중독상태에 대하여 인정을 하지 않으려 한다. 중독을 자신의 책임으로 돌리지 않고 투사현상을 보인다. 투사란 자신의 생각이나 욕구, 감정 등을 자신의 것이 아닌 타인의 것으로 인식하여 자신의 문제를 직시하지 않고 부정하거나 합리화하는 것을 말한다. 설령 자신의 중독상태를 인정한다 할지라도 자신이 원하면 언제든지 중독에서 벗어날 수 있다는 자기 합리화를 시도한다. 그러나 이렇게 중독을 극복하려는 노력은 내부의 통제능력의 상실로 인하여 언제나 실패로 끝나게 된다.

그럼에도 불구하고 중독자들은 자신이 원하면 중독을 벗어나는 결단과 실천을 할 수 있다고 자위하면서 중독상태를 부정한다. 이런 부정은 중독자의 내면의 수치를 감추기 위한 방어기제가 되기도 한다. 이때 상담자는 중독자에게 현실을 인정하도록 만들어가는 것이 필요하다. 필요하다면 중독자가 경험하는 중독현상을 전문적인 자료를 제시하면서 중독자가 스스로 부인에서 중독의 시인으로 인식의 변화가 일어나도록 해야 한다. 이런 시인이 없으면 그 다음 치유전략으로 나아갈 수도 없고, 어떤 치유책도 효과를 볼 수 없다. 왜냐하면 중독 치유는 행동의 변화를 이끌어내는 과정인데, 이런 행동의 변화는 인식의 변화가 선행될 때 가능하기 때문이다.

인식의 변화를 도출하기 위해서는 상담자가 사전에 내담자의 개인적인 정보와 중독상태 등에 대한 상세한 정보를 확보하고 있어야 한다. 상담자는 전문가라는 '프로 정신'이 필요하다. 일반인이 가지는 상식적인 수준에서의 상담만으로는 결코 중독을 치유할 수 없다. 그러기 위해 상담자는 전문가로서 식견을 갖추고 가능한 중독자의 성장과정과 현 직업생활 등에 대하여 자세한 정보를 가지고 있어야 한다. 그러나 사전에 중독자 개인에 대한 충분한 정보를 갖추는 것은 한계가 있다. 중독자 본인에 대한 정보는 사전에 중독자가 상담 전에 작성한 '상담 신청서'를 참고로 한다.[77] 이런 자료들을 바탕으로 하여 상담자들은 내담자와 면담을 통하여 본격적인 상담에 이르게 된다. 이때 상담자는 다음과 같은 자세를 가지는 것이 중요하다.[78]

첫째로, '관심 기울이기'이다. 무엇보다도 상담자는 내담자에게 신뢰를 주는 것이 필요하다. 내담자는 상담자에게 자신의 문제를

---

[77] '상담 신청서'에는 다음과 같은 내용들이 포함되어야 한다. 이현림,《상담이론과 실제》(서울: 양서원, 2009), 349.
 - 내담자 성명, 주소와 전화번호
 - 나이 혹은 생년월일, 성별, 종교, 교육 정도-내담자 부모의 현재 직업
 - 수입원
 - 형제자매 관계-상담을 하게 된 경우
 - 상담하고 싶은 주제 내지 내용
[78] 이현림,《상담이론과 실제》(서울: 양서원, 2009), 328-329.

충분히 해결할 전문적인 식견과 성실함과 애정을 가지고 있다는 확신이 들지 않는 한 자신의 속마음을 털어놓지 않는다. 그리고 이렇게 상담자를 신뢰하기 위해서는 상담과정에서 중독자에게 진지하게 접근하고 있다는 인상을 주어야 한다. 구체적으로 상담자는 중독자와 적절한 시선 맞춤을 하며 대화를 해야 한다. 그렇지 않고 시선을 자주 옮긴다던지 혹은 대화하면서 다른 행동이나 산만한 행동을 한다면 중독자의 신뢰를 얻기가 어렵게 된다.

둘째로, 상담자는 '경청하기'를 해야 한다. 경청하기는 중독자의 언어적 표현뿐 아니라 비언어적 표현에도 주의 깊게 귀를 기울이는 것을 포함한다. 내담자의 옷차림, 언어 습관, 몸짓, 음색, 대화할 때 태도 등은 내담자의 심리상태를 파악하는 데 아주 유용하다.

셋째로, 상담자는 '반응하고 질문하기'를 보여주어야 한다. 상담자가 신중하게 경청하고 적절하게 반응한다면 내담자는 더욱 적극적으로 자신의 의견을 개진하며 상담에 응하게 된다. 대화하는 과정에서 상담자가 적절하게 고개를 끄덕인다든가 혹은 미소로 반응을 보이면 더욱 효과적인 상담과정이 진행될 것이다. 특별히 상담자들은 내담자들의 심리상태를 정확히 파악하기 위하여 적절하게 질문을 해야 한다. 그래서 문제점이 무엇인지를 구체화시킬 수 있어야 한다. 특히 대화과정에서 내담자가 수치심 때문에 속마음을 털어놓는 것을 주저한다면 적절하게 질문하거나 분위기를 바꾸어가면서 용기를 북돋아주는 것이 필요하다.

(2) 중독을 질병으로 인식하기

중독자가 중독의 부인에서 시인의 단계로 나아갈 수 있다면 상담자는 그다음 단계로 중독의 심각성을 일깨워주어야 한다. 중독은 단순한 집착이나 과도한 행동이 아니고 질병의 일종이라는 인식을 심어주어야 한다. 그 예로, 도박 중독은 단순히 놀이에 불과한 것이 아니다. 도박도 중독이며 이것은 심각한 질병임을 중독자가 직시하도록 해야 한다. 이렇게 질병임을 인정할 때, 중독자는 중독에 대한 치유에 보다 적극적으로 임할 수 있다.

여기에서 질병이라고 인정한다는 것은, 질병에 해당하는 중독을 계속 행한다면 육체적, 심리적으로 심각한 위험이 초래된다는 것을 인정하는 것을 의미한다. 또한 질병으로 인식한다는 것은 '즉각적'으로 중독 행위를 중단해야 한다는 인식을 가지게 하는 것을 의미한다. 도박 중독이 질병이고 이런 질병으로 인하여 본인의 건강이 심각하게 위협을 받고 가정까지 위해를 끼치는 것을 인식할 수 있을 때, 질병인 도박을 '즉각적'으로 중단하겠다는 결심을 하게 된다. 중독을 질병으로 인식하지 않으면 '즉각적'인 중단을 결심하기가 쉽지 않다. 상담 현장에서 쉽게 목격하는 것은 각종 중독을 정작 본인들은 심각하게 생각하지 않는 경향이 있다는 것이다. 그저 과도한 취미생활의 하나로 생각하는 점이 많다. 이런 인식에서는 결코 중독에서 벗어날 수 없다. 중독은 지나치고 유별난 행동이 아니고 심각한 질병이라는 것을 중독자가 인정하는 것이 중요하다.

이렇게 중독이 질병이라는 인식을 심어주기 위해서는 중독자들의 잘못된 생각을 바로 잡아주는 것이 필요하다.[79] 이들은 자신

---

79) 김충렬, 《알코올 중독과 목회상담적 치료》 (서울: 한들출판사, 2011), 299.

의 행위에 대하여 일반 상식과는 거리가 있는 망상적인 생각에 사로잡혀 있는 경우가 많다. 이런 망상적인 생각을 적절하게 해체하여 상식적이고 합리적으로 자신을 투영할 수 있도록 하는 것이 상담자의 역할이다. 이를 위해서는 상담자와 중독자 간의 적절한 대화과정이 필요하다. 중독자들의 잘못된 망상적 생각을 전부 부정하는 것이 아닌, 그들 생각에도 일면 합당한 면이 있다는 것을 발견하여 이것을 매개로 부정적이고 잘못된 생각들을 바로잡아 자신의 문제가 심각하다는 것을 인정하도록 하는 것이 상담자의 몫이다.

2) 중간단계(과도기)

치유의 중간단계는 중독단계와 초기의 회복단계에 있는 과도기에 해당한다. 이는 중독자의 정체성에 의미 있는 변화를 가져오는 단계를 말한다.[80] 중독자는 치유과정에 들어가면서 한편으로는 중독 치유에 대한 희망을 가지게 된다. 그래서 나는 '중독을 치유할 수 있다'라는 긍정적 사고를 가지게 된다. 그러나 한편으로는 곧 자신감을 상실하고 '나는 중독에서 해방될 수 없다'는 패배감을 가지기도 한다. 이것은 새로운 정체성을 형성하기 위한 불가피한 과정이다. 어떤 의미에서 중독의 치유는 새로운 정체성을 형성하는 것을 의미한다.

중독자들은 정체성의 병리현상을 보인다. 중독자들은 자신을 포기하고 자신의 삶을 두려워한다. 또한 수치심과 죄책감으로 이어지는 경우를 흔히 본다. 따라서 과도기에는 왜곡된 정체성을 정

---

80) S. Brown, *Treating the Alcoholic: A Development Model of Recovery* (New York: John Wiley, 1985), 64.

상화시키는 과정이라고 할 수 있다. 그러나 때로는 이런 치유과정에서 자의식의 혼돈 현상을 경험하게 된다. 그러나 이런 혼란과정은 치유과정에서 긍정적인 역할을 한다. 상담자들의 경우 이런 혼란을 목격하면서 중독자의 세밀한 내면의 정서적 변화를 감지하며, 또한 더욱 효과적인 치유전략을 마련할 수 있기 때문이다.

상담 현장에서 가장 어려운 것은 이런 혼돈현상을 보이는 중독자가 아니고 오히려 어떤 반응도 보이지 않거나 혹은 이를 의도적으로 은폐하려는 정직하지 못한 중독자들로 인하여 발생한다. 상담자들은 중독자들이 혼란을 경험할 때 오히려 그런 과정의 불가피성과 긍정적 측면을 주지시키면서 용기를 주는 전략이 필요하다. 이런 과도기에서 취할 수 있는 치유전략은 긍정적인 인식으로의 전환, 일상적인 삶의 방식의 점진적 변화, 연대관계의 새로운 설정과 강화를 활용할 수 있다.

(1) 긍정적인 인식으로의 전환

먼저 중독자의 자아상에 대한 긍정적인 인식의 전환이 이루어져야 한다. 이것은 인식의 전환을 통해 가능하다. 인간은 '생각하는 것만큼 행동한다'고 할 수 있다. 중독자의 인식을 바꾸어 자신과 삶에 대한 긍정적인 상태로 바꾸지 않는 한 진정한 의미에서 치유라고 할 수 없다. 인식의 전환이 필요하며 이런 과정을 인지치료라고 말할 수 있다.[81]

---

[81] 인지치료란 내담자가 지닌 정서적 불편감 또는 행동 문제들과 관련된 역기능적 사고를 발견하여 이를 상담자와 내담자가 상담과정을 통하여 협동적으로 역기능적 사고를 치유하고 문제 행동들을 해결해 가는 심리치료 기법의 하나이다.

인지치료란 그동안 자신이 가지고 있던 인식을 바꾸어가는 것을 의미한다. 이런 과정은 쉽게 이루어지지 않고, 또한 이루어진다고 해도 그 효과는 아주 오랜 시간을 걸쳐 서서히 일어나게 된다. 그러나 부정적인 인식을 가지고 있는 한 행동과 삶의 변화는 불가능하다. 중독자는 과거의 삶에 대하여 극도의 부정적인 인식을 가지고 있다. 새로운 변화과정을 위하여 생각을 바꾸는 것은 생각만큼 쉽지가 않다.

중독의 치유의 본질은 왜곡된 정체성을 치유과정을 통하여 건강한 자기 정체성을 확보하는 과정이라고 할 수 있다.82) 상담자는 내담자와의 상담을 통하여 내담자의 정체성의 왜곡을 가져왔던 부정적인 인식을 파악해야 한다. 특별히 중독자들은 성장과정에서 가정에서 많은 문제를 경험하며 성장하는 경우가 많은데, 이런 가정의 문제가 성장 후에 중독으로 발전하게 된다. 따라서 상담자는 상담을 통하여 가족의 병리문제를 파악해야 하며 필요하다면 내담자와 함께 가족에 대한 치유도 함께 고려해야 한다. 따라서 동반 의존과 가족 치유에 대한 전략도 함께 고려해야 한다.

이런 과정을 통하여 성장과정에서 상처와 소외를 적극 파악하고, 여기에 따른 중독자의 부정적 인식을 긍정적 인식으로 바꾸는 전략을 활용할 수 있다. 예를 들면, 일 중독자의 경우 몸에 탈진이 왔을 때 '내가 일하지 않으면 우리 가정은 가난하게 될 것이다'라는 부정적 인식을, '내가 일을 못하게 되더라도 다른 가족들이 일할 수 있다. 우리 집에서 꼭 나만 일하는 것이 아니라 다같이 협력

---

82) 김충렬,《알코올 중독과 목회상담적 치료》(서울: 한들출판사, 2011), 300.

할 수 있다'는 긍정적 인식으로 비꾸면 '조금 쉬어도 되겠구나'라는 생각을 갖게 된다.

그런데 상담과정에서 대부분의 내담자들은 자신의 과거에 대하여 전체적으로 부정하는 경향을 보인다. 그것은 오늘의 본인 모습이 과거의 문제와 상처 때문에 생긴 것이라는 피해의식의 결과이다. 이럴 때 상담자는 과거 속에 있는 아름다운 모습들을 중독자 본인이 발견하고 평가하도록 해야 한다. 누구도 과거에 대하여 전적인 부정 혹은 전적인 긍정은 할 수 없기 때문이다. 과거의 아름다운 모습과 아픔이 함께 혼재하고 있기 때문에 중독자의 과거에서 아름다운 모습을 끄집어내는 과정이 필요하며, 이를 토대로 미래에 회복될 자아상을 그려갈 수 있게 된다.

그러나 이런 과정은 어떤 의미에서 내담자에게 고통을 수반하게 된다. 과거의 심각한 상처로 인하여 지난 시간들을 생각하는 것조차 큰 고통일 수 있기 때문이다. 그러나 과거를 회고하며 그 속에서 자신의 아픔을 끄집어내지 않는 한 상처는 치유되지 않으며, 또한 이런 과정을 거치지 않고는 현재를 변화시킬 수 없다. 긍정적인 인식의 전환은 중독자들이 현재의 문제를 모두 과거로 돌리는 책임 없는 자세를 버리고 현재의 삶을 용기 있게 직시하게 하는 과정이라고 할 수 있다. 그것은 결국 과거의 자신의 삶을 있는 그대로 '인정'하는 것을 의미한다. 그리고 이런 인정에서 새로운 자신의 삶을 건설하기 위하여 '나는 무엇을 할 수 있으며, 무엇을 하여야 하는가'라는 물음에 대한 과정이라고 할 수 있다.

(2) 일상적인 삶의 점진적인 변화

대부분의 중독자들은 정상적인 사람들의 삶의 모습과는 다른 양상을 보인다. 정상적인 사람들은 삶의 '균형'을 유지하지만 중독자들은 삶이 편향되어 있다. 삶의 중심이 오직 중독이라는 행위에 집중되어 있고 삶의 패턴도 중독을 충족시키는 것에 초점이 맞추어져 있다. 가령 알코올 중독자의 경우에는 직장생활의 많은 부분을 퇴근 후에 알코올 섭취를 어떻게 할 것인가에 초점을 맞추며 생활한다. 그리고 퇴근 후의 모습도 정상적인 삶이 아닌 음주에 맞추어져 있기 때문에 직원들과의 정상적인 관계도 맺을 수 없다. 이렇게 알코올이 중독자의 삶의 중심에 있는 삶의 패턴에서, 알코올을 다른 것으로 대처하는 과정이 일상적인 삶의 변화과정에 속한다.

임상적으로는 중독자들의 일상적인 삶의 패턴을 약간 변경하는 경우에도 상당한 치유 효과가 일어난다. 중독은 일상적인 삶의 패턴과 깊은 관련이 있기 때문에 중독과 관계없는 다른 생활 패턴을 도입하게 되면 중독에 대한 영향력이 감소할 수 있기 때문이다.[83] 예로서 알코올 중독자가 퇴근 후에 귀가하는 과정에서 일상적으로 통행하는 길을 약간 바꾸는 것이다. 즉 술집이 없는 새로운 길을 선택하여 귀가한다든지 혹은 아내와 쇼핑을 한다거나 또는 공원에서 산책을 하는 것이다. 이런 과정은 오랜 시간 술과 관련된 생활 패턴이 고착화된 중독자들에게는 쉬운 일이 아니다.

따라서 삶의 변화를 통하여 치유 효과를 높이기 위해서는 중독

---

83) Anthony Giddens, *Sexuality, Love and Eroticism in Modern Societies* (London: Picador, 1992), 123.

자가 평소에 하고 싶었던 일들을 찾아내는 것이 중요하다. 그리고 이것을 자신의 삶의 중요 목표로 설정하는 것이다. 이런 목표를 설정하는 데 있어 지나치게 많은 노력이나 시간이 필요하다면 그런 것들은 피하는 것이 좋다. 작은 노력을 기울이면서 규칙적으로 시행하며, 또한 어렵지 않게 성취할 수 있는 그런 취미들을 찾아내 이런 것들에 집중토록 하는 것이다. 이럴 때 술 중심의 생활 패턴이 취미 중심의 패턴으로 전환이 가능해지고 여기에서 중독자는 작은 성취감을 느낄 수 있다.

(3) 인간관계의 새로운 설정과 강화

중독자에게 새로운 인간관계를 설정할 수 있는 동인(動因)을 마련해 주어야 한다. 중독자는 그간 중독 행위를 용이하게 하는 데 편리한 인간관계가 형성되어 있다. 어떤 의미에서 중독 행위는 중독자의 왜곡된 인간관계의 결과라고 할 수 있다. 가정에서의 부모 혹은 배우자 또는 자녀와의 관계가 잘못 설정됨으로써 중독자는 사람에게서 찾아야 할 친밀감과 소속감을 확보하지 못하는 경우가 많다. 많은 경우 중독자들은 성장과정에서 많은 상처와 아픔을 가지고 있다. 이들은 이런 과정에서 긍정적 자아 정체성을 형성할 수 있는 관계 형성이 이루어지지 않고 있다. 이런 비정상적인 인간관계 형성으로 인한 성격적 왜곡을 물질이나 어떤 특정한 행위를 '투사'함으로써 해소하려고 한다.[84] 그로 인해 부모와 자녀관계

---

84) 여기에 투사 현상이란 심리적 주체가 자신 속에 존재하는 생각, 정서, 느낌 등을 자신에게서 분리하여 이것들을 통하여 외부세계에 이전시켜 그곳에 존재하는 것처럼 만드는 심리작용을 말한다.

가 정상적으로 이루어지지 않고 있으며, 자녀들은 성장 후 상실된 부모에 대한 애정을 다른 대체물로 채우려는 욕구를 가지게 된다. 그리고 이런 중독을 용이하게 할 수 있는 사람을 찾아 인간관계를 맺게 된다. 알코올 중독자들은 그런 중독을 용이하게 할 수 있는 술친구들이 반드시 확보되어 있다. 따라서 중독을 중심으로 형성된 잘못된 인간관계를 새롭게 형성시켜주는 전략이 필요하다. 이들에게는 새로운 인간관계 형성을 위한 기법을 훈련시켜야 한다.

이런 인간관계 형성을 위해서는 우선 자신의 내면을 드러낼 수 있는 용기를 격려해 주는 방향으로 나아가야 한다. 많은 경우에 중독자들은 내면에 심각한 죄의식이나 수치감을 가지고 있다. 이들은 자신의 삶이 보통 사람들과는 상이하며, 때로는 사회나 가정에 큰 해악을 끼치는 존재로 인식하면서 죄악감을 가질 수 있다. 또한 과거의 삶을 수치스러워하며 이것이 드러날까 봐 두려워하는 경우가 많다. 이런 경우에 타인과의 관계에서 자신의 내면의 죄악이나 수치감을 드러내지 않기 위해 인간관계를 회피하거나 혹은 자신의 의견을 접고 상대방의 주장에 일방적으로 끌려가게 된다. 알코올 중독자들은 흔히 주변 사람들로부터 좋다는 이야기를 많이 듣는다. 이것은 상대방에게 자신의 내면의 수치감을 노출시키지 않기 위해 거절을 하지 못하고 일방적으로 자신을 종속시키기 때문에 그렇다. 혹은 자기 주위에 있는 사람들이 떠나는 것을 두려워하여 주위 사람들에게 호감을 얻기 위해 무조건적으로 추종하는 경우를 볼 수 있다. 따라서 중독자들이 이런 왜곡된 인간관계를 벗어나게 하기 위해서는 우선은 죄의식을 해결할 수 있는 환경을 조성해 주는 것이 필요하다.[85] 이런 환경 조성에 있어 가장 우선해야 할 것은 후원자를 확보하는 것이다.

상담자는 중독자가 내면의 죄의식과 수치심을 자연스럽게 드러내고 말할 수 있는 후원자를 연결시켜주는 것이 중요하다. 후원자는 중독자의 과거 삶과는 관계없는 새로운 사람들 가운데서 선정해야 한다. 그렇지 않은 경우, 후원자는 중독자에 대한 과거 경험 때문에 편견을 가지고 중독자의 이야기들을 판단할 수 있다. 가령 가족 중 한 사람, 혹은 친지 가운데 한 사람을 후원자로 선정하고 연결해 줄 경우 좋은 관계를 이어갈 수 없다. 이들은 중독자들의 삶의 전반적인 부분에 대하여 부정적인 인식을 가지고 있기에 중독자는 자기 내면의 솔직한 감정을 드러내는 것을 꺼려하게 되고 또한 후원자들도 깊이 있게 경청하지 않는다.

가장 좋은 방법은 중독자와 똑같은 중독 경험을 가졌던 사람들을 선정하는 것이다. 이런 경우에 후원자는 자신의 과거 중독 경험을 중독자와 대화하면서 자연스럽게 공감대를 형성할 수 있기 때문이다. 알코올 중독 치유에 효과적인 프로그램으로 알려진 AA(Alcoholics Anonymous Meeting) 12단계 프로그램이 있는데, 중독자와 후원자들을 연결하여 중독자들과 새로운 인간관계를 형성하면서 중독을 극복하기 위한 것이 핵심이다. 만약에 교회에서 중독자들을 돕기 위한 프로그램을 준비한다면 기존 신자들 가운데 경청기술을 가지고 있는 사람들을 후원자 그룹으로 형성하여 중독자들과 연결시켜 줄 수도 있다.

---

85) Duke Robinson, *Good Intentions*, 정영문 역, 《선한 사람이 실패하는 9가지 이유》 (서울: 창작시대사, 1997), 247-248.

상담자는 중독자가 후원자를 중심으로 새로운 인간관계를 형성할 수 있는 방안을 제시해 주어야 한다. 그리고 자신의 의중을 정확히 노출시키는 훈련도 필요하다. 새로운 인간관계가 정직한 심성을 중심으로 시작되기 때문이다. 중독자들은 어떤 상황에서 'YES'와 'NO'를 분명히 할 수 있는 '대처 기술 훈련'(skills training strategies)이 필요하다. 대처 기술 훈련이란 내담자에게 어떤 특정한 상황에서 바람직한 결정과 대처를 하기 위하여 문제 장면에 대한 구체적인 대처 기술을 집중적으로 실시하여 상황에 대한 보다 바람직한 결과를 도출해 내는 인지 행동 상담기법의 한 유형이다. 이런 특정 훈련을 통하여 과거 타성적인 삶의 자세에서 벗어나 보다 책임지는 삶의 자세를 형성하는 것이 중독자들의 새로운 정체성을 위하여 중요하다.

3) 종료단계-새로운 자아 정체성 완성단계

중독에 대한 상담은 일정한 시간을 가지고 진행되어야 한다. 상담을 효과적으로 종료할 수 있는 그런 방안이 마련되어야 한다. 종료는 중독자가 새로운 정체성을 형성하기 시작하여 일정한 자신감을 회복했을 때가 적정하다. 새로운 정체성은 자신에 대한 친밀감과 자신감, 그리고 주변 사람과 상황에 대하여 긍정적으로 평가하고 인정하는 것을 의미한다. 자신의 과거 삶에서 인격적인 결함과 문제점을 수용하고 이를 중독 물질이나 행위를 통하여 충족하는 것이 아닌, 건강한 이웃관계를 통하여 스스로 회복해가는 것을 말한다. 그래서 과거 중독자에게 가졌던 심리적 불안감과 격동을 마음의 평화로 바꾸는 과정을 의미한다. 이런 정체성의 회복으

로 인한 치유과정은 새로운 이웃과 환경에 대한 관계 형성의 과정이라고 할 수 있다.[86]

치유관계가 더욱 효과적으로 진행된다는 것은 자신에 대한 새로운 정체성과 친밀감이 더욱 높은 수준으로 향상되는 것을 의미한다. 그러나 이런 치유과정은 상담이 종료될지라도 중독자 편에서는 평생을 이어가야 한다. 따라서 중독의 치유는 어떤 의미에서 자신의 내면과의 싸움이라고 할 수 있다. 자신에 대한 정체성과 친밀감이 높아지고 중독에서 해방되었다고 할지라도 중독자는 심리적인 위축이나 기복이 왔을 때는 또다시 중독에 대한 강한 유혹을 받게 된다.

이런 유혹에 대한 반응은 심리적인 문제이다. 중독에서 해방되어 금단현상이 사라졌다고 할지라도 심리적인 결핍이나 심각한 갈등상황에 노출되면 중독자는 이전의 중독상태로 돌아가려는 유혹에 처하게 된다. 따라서 중독자는 심리적 부분을 스스로 통제하며 균형적인 심리상태를 유지하는 것이 필요하다. 어떤 의미에서 중독자는 생활의 균형을 잃은 결과이기도 하다. 생활의 균형을 잃게 되면 중독으로 빠질 위험성이 그만큼 높다는 것이다.[87]

또한 중독자는 지속적인 치유를 유지하기 위하여 중독에 노출되는 환경을 피하며 또한 적극적인 삶의 방식을 가지는 것이 필요하다. 이와 관련하여 다음과 같은 요소들이 적극적으로 고려되어야 한다.[88]

---

86) D. D. Pita, *Addictions Counseling* (New York: Crossroad, 1994), 119.
87) 김충렬, 《알코올 중독과 목회상담적 치료》(서울: 한들출판사, 2011), 307-308.
88) 강경호, 《중독의 위기와 상담》(서울: 한사랑가족상담연구소, 2002), 75.

- 술, 화투 등 유혹을 받을 수 있는 환경을 피한다. 이런 환경에 노출되어도 중독자들이 인내로 이겨나갈 것이라고 생각하는 것은 오산이다.
- 운동이나 취미 활동 등 적절하고 건강한 생활습관을 몸에 익힌다.
- 주변 사람들에게 자신이 중독상태에서 벗어났다는 것을 널리 알린다. 예컨대 담배를 끊었다든지 혹은 술을 끊었다는 것을 적극적으로 알려서 주변의 도움을 받는다.
- 중독상태로 다시 빠지지나 않을까 하는 초조감에서 벗어난다. 설령 실패한다고 할지라도 다시 도전한다는 능동적인 사고로 불안을 이겨나가도록 해야 한다.
- 중독에서 해방된 현재의 나의 모습과 이전의 과거 중독자의 삶의 모습을 글로 표현하고 평가하여 중독에 대한 유혹을 이겨나가도록 한다.
- 스트레스는 중독자에게 최대의 적이다. 스트레스를 피하거나 극복할 수 있는 자신만의 방법을 늘 모색하고 실천해야 한다.
- 중독에서 해방된 사람들 간에 모임을 만들어 주기적인 회합으로 서로를 격려하며 도움을 주는 것이 매우 효과적이다.

3. 대상관계 이론에서 본 중독의 원인과 치유

서구에서 출발하고 발달한 제반 상담이론을 우리나라에 적용하고자 할 때 여러 가지 문제점이 따르게 된다. 서구사회와 한국사회 간에 문화적 차이가 있기 때문이다. 제반 사회이론이 생성되고 발전하게 되는 배경에는 그 사회의 역사적, 문화적 요소가 상당한 영향력을 행사하게 된다. 따라서 서구에서 출현한 상담학 관련 이론을 우리 한국 사회에 적용하고자 할 때는 이런 문화적 차이와 함께 적용 가능성의 한계를 주의 깊게 살펴야 한다.

이런 관점에서 살펴볼 때, 서구 상담학의 제반 이론의 특징 중 하나는 개인의 독립된 자아의 형성과 촉진을 강조하며, 따라서 상담학도 이런 개인의 독립된 자아 형성에 대한 시각에서 이론을 펼쳐가고 있다는 점을 들 수 있다. 또한 프로이드의 정신분석학에 영향을 받아 개인의 성격 형성에 있어 과도하게 성적 억압을 하나의 이론적 분석도구로 활용한다는 점도 들 수 있다. 이렇게 서구 이론의 한국 사회로의 적용에 있어 문제점이 있음에도 불구하고 한국 사회에 용이하게 적용 가능한 것이 자기 심리학에 바탕을 둔 대상관계 이론(object relations theory)이다.

이 이론은 개인의 자아 형성과 발달에 있어 '관계'를 중시하기 때문에 관계성 속에서 자신의 정체성을 확보해 가는 한국의 문화적 토양에 비교적 용이하게 적용 가능하다고 하겠다.[89] 따라서 중독과 관련한 기독교적 상담을 전개함에 있어서 대상관계 이론을 활용한다면 보다 효과적으로 중독에 대한 폭넓은 이해와 치유가 가능할 것이다.[90] 따라서 우선은 대상관계 이론에 대한 전반적인

---

89) 유영권, 《기독 목회 상담학-영역 및 증상별 접근》 (서울: 학지사, 2014), 75-76.
90) 중독에 대한 기독교적 상담에 대한 접근방법으로는 대상관계 이론에 의한 접근과 가족 치료적 방법에 의한 접근, 그리고 집단 상담적 기법에 의한 접근방식을 들 수 있다. 여기에서 가족 치료적 접근방식은 중독자 본인과 가정에 대한 동시적 접근을 요구하게 된다. 왜냐하면 중독자의 중독 행위는 어린 성장과정을 통하여 오랜 시간에 걸쳐 진행된 것이고 또한 가족 상호간에 영향을 미친 결과이기도 하기 때문이다. 따라서 중독에 대한 이해와 접근은 중독자 개인적 차원에서는 한계가 있다. 그 예로, 동반 의존 현상은 결코 중독자 개인적 차원만 살핀다면 이해가 불가능하다. 따라서 중독에 대한 이해를 개인적 차원을 뛰어넘어 가족 전체 차원에서 접근하는 방식이 필요하다. 또한 집단 상담이란 개인의 문제를 집단에서 다루면서

이해를 한 후에, 자기 심리학에 의한 대상관계 이론을 형성함에 있어 핵심적 인물인 하인츠 코헛을 통하여 중독에 대한 접근방법과 치유책을 살펴보도록 하겠다.

1) 대상관계 이론의 기본개념

대상관계 이론에 따르면, 유아의 기본적인 욕구는 대상 추구(object seeking)이다. 여기에서 대상관계(object relation)란 정서적 에너지가 부여되는 그 어떤 것과의 관계 경험이 내재화된 내용을 뜻한다. 이때 내재화되는 것은 어머니인 대상의 이미지와 유아의 자기 이미지의 관계이다. 아동이 경험하는 첫 대상이면서 깊은 관계를 맺는 대상인 엄마와의 관계가 아동의 자기(self) 형성에 큰 영향을 미친다는 뜻이다. 자아 형성에 있어 생애 초기에 양육자와 형성된 관계에서 비롯된 경험이 전 생애에 있어 타인을 지각하고 이해하며 관계를 맺어가는 데 기본 틀로 작용한다고 보았다. 자아 형성은 타인과의 관계 속에서 이루어진다.

멜라니 클라인(Melanie Klein)은 아이들의 성격 형성에 있어 중요한 것은 프로이드가 주장한 것처럼, 성적 충동의 억제에 의한 것이 아니고 주변의 중요한 사람과 어떤 인간관계를 맺느냐에 의하여 형성된다고 말한다.[91] 클라인은 서구 심리학과 상담학에 중대한 영향을 미친 프로이드의 리비도 충동에 의하여 성격 형성을 설

변화와 치유를 도모하는 방식이라고 할 수 있다. 중독 치유의 핵심이 관계성의 회복이라고 한다면 집단 상담적 접근은 상당한 효과가 기대된다고 하겠다. 알코올 중독자를 위한 AA 프로그램의 활용 등이 그 예라고 하겠다. 유영권, 《기독 목회 상담학-영역 및 증상별 접근》 (서울: 학지사, 2014), 75-163.
91) Hanna Segal, *Melanie Klein*, 이재훈 역, 《멜라니 클라인》 (서울: 한국심리치료연구소, 1999), 187.

명하는 것이 아니고, 영아기에 내재화된 대상관계를 통하여 어린 아이의 성격이 형성된다고 보았다.[92]

여기에서 대상(object)이란 아이에게 부모와 같은 중요한 타인을 의미한다. 생애 초기에 양육자와 형성한 관계에서 비롯된 경험은 개인이 전 생애 동안 타인을 지각하고 이해하며 관계를 형성하는 데 기본 틀로 작용한다. 이것은 생애 초기의 관계에서 형성된 관계적 경험이 일생 동안 영향을 미치며 반복해서 재현된다는 것을 의미한다.

따라서 대상관계 이론에서는 생애 초기에 형성되는 양육자와의 관계의 중요성을 강조한다. 개인의 현재 자아의 모습을 이해하기 위해서는 과거에 이루어진 중요한 타인(objet)과의 관계 형성을 먼저 살펴보아야 한다는 것이다. 성장과정에서 내재화된 대상관계가 미래의 대인관계에서 다시 나타나고 반복된다고 보았다.

여기에서 내재화란 인식과 판단의 과정을 거쳐 개인이 마음속에 갖게 된 타인에 대한 이미지 혹은 타인과 맺는 관계에 대한 이미지를 말한다. 아동기에 형성된 타인에 대한 이미지는 내재화를 통하여 자아 형성에 중요한 역할을 하게 된다. 가령 양육자와의 관계에 있어 정상적인 건강한 관계가 아닌, 학대받는 관계를 내재화한 경우에 그 아이는 성장 후의 인관관계에서 무의식적으로 가해자와 피해자의 관계를 형성하게 된다는 것이다.

대상관계 이론은 유아기에 자기대상인 엄마와의 상호교류를 통하여 만족을 경험하기도 하고 혹은 깊은 좌절로 인하여 상처

---

92) 유영권, 《기독 목회 상담학-영역 및 증상별 접근》 (서울: 학지사, 2014), 79.

를 받기도 한다고 보았다. 아동은 초기에 양육자와 '동반'을 경험한다. 이런 과정 속에서 타인에 대한 신뢰 속에서 자기개념(self-concept)이 생겨난다. 자기개념이란 자기 자신에 대하여 자신이 느끼고 인지하는 자기인지의 총체를 의미한다. 이런 자기개념의 형성은 타인과의 공감 속에 상호교류하는 신뢰감에 의하여 형성된다. 유아는 엄마의 일관된 반응을 바탕으로 하여 신뢰감을 형성하면서 자기개념을 형성해 가며, 이런 신뢰관계는 외부관계를 향한 신뢰관계를 형성하게 된다.

유아기 때 엄마와의 신뢰관계 속에 형성되는 자아는 내적 성찰과 공감과정을 통하여 '나'(I)의 개념으로 발달한다.[93] 신생아는 처음에 어머니와 자신을 결합하여 자신의 존재를 파악한다. 즉 자기표상이 되는 어머니와 심리적으로 융합된 상태에서 출발하게 된다. 이것은 유아가 어머니와 아직 경계가 설정되어 있지 않고 하나로 결합되어 있다는 것을 의미한다. 그러나 점차적으로 이런 융합이 깨어지고 어머니로부터 분리되어 자신을 구별하려는 시도를 하게 된다.

보통 생후 6개월이 되면, 유아는 어머니로부터 점차로 분리되어 독립된 자아로 보게 된다고 한다. 유아는 자신을 독립된 개별적 존재로 인식하면서 어머니와 떨어져 외부세계를 탐색하게 된다. 이 시기는 유아가 분리와 개별화 과정을 통하여 자신의 독립

---

93) 대상관계 이론에서는 인간의 발달단계를 셋으로 나눈다. 첫 단계는 자아와 외부 세상이 분리되지 않은 공생상태(symbiosis)이며, 둘째 단계는 양육자와의 분리(separation) 단계이다. 분리단계에서는 유아가 자기대상인 어머니와의 분리를 통하여 불안을 경험한다. 마지막 단계는 인간이 개별화되어 자아와 외부세계가 건전하게 분리된 상태를 말한다. 유영권, 《기독목회 상담학-영역 및 증상별 접근》 (서울: 학지사, 2014), 86.

된 자아를 형성하려는 욕구와, 한편으로는 어머니와 함께 있고 싶다는 욕구가 상존하여 심리적으로 갈등을 경험하게 된다. 또한 유아기에는 어머니가 자신에게 항상 보살핌과 만족을 주는 존재인 것으로 인식을 하면서도 때로는 어머니로부터 '거부'와 '좌절'을 경험함으로써 만족을 주는 좋은 어머니와 거부와 좌절을 주는 나쁜 어머니라는 이중적인 어머니상을 가지게 된다. 하지만 시간이 지나면서 어머니에 대한 통합된 이미지를 형성하게 되면서 점차로 어머니와의 신뢰관계가 회복되면서 어머니와 독립된 개별적 자아를 형성하게 된다.

3-4세 정도가 되면 유아는 아동으로 성장하면서 언어 활동을 시도하게 되며 인지 반응이 왕성하게 된다. 이와 더불어 양육자인 어머니가 하나의 심상(image)으로 아동에게 내재화된다. 어머니에 대한 상상과 판단 등 인식 활동을 통하여 어머니의 심상이 아동의 마음속에 자리 잡게 되면서 아동의 일부가 된다. 이렇게 내면세계에 생긴 대상을 '내적 대상'(internal objects)[94]이라고 한다. 아동의 마음속에는 자신에 대한 이미지와 어머니에 대한 이미지가 공존하면서 점차 어머니의 이미지를 통하여 외부세계를 식별하여 자신의 것으로 내면화하는 과정을 거치게 된다. 이런 과정을 통하여 아동은 점차 어머니와 독립된 자아로 성장하게 된다. 이때 아동은 어머니와의 관계 속에서 내면적 갈등 속에 자기 표상과 대상 표상을 형성하게 된다. 아동은 외부환경 속에서 어머니를 비롯한 자신에게 유의미한 사람들과 관계를 형성하면서 자신을 인식하게 된

---

94) 내적 대상이란 다른 사람들과 관계를 맺는 양상을 보여주는 심리 내적 표상을 의미한다.

다. 이를 통해 자신에 대하여 갖게 되는 정신적 표상이 바로 자기 표상이다.

대상 표상이란 다른 사람에 대하여 기본적인 신념, 기대, 감정들을 가지게 되는 것을 의미한다. 그런데 어머니와의 관계 속에서 만족이 아닌 좌절과 거부가 일상화되면, 이때 아동의 성격 형성은 병리현상을 일으켜 자기애적 성격 장애와 경계선적 성격 장애 혹은 우울증으로 발전할 수 있게 된다. 결국 대상관계 이론은 유아기의 양육자인 어머니와의 관계를 통하여 건강한 자아를 형성하느냐 그렇지 않으면 병리적 현상을 일으키는 자아를 형성하느냐에 결정적인 역할을 한다고 보는 것에 이론의 특징이 있다.

2) 대상관계 이론에서의 중독

우리는 중독자들의 심리상태와 효과적인 치유책을 확보하기 위하여 대상관계 이론으로 접근하는 것이 많은 유용성이 있다는 것을 알 수 있다. 대상관계 이론의 핵심은 성장과정 중 가정에서 양육자나 가족과의 관계에서 건강하지 못한 관계가 형성되면, 개인의 자아 형성과 외부 환경에 대한 대상 인식에 심각한 문제가 발생한다고 보는 것이다. 상담 현장에서 자주 목격하게 되는 현상 중에 하나는 중독자의 많은 부분이 문제 가정에서 자란 경우가 많다는 점이다. 문제 가정에서의 잘못된 양육이 중독자의 인격 형성과 환경적 적응능력에 심각한 영향을 주고 있으며, 이에 따라 중독에 빠지는 경우가 매우 많기 때문이다. 그렇다면 우리는 대상관계 이론으로 중독자들의 심리상태를 살펴보고, 이에 따른 적절한 치유책을 마련하는 것이 매우 유용하다는 것을 알 수 있다. 여기에서는 특별히 하인츠 코헛(Heinz Kohut)의 자기 심리학적 관점에서 중독의 원인과 치유책을 살펴보고자 한다.

코헛의 자기 심리학의 중심에는 '자기'(self)와 '자기대상'(self object)이 자리 잡고 있다. 우선 '자기'는 "공간상으로 응집되어 있고, 시간상으로 영속하며 주도성의 중심을 이루고 있고, 지각적으로 인상(impression)을 수용하는 하나의 단위체"[95]라고 정의된다. 이를 달리 말하면 개인은 독립된 '자아'들로 존재하기는 하나, 단독으로 존재하기보다는 자기대상과의 관계 속에서 존재한다는 의미를 가진다. 따라서 코헛의 '자기'라는 개념에는 '자기대상'과의 상호 교환적 관계 속에서 자아를 형성하고 있다는 의미가 내포되어 있다. 여기서 '자기대상'은 자기의 한 부분으로 경험되거나 자기가 기능할 수 있도록 도와주는 수단으로 사용되는 사람들로 정의한다.[96] 자기란 개념이 어떤 과정을 통하여 형성되고 있는가를 밝히는 것이 그의 주된 관심사라고 할 수 있다.

유아는 출생 후부터 타인과의 관계를 필요로 한다. 초기에는 모호하고 미분화된 자기를 가지고 있다. 그러나 부모의 기대와 격려를 통하여 '자기' 의식은 심리의 중심적 조직화로 신속하게 자리 잡는다. 건강한 자기의 구축은 건강한 자기대상과의 관계를 통하여 형성된다. 아동들은 자기대상과의 관계를 통하여 자기의 두 가지 축을 구축하게 된다. 초기의 유아 단계에서 자기의 상태는 파편화된 자기(fragmented self)의 모습으로 존재한다. 이 시기에 양육

---

95) St. Clair, Michael, *Object relations and self psychology*, 안석모 역, 《대상관계 이론과 자기 심리학》 (서울: 시그마프레스, 2009), 249.
96) 위의 책, 250.

자인 어머니의 격려와 보살핌을 받게 되면, 유아기의 '자기'는 응집력을 갖춘 자기로 발전하게 된다. 그러나 성장하면서 어머니의 보살핌이 완벽할 수 없다는 것을 깨달으면서 과대적이고 과시적인 자기(grandoise and exhibitionistic self)와 이상화된 부모상(idealized parent image)이라는 두 축을 형성한다. 이런 두 축이 개인의 고유한 잠재력을 펼치면서 건강한 자기를 형성하는 원동력이 된다고 말한다.[97]

유아의 '자기'는 자기대상의 반응을 통해 형성된다. 우선 유아는 과대적-과시적 자기를 가지고 있다. 부모로부터 칭찬과 격려를 받게 되면 자신이 완벽한 사람처럼 자기 자신에 대하여 감탄하는 자기를 형성하게 된다. 이것은 '좋은 엄마'의 역할을 통하여 부모가 아이의 자기대상이 되어줌으로써, 아이의 자기애적 욕구를 충족시켜 주는 것을 의미한다. 이것은 한편으로 과대주의와 과시주의의 욕구가 충족되는 것을 의미한다. 이런 과정을 통하여 초기에 응집력이 없던 '자기'는 점차 응집력을 지닌 자기로 발전하게 된다. 이런 경험을 통하여 초기의 과대주의적 과시주의는 차츰 길들여지고 조절되어 현실에 맞추어가는 긍정적인 자존감으로 성숙해 간다.

그러나 유아기 초기 시절에 과대주의와 과시주의가 자기대상으로부터 반응을 보이지 못하면 자기애적 상처가 발생하고 고착화하게 된다. 그러면 아이는 '자기' 형성의 기초인 과대적 자기의 축을 형성하지 못하고 파편화된 자기가 형성되어 이런 결핍과 파

---

[97] Anthony Steven Kill, "Kohut's Psychology of the Self as a Model for Theological Dynamics," *Union Seminary Quarterly Review*, Vol. 41, no.1 (1986), 19.

편화된 인격을 안고 일생을 살아가게 된다. 그 결과 성인이 되어서도 타인에 대한 무리한 관심을 요구하는 유아기적 행동을 하게 되고, 또한 과대적 자기 빈곤증에 걸린 자기애적 성격장애를 가지게 된다.[98] 유아의 '자기'는 충분한 응집력을 갖추지 못한 채, 파편화된 취약한 '자기'로 남게 된다. 이런 파편화된 자기는 이상화된 부모상을 확보하지 못했을 때 나타날 수 있다.

부모가 아이와 함께 즐기며 공감을 형성할 때 아이는 이상화된 부모상을 확립할 수 있다. 부모가 아이에게 이상화된 대상으로 아이를 지나치게 실망시키지 않고 관계를 맺을 때 이상적인 자기대상과의 결합이 이루어지고, 여기에서 이상화된 부모상을 내면화하면서 자기 이상(self ideal)으로 삼게 된다. 이런 자기 이상은 아이가 일생을 살아가면서 보다 가치 있고 높은 이상을 추구할 수 있는 힘을 제공하게 된다.

그러나 아이가 때로는 어머니로부터 뜻하지 않게 거절과 좌절을 경험할 수 있다. 또한 성장하면서 완벽하지 않은 자기대상으로서의 부모의 모습을 발견하게 된다. 이로 인하여 심리적 좌절감을 경험할 수 있다. 그러나 이는 이런 실망과 좌절감을 극복하려는 본능적 욕구를 일으키며, 아이의 자율성을 키워주면서 응집적 자기를 형성하는 데 도움을 주게 된다. 이것을 코헛은 '최적의 좌절'이라고 불렀다. 최적의 좌절을 통하여 자기애의 파편적인 성향을 극복하면서 한편으로는 이상화된 자기대상으로서의 부모에 대한 환상을 점차로 수정하면서 내면에는 건강하고 자율적인 자기

---

[98] Heinz Kohut, *The Analysis of the Self*, 이재훈 역, 《자기의 분석》 (서울: 한국심리치료연구소, 2013), 15.

가 출현하게 된다. 코헛은 이런 과정을 '변형적 내면화'로 칭하면서 이런 것들이 성숙한 인간이 되기 위한 필수적인 과정으로 보았다.[99]

코헛은 자기 심리학을 통하여 많은 사람들이 정신적 질환이나 문제를 경험하는 것은 결함 있는 자기로 인하여 발생하는 것으로 보았다. 즉 파편화되고 허약하며 깨어지기 쉬운 자기를 가진 사람들은 정신적 문제를 경험하게 된다는 것이다. 그리고 이런 파편화된 자기는 생애 초기의 성장과정에서 자기대상 경험에 장애가 발생하였기 때문에 나타나는 것으로 보았다.

코헛은 '자기애'의 정상적 성장을 '자기'(I)의 형성에 중요한 요소로 보았다. 그리고 이런 '자기애'는 아이의 자기 속에 있는 과대자기(grandiose self)와 이상화된 부모상이 이상적으로 통합되었을 때 건강하게 형성된다고 보았다. 이런 과대자기와 이상화된 부모상이 통합되지 않고 분리되었을 때, 아이는 자기애적 외상을 경험하게 된다. 그는 이렇게 자기애적 외상을 경험하는 사람들은 우선적으로 과대자기가 왜곡된다고 보았다. 그는 심각한 자기애적 외상을 당하면 과대자기는 적절한 자아로 통합되어 변형되지 않고 고착화되면서 과대자기의 원초적 목표 성취를 추구한다고 설명한다.[100] 그리고 과대자기를 충족시켜줄 자기대상을 추구하게 된다. 이것은 유아기의 어머니의 과대자기의 충족이 실패되어 나타난 결과이기도 하다. 아이들은 출생하면서 과대함을 확보하기 위한 원초적 본능을 가지게 된다. 자기대상인 어머니가 이런 필요를 적

---

99) 위의 책, 61.
100) 위의 책, Heinz Kohut, 28.

절하게 충족시켜주면, 아이들은 현실에 있어 좌절을 일부 경험할지라도 변형적 내재화를 통하여 성숙해진다. 그러나 자기대상이 이런 과대자기를 충족시켜주지 못하면 아이들은 과대자기의 고착화 현상을 보인다. 이때 자기에 대한 응집력이 결여되어 조각난 불안(fragmentation anxiety)을 경험하게 된다.

유아기의 자아 형성에 있어 또 하나의 중요한 축인 이상화된 부모상을 결여했을 때에 자기 응집력의 약화를 경험하게 된다. 유아들은 자기대상인 부모를 이상화하여 부모를 갈망하면서 함께 결합되기를 원한다.[101] 이상화된 자기대상으로서의 부모와 결합함으로써 유아들은 삶의 목표와 이상을 자신의 것으로 내면화하게 된다.[102] 또한 이상화된 부모상과 융합을 통하여 긴장과 충동을 통제하면서 자기 위로(self sooting)를 확보하여 자기 존재감을 확립하게 된다. 코헛은 이상화된 자기대상으로서의 엄마에 의해 수행되는 긴장과 충동 규제와 위로 기능의 내재화가 적절하게 잘 이루어지면 건강한 자기를 확보하게 된다고 보았다. 그러나 유아기에 이상화된 어머니의 이런 심리적 지지가 실패하면 아이들은 심리적 결핍과 왜곡을 일생 동안 경험하게 된다고 한다.

코헛에 있어 중독의 발생은 이렇게 유아기에 아이와 자기대상으로서의 부모와의 관계의 결핍의 결과로 나타난다고 말한다. 그는 중독을 일으키는 심리적 본질은 마음속에 자리 잡아야 할 구조들의 투쟁이 아니라 구조적 결함의 결과로 본 것이다.[103]

---

101) Heinz Kohut, *The Restoration of the Self* (Madison: International University Press, 1971), 172.
102) 위의 책, 179.
103) Heinz Kohut, *The Search for the Self*, vol. 2 (Madison: International University Press, 1978), 895.

아동기에 자기대상으로서의 엄마와 공감적 반응을 실패한 경우에 아이는 자기애적 외상(narcissistic trauma)을 경험한다. 이런 외상의 결과로 아이는 과대자기와 이상화된 부모상을 내면 속으로 통합하지 못한 채 자기애적 평정을 유지하지 못하고 정신 발달에 악영향을 미치게 된다. 이런 경우에, 유아기에 확보하지 못한 자기대상으로서 부모로부터의 인정과 지지를 마약, 알코올 등에서 찾으려고 한다. 코헛은 이상화된 부모상을 통하여 확보해야 할 유아기의 달램과 위로를 확보하지 못한 아이는 원초적 자아가 발달을 못하고 고착화되면서 달램과 위로를 마약 등에서 찾게 된다고 한다. 마약은 자기대상의 대체물이 아니라 심리적 구조 안에 있는 결함의 대체물이라고 표현한다.[104]

어머니의 모성애로부터 충족되어야 할 인정과 긴장 조절 등이 공급되지 않으면서 '자기'의 응집력이 약화되며, 이것은 자기애적 외상으로 나타나게 된다. 유아기에 이런 외상을 경험한 사람들은 내적 구조를 대체하기 위하여 중독 물질을 사용하려고 한다. 중독 물질을 사용하여 중독자들은 자신이 소유하지 못한 자기애를 확보하려 한다. 알코올, 마약, 약물들을 사용함으로써 중독자에게 살아있다는 감정과 자기 존재감을 확보하려고 한다. 이것은 유아기에 형성되어야 할 자기대상으로서 어머니의 존재의 실패로 인하여 부재하는 자기대상을 중독 물질로 대체하려는 것이다. 따라서 코헛이 제시한 자기 심리적 관점에서 중독을 설명할 때에는 상처받은 자기애를 중독 물질이 아닌, 다른 대체물로서의 자기대상

---

104) Heinz Kohut, *The Analysis of the Self* (Madison: International University Press, 1971), 46.

을 얼마나 효과적으로 제시하며 이를 중독자와 융합시키느냐 하는 것이 핵심이라고 하겠다.

3) 대상관계 이론(자기 심리학)에서 본 중독의 치유

코헛의 대상관계 이론에 의하면, 중독의 발생은 지금까지 살펴본 것처럼 파편화되고 깨어져버린 자기의 결과이며, 이것은 생애 초기의 자기대상 경험에서 장애가 발생하였기 때문에 나타나는 것으로 보았다. 중독을 자기를 형성할 수 있는 충분한 응집력의 결여의 결과라고 보았던 것이다. 따라서 코헛의 자기 심리학은 이런 깨어진 자아의 결과인 중독의 치유를 어떻게 확보할 것이냐에 초점이 맞추어져 있다.

핵심은 '자기' 응집력의 회복에 있다. 이런 응집력의 회복은 적절한 자기대상과의 새로운 관계를 통하여 가능하다고 보았다. 그는 인간은 본능적으로 자기 형성을 추구할 수 있는 어떤 힘이 있다고 보았다. 이런 힘은 자기대상과의 적절한 관계에 의하여 촉진될 수도 있고 오히려 장애를 일으킬 수도 있다.

코헛은 중독의 치유를, 중독자가 스스로 독립하여 자립할 수 있도록 도와주는 것이 아니고 적합한 자기대상을 활용하여 자기를 다시 확립하는 것이라고 보았다. 따라서 어떤 한 사람과의 관계에 있어 장애가 발생하면 그는 필요한 내부구조를 확보하지 못하게 되며 이로 인하여 그의 심리는 옛 자기대상에게 고착된다고 말한다.[105] 중독자의 파편화된 자기를 회복하기 위해서는 적절한 자기

---

105) James william Jones, *Contemporary Psychoanalysis & Religion : Transference and Transcenden*, 유영권 역,《현대 정신 분석학과 종교》(서울: 한국심리치료연구소, 1999), 140.

대상을 제공하여 새로운 자기응집력을 응축하도록 하는 것이 중독의 치유과정에서 중심에 위치한다. 이렇게 회복된 자기가 주변의 자기대상과의 원활한 소통을 통하여 주변과 더욱 관계적이며 유기적인 인간으로 변화하면서 안정화되도록 하는 것이 치유과정이라고 할 수 있다.

상담자는 이런 의미에 있어 먼저 중독자에 대하여 자기대상이 되어야 한다. 이것은 중독자의 중독 발생을 어린 시절 자기대상과의 관계에서 실패한 결과로 보기 때문이다. 상담자는 상담과정에서 중독자와의 공감적 관계 형성을 통하여 상담자가 중독자의 자기대상으로 자리 잡을 수 있도록 해 주어야 한다. 이렇게 될 때 중독자는 어린 시절 자기대상인 어머니로부터 확보하는 것에 실패하였던 공감적 이해와 반영 그리고 이상화의 기회를 얻게 된다. 즉 새로운 자기대상인 상담자와의 관계를 통하여 과시적 욕구를 충족하면서 자기 응축력을 확보하게 된다. 또한 상담자를 통하여 자기 형성에 절대적인 목표 설정, 인내, 절제력 등을 확보하게 된다.

그러나 상담자는 중독자에게 언제나 만족할 만한 공감적 이해와 이상화의 기회를 제공해야 하는 것은 아니라는 점을 유의해야 한다. 끊임없이 유아기적인 심리적 욕구를 드러내는 중독자에게 때로는 적절한 거부를 표시하여 중독자가 최적의 좌절(optimal frustration)을 경험하면서 상담자에게 기대했던 유아적이며 환상적인 이상화를 벗어나 상담자를 보다 현실적으로 바라보면서, 이런 경험을 통하여 건강한 자기를 재구축하도록 이끌어가야 한다. 이것은 중독자의 변형적 내면화를 의미하는 것으로 상담자의 우선적인 임무는 이런 변화를 효과적으로 이끌어가는 데 있다고 하겠다.

코헛은 중독자에 대한 치료의 목표가 독립적인 자기를 형성하여 다른 사람을 가능한 적게 의존하도록 하는 것이 아니라, 건강한 의존성을 유지하도록 하는 것에 있다고 말한다. 이것은 전통적인 정신분석학이 정신적 장애에 대하여 욕구의 억제를 통하여 독립적인 인간으로 스스로 서게 한다는 관점과 대조를 보이고 있다. 이것은 우리의 삶이 산소가 없이는 생존이 불가능한 것처럼, 심리적 영역에서 다른 사람으로부터 독립된 존재로 살아간다는 것은 바람직하지도 현실적이지도 않다는 것이다. 오히려 건강한 관계 형성을 통하여 적절한 의존관계가 필요하다는 것이다. 따라서 중독자가 건강한 자기를 확보하기 위해서는 자기대상으로부터의 독립이 아닌, 자기대상과의 질적인 관계 전환을 추구하도록 해야 한다.[106]

코헛은 이처럼 자기와 자기대상과의 관계 속에서 건강한 자기 형성을 통해 나타나는 자기 회복이 중독 치유의 가장 중요한 과제라고 보았다. 이렇게 회복된 자기 응집력은 자기에 대한 존재감을 확보하면서 중독으로부터 단절을 가능하게 하기 때문이다. 코헛은 중독을 파편화된 자기의 결함의 결과로 보았고, 이것은 유아기에서 자기대상이었던 부모와의 관계 실패의 결과물이라고 보았기 때문에, 치유의 본질은 실패한 자기대상을 교체하여 새로운 자기대상을 제공하는 데 있다고 말한다.

그러면 구체적으로 상담자는 어떤 과정을 통하여 중독자에게

---

106) Heinz Kohut, *How Does Analysis Cure?*, 이재훈 역, 《정신분석은 어떻게 치료하는가》 (서울: 한국심리치료연구소, 2007), 81.

자기대상이 될 수 있을 것인가가 문제이다. 이에 대하여 코헛은 먼저 상담자는 중독자와 공감관계를 형성하는 것이 필요하다고 보았다. 그는 자기 발달을 이루는 핵심적인 요소를 유아와 부모 사이에 형성되는 공감적인 유대로 보았다. 공감은 자아가 인간의 내면의 소리를 수용하고 긍정하며 이해하는 것이며 동시에 심리적 자양분이 된다.[107] 건강한 부모는 일관되고 명확하게 공감을 유아에게 제공함으로써 유아의 자존감의 기반을 형성하게 된다. 공감을 통해 유아는 건강한 '자기'를 확보하면서 자기를 사랑하고 아울러 다른 이들을 사랑할 수 있다는 것이다.

상담자는 중독자에게 건강한 자기대상이 되어야 한다. 이것은 상담자와 중독자가 공감을 형성할 때 가능하다. 특별히 중독자가 능동적으로 상담자에게 공감을 느끼도록 하는 것이 필요하다. 왜냐하면 공감은 "자신이 타인의 내면의 세계에 들어가 느끼고 생각할 수 있는 능력"이기 때문이다.[108] 중독자는 상담자의 내면세계에 들어가 자기대상의 전이(self object transference)를 시도하게 된다. 자기대상 전이를 통하여 어린 시절에 실패했던 자기대상을 통한 과시욕구와 이상화 욕구를 충족하게 된다. 유아기의 자기대상에 대한 좌절과 공감의 실패는 아이의 응집적 자기 구축에 심각한 손상을 가져온다. 자기대상 전이는 생애 초기에 손상되었던 여러 경험들을 드러내주는 역할을 한다. 상담자가 내담자와 대화를 하는 과정에서 간단하게 눈으로 긍정의 신호를 보내며 고개를 끄덕이

---

107) Howard Clinebell, *Basic Types of Pastoral Care and Counseling* (Nashville: Abingdon Press, 1984), 77.
108) Heinz Kohut, *How Does Analysis Cure?*, 이재훈 역, 《정신분석은 어떻게 치료하는가》 (서울: 한국심리치료연구소, 2007), 289.

는 정도에도 내담자는 용기를 내어 상실했던 유아기의 자기대상을 다시 회복하려는 시도를 하게 된다.

상담자와 중독자의 공감 형성으로 인한 자기대상 전이는 3가지 측면에서 이루어진다. 먼저 이상화된 전이(idealized transference)이다. 중독자들은 생애 초기에 양육자와의 부적절한 관계와 충분치 못한 보호로 인하여 자기장애를 경험하게 된다. 이때 상담자로부터 자신들에게 결핍된 관계를 대체해 주고 위로와 긴장을 조절해 주는 역할을 기대하게 된다. 물론 상담자는 이런 기대를 충족시켜 주어야 하지만 한편으로는 적절한 거절을 통하여 중독자들에게 좌절감을 경험하도록 해 주어야 한다. 이럴 때 중독자들은 이상화된 자기대상으로부터 거절당하였다는 좌절감을 가지지만, 한편으로는 상담자와 형성되어 있는 신뢰를 바탕으로 다시 이를 조절하면서 적절한 자기애를 확보하게 되는 것이다.

자기대상 전이의 또 다른 모습은 반사전이(mirroring transference)이다. 반사전이는 다음과 같은 형태를 가지고 있다. 먼저 융합전이의 모습을 가진다. 이것은 상담자와의 융합을 통하여 중독자의 과대함과 과시주의의 욕구를 충족하는 것을 말한다.

그다음은 상담자에게서 자신의 충실한 쌍둥이 전이(twinship transference)를 가진다. 이런 감정을 통하여 중독자는 상담자의 외모와 태도를 닮기를 원하고, 상담자와 동일한 관점과 태도를 갖고 싶다는 소망을 가지게 된다. 중독자가 상담자와 동일하다는 느낌과 공감적으로 서로 동일하다는 쌍둥이 전이는 손상된 자아를 치유하면서 보완과 강화를 통하여 미래에 대한 희망의 감정을 가지게 된다. 중독자는 상담자가 자신에게 결핍된 위로를 제공하고 긴장을 조절해 주는 기능을 제공해주길 기대한다. 중독자는 상담자와의 자기대상 전이를 통하여 자신의 위대함과 완전함을 반사해 주고 인정해 주고 확신시키는 상담자를 확보함으로써 중독자 자신의 손상된 응집력이 치유되고 회복되고 있다는 것을 느끼게 된다.

이런 과정이 원활하게 되풀이될 때, 중독자는 상담자 한 사람과 자기대상의 교류를 이루는 것이 아니라, 이를 확대하여 주변 사람과의 원활한 자기대상 전이를 확보하게 된다. 지속적인 자기대상의 확보는 이전까지 자기대상의 확보를 위해 가졌던 중독 물질에 대한 의존에서 해방이 되고 있다는 것을 의미한다. 중독은 자기대상의 단절에서 비롯된 것이기 때문이다. 중독자의 지속적이고 건강한 자기대상의 확보는 중독에서 해방과 자유를 의미한다.

4) 대상관계 이론과 기독교 상담

1789년에 발생한 프랑스 대혁명은 새로운 근대주의의 출발점이 되었다. 프랑스 대혁명의 구호인 '자유', '평등', '박애'는 중세시대에 억압되어 있던 민중들의 해방을 선언하고 있다. 민중들은 기득권층의 억압과 착취에 의하여 수많은 고통 속에서 어려움을 경험해야 했다. 그러나 대혁명은 구시대와의 단절을 의미하게 되었다. 이것은 새로운 시대의 서막을 알리는 것이었다. 바로 근대주의의 출발점을 의미한다. 근대주의는 이렇게 모든 속박과 억압으로부터의 해방을 목표로 하고 있다. 이런 해방은 당시 기득권 정치세력과 가톨릭 종교세력으로부터의 자유를 의미하지만, 한편으로는 하나님으로부터의 자유를 의미한다. 근대주의는 인간에게 자유와 평등을 확보해 주면 인간이 독립적이면서 인간적인 존재로 성장하는 것이 가능하다고 보았다. 자신의 능력을 최고로 발휘하면서 한편으로는 박애를 실천할 수 있는 완전하고도 자애로운 인간으로의 발전이 가능하다고 보았다. 인간에 대한 낙관적 견해를 가지고 있었던 것이다. 이런 발전을 위하여 먼저는 모든 세속적 권력으로부터의 독립이 필요하면서 동시에 교회, 나아가 하나님으로부터의 해방을 요구하게 되었다.

그러나 인간에 대한 낙관주의는 결코 달성할 수 없는 환상이었음이 역사적으로 점차 드러나게 되었다. 제1, 2차 세계대전의 경험을 통하여 인간은 자애롭지도, 완전을 추구할 수도, 또한 자아의 충실한 발전을 추구할 수 있는 그런 능력이 결여된 불완전한 자임을 알게 된 것이다. 오히려 인간의 자유와 해방, 그리고 독립된 자아의 강조는 인간을 고립화시켜 군중 속에서 고독을 체험하며, 또한 극도의 이기적인 개인주의를 팽배하게 만들게 하는 요인이 되었다.

코헛의 자기 심리학은 인간에 대한 낙관주의적 견해를 가졌던 근대주의적 시각에 대한 한계를 극복하려는 것에서 시작한다. 그는 인간을 단절되고 고립된 존재로 이해하지 않았다. 또한 인간은 결코 완전한 존재로 발전할 수 있는 그런 존재로 보지도 않았다. 그는 인간을 관계적 존재로 이해했다. 인간은 의미 있는 '타자'와의 관계적 만남에 의해 자기(I)가 형성된다고 보았다. 또한 이런 자아 형성과 유지를 위한 타자와의 만남은 어느 한순간에 종결되는 것이 아니고 일생 동안 지속되어야 할 것으로 이해하였다. 이런 의미 있는 타자를 코헛은 자기대상으로 칭하였다.

코헛은 인간은 자기대상과의 계속적 만남과 관계를 통하여 자기가 형성되고 존재하며 인식하게 된다고 말한다. 이런 코헛의 인간관은 기독교적 사고에서 비롯되었음을 의미한다. 그는 인간은 생존하는 동안 자기대상이 필요하며 이런 자기대상은 하나님에게서 완벽하게 확보할 수 있다고 말한다.[109] 여기에서 우리는 코헛의 자기 심리학에 바탕을 둔 대상관계 이론을 기독교적 상담으로 접목할 수 있는 지점을 발견하게 된다. 기독교적 인간관이 코헛이 말하는 인간관과 다르지 않기 때문이다.

    성경은 인간을 결코 완전한 존재가 아니며 또한 인간 홀로 완전한 자아로 발전할 수 있다고도 말하지 않는다. 인간의 존재는 독립되고 단절된 개인으로서의 '나'가 아닌, 하나님과의 관계 안에서 확보할 수 있음을 말씀한다. 하나님은 한편으로는 초월적인 존재로 인간에게는 전적인 타자로 위치되어지나 인간과의 관계 속에 계시는 관계적 하나님이시다. 또한 인간의 행복은 하나님으로부터의 자유가 아닌 하나님 안에서의 관계 회복에서 시작된다고 성경은 말씀하고 있다. 성경은 하나님과 인간의 관계를 깊은 상관관계 속에서 파악한다. "나는 포도나무요 너희는 가지라 그가 내 안에, 내가 그 안에 거하면 사람이 열매를 많이 맺나니 나를 떠나서는 너희가 아무것도 할 수 없음이라"(요 15:5)고 말씀하신다. 인간을 하나님과의 상관관계 속에서 존재가 가능한 것으로 보았다. 하나님으로부터 독립된 존재는 '밖에 버려진' 마른 가지에 불과하다고 말씀한다. 이것은 바로 인간에게 있어 하나님은 인간의 생존과 존재와 자아의식을 위하여 절대적으로 필요함을 설명하고 있다.

---

109) Michael St. Clair, *Human Relationships and the Experience of God: Object Relations and Religion*, 이재훈 역,《인간의 관계 경험과 하나님 경험》(서울: 한국심리치료연구소, 1998), 73.

성경의 이런 관점은 코헛의 자기 심리학에서 인간의 자기(I)에 대한 응축력을 형성하고, 자아의식을 확보하기 위해서는 절대적으로 자기대상인 어머니가 필요하다는 것과 일맥상통한다. 성경은 자기대상을 하나님으로 상정하였고, 코헛은 이를 어머니로 대치한 것뿐이다. 어머니의 품을 떠난 유아는 결코 존재할 수 없는 버려진 마른 가지에 불과한 것이다. 따라서 우리는 코헛의 자기 심리학이 성경적 관점에서 비롯되었음을 알 수 있으며, 중독 회복을 위한 치유 방안으로서 그의 자기 심리학을 교회에서 충분히 활용할 수 있음을 알게 된다. 그러면 코헛의 자기 심리학을 어떻게 기독교적인 상담에 활용할 수 있을 것인가를 알아보자.

첫째로, 기독교적 관점에서 중독자에게 '자기대상'으로서의 타자를 하나님으로 소개할 수 있다. 코헛에게 있어 자아회복은 자기대상으로부터의 독립을 만들어주는 것이 아니다. 또한 내면의 완전함을 추구하는 것도 아니다. 오히려 자기대상의 확보를 통하여 관계성의 능력을 만들어주는 것을 의미한다. 우리는 중독자를 하나님의 자녀로서 자기대상인 하나님께로 인도하여야 한다. 인간의 불행은 바로 하나님으로부터의 결별에서 비롯되었다. 에덴동산에서의 추방은 인간에게 불행의 시작을 알리는 서곡이 되었다. 이런 불행의 종식은 하나님과의 관계 회복에서 시작된다.

중독자의 자기 회복은 중독이란 불행이 결국은 하나님과의 관계 단절에서 비롯되었다는 것을 시인하는 데서 시작된다. 하나님을 떠난 존재가 중독 물질이나 중독 행위에 탐닉하여 자신의 어떤 만족을 채운다는 것이 불가능한 허상이라는 것을 알고 하나님에게로의 귀향을 시작할 때 중독의 치유는 시작된다. 누가복음에서의 탕자 비유는 자기 회복이 하나님 안에서의 양식의 풍족함을 알고 그분을 향하여 발걸음을 옮기는 것에서 시작됨을 보여주고 있다. 따라서 중독자가 치유의 방편으로 자기 회복을 시도할 때에 우리는 중독자에게 하나님 안에서의 돌봄과 은혜의 풍성함을 깨우쳐주는 것이 무엇보다도 필요하다는 것을 알게 된다. 중독의 근원이 유아기 시절에 부모로부터의 적절한 사랑과 관심을 받지 못한 결과임을 알려주고, 하나님은 결코 하나님을 찾는 자를 버리지 않으시는 사랑의 하나님이심을 중독자에게 보여주는 것이다.[110]

둘째로, 자기대상으로서의 하나님과의 관계는 중독자에게 필요한 자기과시의 욕구를 충족하게 한다. 인간의 자기 응축력을 강화시켜 자아의식을 확보하기 위해서는 자기과시를 자기대상으로부터 적절하게 확보할 때 가능하다. 코헛은 성장과정에서 칭찬과 격려를 통하여 자기과시 욕구를 마음껏 충족한 사람은 자존감이 높으면서 한편으로 다른 사람들과 원활한 관계를 유지하고 있다고 말한다. 그래서 그는 성장과정에서 자기대상으로부터 풍요로움을 누린 개인이 다른 사람들에게도 즐거움을 줄 수 있다고 말한다.[111]

코헛은 이런 풍요로운 자기대상으로서의 타자를 하나님으로 제시한다. 자기 심리학에서 자기대상은 하나님이시다. 하나님은 전능하시면서 한편으로 사랑이 충만하시며 반사적 존재로서의 부모를 경험하게 한다. 코헛은 진실한 신자는 이상화된 부모와

---

110) "여인이 어찌 그 젖 먹는 자식을 잊겠으며 자기 태에서 난 아들을 긍휼히 여기지 않겠느냐 그들은 혹시 잊을지라도 나는 너를 잊지 아니할 것이라"(사 49:15).
111) 김병훈, 《현대 정신분석의 임상기법: 하인즈 코헛의 자기치료 해설》(서울: 한국정신역동치료학회, 2009), 85.

의 관계상을 하나님과의 관계에서 찾을 수 있다고 말한다.[112] 또한 이상화된 부모상으로서의 하나님에게서 표출되는 환각적 마법(hallucinatory conjuring)은 자기대상을 상실하였던 중독자들에게 용기와 힘을 줄 수 있는 바탕이 된다.[113]

우리는 창세기를 통하여 하나님이 인간을 어떤 과정을 통하여 창조하셨는지를 알 수 있다. 하나님은 인간을 창조하시고 '심히 기뻐'하셨다. 이것은 젖을 먹는 아기를 경이와 기쁨으로 쳐다보는 어머니의 모습을 연상하게 한다. 아이는 어머니의 눈빛과 긍정을 통하여 자기를 만들어가는 것이다. 아기는 어머니를 통하여 자신의 과시 욕구를 채워가면서 자존감을 확보하게 된다. 인간은 하나님이 자신을 창조하셨을 때, 기쁨과 경탄 속에서 심히 기뻐하시는 하나님의 현존하는 사랑의 빛을 회복할 때, 그리고 하나님을 자기대상으로 확보할 때 친밀감과 사랑을 확보할 수 있다.

즉 하나님은 이상화된 자기대상으로서의 역할을 수행하는 가운데 자신은 하나님으로부터, 그리고 세상으로부터 사랑을 받을 충분한 자격이 있다는 자아의식을 확보하게 된다. 중독자가 세상 속에서 상실되었던 이상화된 하나님을 상담과정을 통하여 발견하고 어린아이와 같은 심정이 될 때, 하나님의 사랑 안에서 양육받고 강건해지며 성장하게 된다.[114]

셋째로, 중독자는 예수 그리스도 안에서 새로운 피조물의 경험을 하게 된다. 코헛에게 있어 어머니의 눈빛(the gleam in the mother's eye)

---

112) Heinz Kohut, *The Analysis of the Self* (Madison: International University Press, 1971), 12.
113) Heinz Kohut, *How Does Analysis Cure?*, 이재훈 역, 《정신분석은 어떻게 치료하는가》 (서울: 한국심리치료연구소, 2007), 295.
114) 위의 책, 360-361.

은 어린아이의 과시적 표현을 반사해 준다고 말한다.[115] 어머니의 자애로운 눈빛을 경험할 때, 아기는 과대자기와 자기애적 욕구를 충족하게 된다는 것을 의미한다. 우리는 이런 눈빛을 성경의 하나님에게서 발견할 수 있다. 성경은 "하나님께서 예수 그리스도의 얼굴에 있는 하나님의 영광을 아는 빛을 우리 마음에 비추셨느니라"(고후 4:6)고 말씀하고 있으며, 이것은 바로 어머니의 아기를 향한 자애로운 눈빛처럼 하나님의 사랑의 눈빛이 우리를 비추고 있음을 의미한다. 이런 하나님의 눈빛은 우리의 어떤 공로나 노력이 없이 값없이 주시는 것이기에 은총의 눈빛이 된다. 하나님이 그리스도 안에서 주시는 은총과 자비의 눈빛을 우리의 것으로 수용할 때, 우리는 부모에게서 확보하는 것을 실패하였던 이상화된 부모상을 하나님에게서 대체 확보하게 된다.

하나님의 은총의 눈빛을 통하여 이제는 그리스도 안에서 '새로운 피조물'(고후 5:17)이 된다. 파편화되고 왜곡된 '자기'(I)는 지나갔으며 전혀 새로운 모습으로 탄생한 것이다. 이런 변화는 자기 심리학에서 말하는 '변형적 내재화'에 해당한다. 예수 안에서 자기 대상이신 하나님과의 공감적 공명(empathic resonance)은 반사전이와 원초적 융합(archaic merger)을 통하여 중독자의 파편화되고 황폐화된 자기를 치유한다. 또한 중독자는 이런 은총의 빛을 평생 동안 신앙 안에서 관계를 맺음으로써 '그 몸을 자라게 하며 사랑 안에서 스스로 세우는'(엡 4:16) 역할을 감당할 수 있게 된다. 전능하신 하나님은 중독자의 이상적인 자기대상이 되시며 중독자에게

---

[115] k. Miller, *A Hunger for Healing: The Twelve Steps as a Classic Model for Christian Spiritual Growth* (New York: Harper Collins), 1991.

위로와 절제의 능력을 주신다. 또한 중독자의 마음속에 자리 잡고 있던 깊은 죄의식을 떨쳐버리게 하신다. 용서하시고 용납하시고 사랑의 눈빛을 비춰주시는 하나님은 중독자의 반사된 과대함(mirrored grandiosity)과 이상화된 융합(idealized merger)을 충족시켜 주면서 새롭고도 건강한 자기(I)로 다시 태어나게 하신다.

5) 대상관계 이론과 교회의 역할

현대사회에서는 '소통'을 중시한다. 특별히 지도자에게 필요한 중요한 자질의 하나로 소통을 꼽고 있다.[116] 이런 소통은 상호교감 속에서 함께 '공감'할 수 있는 감정의 흐름을 의미한다. 현대사회가 소통을 중시하는 이유는 한편으로 인간사회에서 소통이 생존과 발전을 위해 필수적인 요소임에도 불구하고 현대사회는 소통이 그만큼 어려워지고 있기 때문이기도 하다. 어떤 의미에서 중독의 발생은 '소통'의 실패와 그로 인한 공감의 부재의 결과이기도 하다.

이런 의미에서 코헛의 자기 심리학에 기반을 둔 대상관계 이론은 우리에게 중요한 시사점을 주고 있다. 그것은 중독의 원인이 되고 있는 자기애적 병리의 치유는 공감적 관계의 회복을 통하여 가능하다고 제시하고 있다는 것이다. 상담자의 역할이 중독자와의 공감적 관계를 통하여 자기대상으로서의 모델을 제시해야 효과적인 상담이 이루어질 수 있다는 의미는 바로 소통과 관계가 중

---

116) 프로야구의 총사령탑인 감독을 선임함에 있어서 구단주들이 강조하는 것은 선수들과의 소통인 것으로 알려졌다. 이전에는 감독의 자질로서 일사불란함 가운데 강력한 리더십을 발휘할 수 있는 사람들을 선호했다고 한다. 그러나 이제는 이런 강한 지도자가 아니라 선수와 대중과 구단과 함께 '부드러운 소통'을 이룰 수 있는 감독을 구단주들이 선호하고 있다고 한다. 이것은 현대에 있어 소통의 중요함을 단적으로 보여주는 예라고 하겠다. 〈조선일보〉 2014. 10. 22.

독 치유의 상당한 의미를 가지고 있다는 것을 뜻한다.

이런 의미에서 교회는 중독자들에게 자기대상으로서의 모델적 자원을 풍부히 가지고 있다. 교회는 근본적으로 사랑의 공동체를 지향한다. 이것은 사랑할 수도, 사랑을 받을 수도 없는 '죄인' 된 사람들이 교회 공동체 안에 편입됨으로써 하나님의 사랑으로, 그리고 하나님을 자기대상으로 하여 본질적인 자기(I)를 회복해 가는 사랑의 공동체이기 때문이다. 따라서 교회가 성숙한 공감적 관계를 실천할 수 있는 공동체가 될 수 있다면 공동체 안에 들어오는 사람들에게 자기대상이 되며 또한 충분한 공감과 투영을 제공함으로써 이상화된 자기대상으로서 역할을 감당할 수 있게 된다. 이런 과정을 통하여 자기애적 병리를 경험하고 있는 개인이 회복의 과정을 밟을 수 있을 것이다.[117]

공감적 관계로서의 교회 공동체는 돌봄을 통하여 형성된다. 이런 돌봄은 먼저 하나님의 돌봄을 '기억'함으로써 출발한다. 이것은 자신을 창조하신 하나님의 사랑을 기억하는 것을 의미한다.[118] 그리고 하나님 품안에서 하나님의 사랑과 돌봄을 경험하는 것을 의미한다.

하나님이 이처럼 성도들을 기억하고, 돌보고, 사랑을 베푸는 것을 경험한 교회는 이제는 이를 필요로 하는 중독자들에게 유사한 환경과 경험을 제공할 수 있게 된다. 하나님의 사랑과 돌봄을 경험한 성도는 이것을 다른 사람에게 제공할 에너지를 확보하게 되

---

117) Heinz Kohut, *How Does Analysis Cure?*, 이재훈 역, 《정신분석은 어떻게 치료하는가》 (서울: 한국심리치료연구소, 2007), 365.
118) "야곱아 이스라엘아 이 일을 기억하라 너는 내 종이니라 내가 너를 지었으니 너는 내 종이니라 이스라엘아 너는 나에게 잊혀지지 아니하리라"(사 44:21).

기 때문이다. 용서를 필요로 하는 사람들에게 교회는 무조건적인 용서와 화해를 실천한다. 중독자들은 내면에 깊은 죄의식을 가지고 있다. 자기 자신에 대한 분노와 가족과 이웃에 대한 죄의식을 가지고 살아가는 것이다. 이들의 치유에 있어 선행되어야 할 것은 바로 '당신은 용서를 받았습니다'라는 표현이다. 예수 그리스도의 십자가는 인간을 향한 하나님의 용서와 화해의 증거가 된다. 그리고 이런 용서와 화해의 실천은 구체적으로 교회의 성도들을 통하여 실행된다.

성도들의 너그러운 용납과 진심어린 환영의 모습은 중독자들에게 희망의 빛으로 다가온다. 교회에서 다양한 사람들과의 공감적 관계를 형성함으로써 자기 응축력의 핵심인 자기과시의 욕구를 충족하면서 한편 이상화된 자기대상을 확보하여 삶에 대한 새로운 기준 설정과 목표를 형성할 수 있는 힘을 얻게 된다. 교회 공동체는 이렇게 다양한 사람의 다양한 돌봄과 공감을 제공함으로써 중독자에게 새로운 자아를 형성할 수 있는 계기와 힘을 제공할 수 있게 된다.

4. AA 12단계 프로그램을 활용한 중독의 치유

1) AA 12단계의 의미

인간의 역사만큼 오랜 역사를 가진 것이 술이다. 술은 인간의 역사가 시작되면서 등장하여 때로는 음료로, 또는 흥겨운 잔칫집에서 애환을 함께 나누는 인류의 동반자로서의 역사를 가지고 있다. 이렇게 술은 인간의 역사와 활동에서 지대한 영향을 미쳤기 때문에 이에 대한 과음의 문제가 항상 대두되었다. 또한 이런 과음이 지속화되면서 알코올 중독이라는 사회적 문제까지 발생하게 되었다. 따라서 알코올 중독은 물질 중독 가운데 가장 오랜 역사를 가지고 있으면서 또한 어떤 다른 물질 중독에 비해 광범위하게 인류에게 해악을 끼치고 있다. 알코올 중독은 다른 모든 물질 중독에 수반되어 나타나는 제반 중독의 원인과 현상들에 대하여 공통분모를 가지고 있다. 따라서 알코올 중독에 대한 적절한 이해와 치유방법의 확보는 다른 물질 중독, 나아가 행위 중독을 올바로 이해하고 치유하는 데 필요하다.

알코올 중독에 대한 효과적인 치유법의 하나로 알려지고 있는 AA('익명의 알코올 중독자 모임', alcoholic anonymous) 12단계 프로그램에 대하여 효과적으로 이해할 수 있으면 이를 바탕으로 마약 중독, 도박 중독, 일 중독, 섹스 중독에 이르기까지 다양한 치유법을 응용할 수 있다. 이를 위해서는 먼저 AA 12단계에 대한 올바른 이해가 필요하며, AA 12단계가 등장하게 된 시대적 배경을 먼저 이해하여야 한다.

제1차 세계대전 이전까지만 해도 알코올 중독은 도덕적, 종교적 관점에서만 접근되었다. 알코올 중독자는 도덕적, 신앙적 실패자로 규정되곤 했다. 이런 분위기는 1919년부터 시행된 미국의 금주법에서 그 모습이 잘 드러난다. 1919년에 시행되어 1933년까지 계속된 금주법은 당시 알코올 중독으로 인한 사회문제를 줄이려는 일련의 사회정책이었다. 이렇게 알코올 자체에 대한 강한 거부감은 알코올 중독자를 도덕적 파산자와 범죄자로 규정하는 것으로 이어져, 이들에 대한 사회적 격리조치가 시행되었다.

그러나 알코올 중독자에 대한 이런 태도는 제1차 세계대전이 종료되면서 많은 변화를 경험하게 되었다. 먼저 제1차 세계대전을 치르면서 눈부시게 발전한 과학적 발전의 덕분이었다. 과학적 발전은 특별히 의학과 생리학 분야에서 뛰어났으며, 알코올 중독을 단순한 도덕적 차원에서의 비난이 아닌 과학적이며 의학적인 관점에서 접근하고자 하였다. 그 결과 중독을 일종의 질병 모델(the disease model)로 이해하고자 하는 시도가 있었다. 이런 시도는 특별히 1930년대에 활발하게 진행되었고, 이런 경향이 1950년대에는 세계보건기구와 미국의학협회가, 그리고 1960년대에는 미국정신의학협회와 미국의과대학들에서 지지를 받게 되었다.[119] 이것은 알코올 중독을 포함한 각종 중독이 일종의 질병으로서 의학적 치료를 요구한다는 것을 의미한다.

또한 프로이드의 등장과 그의 정신분석학의 출현은 보다 과학적 시각을 가지고 중독에 접근하는 계기를 제공하였다. 프로이드의 이론을 활용함으로써 중독을 단순한 성격적 결함이나 도덕적

---

119) 김병오, 《중독을 치유하는 영성》 (서울: 이레서원, 2003), 82.

파탄의 결과로 보지 않고 일종의 심리적 병리현상으로 분석하게 된 것이다. 이것은 물론 제1차 세계대전 이후 더욱 활발해진 과학적 사고의 진전의 결과이기도 하다. 이제 중독은 성격적 병리현상의 하나로 보고, 특히 성격 형성기에 해당하는 영유아 시절의 어떤 요인들이 성격적 병리현상과 이로 인하여 각종 중독을 유발하는지 연구하는 계기가 되었다.

1930년대의 이런 시대적 분위기는 한편으로 각종 중독에 대한 현상을 제3자적 시각에서가 아닌 당사자들의 시각에서 조명하고 이해하려는 흐름을 형성하는 계기가 되었다. AA 12단계는 중독자 본인의 관점에서 중독에 접근하고 치유하려는 최초의 시도였고, 이런 시도는 많은 성공을 거두게 되었다. 이것은 중독에 있어 중독자들의 시각으로 접근하는 자조(自助) 집단의 효용성이 다시 한 번 입증되는 계기가 되었다.[120] 또한 AA 12단계에 대한 적극적인 연구 결과는 익명의 알코올 중독자 가족 모임(Al-Anon), 익명의 마약중독자 모임(NA), 익명의 도박중독자 모임(Gamblers Anonymous), 익명의 과식중독자 모임(Overeaters Anonymous)이 등장하는 계기를 마련하게 되었다. AA 12단계에서 제시하는 중독 치유를 위한 원리들의 유효성이 알려지자 이를 다른 중독에도 적용하려는 시도들이 다양한 방향에서 나타나게 된 것이다. 따라서 AA 12단계의 출현과 그 발전에 대한 깊은 이해는 중독 치유를 위한 여타 다른

---

120) 자조 지원 그룹을 활용하여 중독을 치유할 때 확보할 수 있는 유리한 점은 첫째로, 비슷한 사람을 만나면 덜 외로움을 느낄 수 있다. 둘째로, 다른 사람들이 무엇을 경험하고 있는지 알게 되면 자신감을 얻을 수 있다. 셋째로, 다른 사람들을 도와주면서 스스로도 거부감 없이 도움을 받을 수 있다. 넷째로, 자신의 문제에 대하여 다른 사람이나 환경을 탓하는 것을 중단할 수 있다. 따라서 중독의 경험을 가진 사람들을 함께 조직화하고 그중에 중독에서 해방된 사람을 리더로 세우고 상담, 대화, 놀이를 병행할 때 중독 치유에 상당한 효과를 거둘 수 있다. 고병인,《중독자 가정의 가족 치료》(서울: 학지사, 2010), 165.

자조 조직을 결성하거나 운영하는 데 많은 도움을 준다고 하겠다.

2) AA 12단계의 시초와 발전

AA 12단계는 1935년 미국의 빌 윌슨(Bill Wilson)에게서 시작되었다. 그는 제1차 세계대전으로 대학을 마치지 못하고 군복무를 하는 가운데 알코올을 마시기 시작했다. 그 후 군을 제대하고 대학 학업을 계속했으나 알코올 때문에 학위를 얻는 데 실패하였다. 그 후 계속되는 주식 투자의 실패로 더욱 알코올 중독에 빠지게 되었고, 결국 병원에 입원하게 되었다. 그러나 병원에서 알코올 중독에 대한 치료 가능성이 없다는 진단을 받으면서 극심한 절망에 빠지게 되었다. 담당의사로부터 치료 불가라는 선고를 받고 극도의 절망 가운데 있을 때, 친구와의 만남이 그를 알코올 중독에서 벗어나게 하는 결정적 계기를 제공하였다. 그 친구는 빌 윌슨에게 자신의 영적 체험과 회심 경험을 들려주었고, 철저하게 불신자였던 친구의 회심 경험은 빌 윌슨에게 영적 체험과 각성에 대한 새로운 관심을 불러일으켰다. 그는 곧 옥스퍼드 그룹 운동에 참여하게 되었고, 이후 빌 윌슨의 생활은 점차로 변하기 시작했다.

빌 윌슨은 회심 체험 후 1935년에 자신과 똑같이 알코올 중독에 걸려 고통받고 있었던 밥 스미스라는 의사를 만나게 된다. 밥 스미스에게 자신의 회심과 생활의 변화를 말하면서 밥 스미스 역시 큰 영적 충격을 받게 된다. 이들 두 사람은 자신들의 영적 치유와 회심 경험을 통한 알코올 중독에서의 해방을 경험하게 되면서 자신들의 이런 체험을 함께 나눌 다른 알코올 중독자들을 찾아 나섰고, 이들의 모임이 AA 조직으로 발전하게 되었다.

마침내 1939년 4월에 이들은 AA의 핵심원리인 12단계를 담은
《빅 북》(The Big Book)[121] 을 출판하면서 알코올 중독자들이 자신
들의 목소리로 현상을 말하고 치유를 찾아가는 자조그룹의 모습
을 제시하게 되었다. 이들의 이런 노력과 활동으로 인하여 그 후
수많은 익명의 중독자 모임이 만들어지고 치유과정에 대한 보다
다양한 방식과 발전이 있었다. 그러나 이들의 기본원리는 빌 윌
슨과 밥 스미스가 《빅북》(The Big Book) 에서 제시한 원리들을 바
탕으로 하고 있을 뿐이다.

3) AA 12단계의 내용

> **1단계:** 우리는 알코올에 있어서 무력했으며, 이로 인해 우리의 삶을 수습할 수 없게 되었다는 것을 시인했다.

AA의 공동 설립자인 빌 윌슨(Bill Wilson)은 알코올 중독에서 해
방되기 위한 첫 걸음은 자신의 '무기력'을 고백하는 것이라고 말한
다. 그는 자신의 의지로 지금까지 알코올에서 벗어나기 위한 모든
행동들은 철저히 패배하였음을 인정하여야 한다고 말한다. 이런
철저한 패배의 인정은 자신의 연약함을 인정하는 절대적 겸손을
의미한다.[122] 많은 알코올 중독자들이 금주를 위한 결단과 행동을
실행하지만 번번이 실패하는 가장 큰 이유 중에 하나는 자신의 금

---

121) Alcoholics Anonymous World Services, Inc. *The Big Book* (New York : Author), 1984.
122) Alcoholics Anonymous World Services, Inc. *Twelve Steps and Twelve Traditions* (New York: Author, 1981), 21.

주 능력에 대한 과신에서 시작된다. 대부분의 알코올 중독자들은 "나는 결코 알코올 중독자가 아니며 원한다면 언제든지 술을 끊을 수 있다"고 말하며 자신의 능력을 과대평가한다. 그러나 이런 과신으로는 결코 금주에 성공할 수 없다.

AA 12단계의 가장 첫 번째 전제는 자신의 무능력을 수용하는 것이다. 알코올을 끊고 싶은 강렬한 욕구와 동기부여는 있지만, 금주에 번번이 실패하는 자신의 모습 속에서 '절망의 밑바닥을 치는' 경험을 할 때, 즉 자신의 능력의 한계를 절실히 깨닫고 이를 고백할 때 진정한 치유의 첫걸음을 내디딜 수 있다고 말한다. 그럴 때 '나는 어떻게 해야 하는가'라는 질문을 가지고 그다음 단계로 나아갈 수 있다고 한다.

> **2단계:** 우리보다 '위대하신 힘'이 우리를 본정신으로 돌아오게 해 주실 수 있다는 것을 믿게 되었다.

2단계는 무기력과 완전한 패배를 인정한 중독자가 '그러면 무엇을 할 것인가'라는 질문을 하는 것에서 시작한다. 그것은 알코올에 대한 무기력과 완전한 패배 속에 있는 자신보다 더 '위대한 힘'을 발견하는 것이다. 여기에서 위대한 힘은 기독교에서 말하는 하나님을 직설적으로 지칭하지 않는다. 빌 윌슨은 AA 12단계는 알코올 중독자에게 '더 위대한 힘'의 존재를 인정할 것을 요구하면서도 이것은 알코올 중독자가 무엇을 믿어야 한다는 것을 의미하지는 않는다고 말한다. 12단계는 알코올에서 해방되기 위한 과정의 제안에 불과하며 다만 중독자들에게 필요한 것은 열린 마음이

라고 말한다.[123]

중독에서 회복되기 위해서 자신보다 더 위대한 어떤 힘의 존재를 열린 마음으로 수용하고, 이 힘이 자신의 무기력과 패배를 극복하고 맑은 마음으로 돌아오게 할 힘이 있다는 것을 인정하라는 것이다. AA 12단계가 초기에는 자신의 무능력을 고백한 자들에게 하나님을 인정하는 단계로 이동토록 하였다고 한다. 그러나 알코올 중독자에게는 무신론자, 불신자, 냉담자들이 많이 있다는 것을 발견하게 되었고, 이들에게 처음부터 '하나님'의 존재를 믿고 의지할 것을 권했을 때 오히려 역효과가 나타난다는 것을 주목하게 되었다. 그래서 알코올 중독자들을 향하여 보다 개방성을 확보하고자 하나님이란 명칭 대신에 '위대한 힘'이란 다소 모호한 이름을 선택하였다고 한다. 그러나 이런 위대한 힘은 결국 하나님일 수밖에 없음을 AA 12단계가 진행되면서 깨닫게 되며, 따라서 불신자나 무신론자인 중독자들을 자연스럽게 신앙으로 인도하는 측면을 가지게 된다.

> **3단계:** 우리가 이해하게 된 대로, 그 하나님(God)의 돌보심에 우리의 의지와 생명을 맡기기로 결정했다.

3단계는 구체적인 행동단계이다. 그것은 자신의 의지를 하나님께 완전히 양도하는 것을 의미한다. 중독자들이 금주에 실패하는 주요인은 자기 의지로 금주를 실행하려고 한다는 것이다. 이런 자

---

123) 위의 책, 26.

기 충족적인 의지는 알코올에서 벗어나는 것을 방해하는 기만적인 행위에 불과하다. 자기중심적인 자만심을 벗어버리고 위대한 힘의 존재를 수용한다면, 그리고 그분이 자신의 알코올 문제를 해결할 권능이 있음을 인정한다면, 그분에게 자신의 자만심과 자기 충족적인 의지 그리고 기만적 금주 노력 등을 모두 포기하고 항복하라는 것이다.

3단계는 AA 12단계가 성공적으로 진행하는 데 핵심적인 역할을 한다. AA 12단계는 제3단계가 흔들림 없이 지속적으로 이루어질 때만이 성공적으로 시행될 수 있다.[124] AA 12단계 프로그램의 핵심은 위대한 힘을 가지신 하나님께 모든 것을 양도하고 항복하고, 이를 결단하고 실천할 때 진정한 치료가 이루어진다는 점이다.

> **4단계:** 두려움 없이 용기 있게 우리 자신에 대한 도덕적 검토를 했다.

4단계에서는 알코올 중독으로 인한 자신의 도덕적 결함을 직시하는 것이다. 중독은 인간에게 부여하신 하나님의 형상의 파괴로 나타난다. 따라서 중독자들은 일상생활에 있어 많은 도덕적 문제를 가지고 생활한다. 이것을 중독자들이 직시하는 것이 필요하다. 어떤 문제에 대한 직접적 노출이 없으면 그에 대한 해답도 찾을 수 없기 때문이다. 따라서 중독자들은 위대하신 그분에게 자신의 모든 것을 항복하고 양도하면서 동시에 중독으로 인한 자신의 도덕적 삶의 결함을 인정하는 것이 필요하다. 이런 도덕적, 영적 삶의

---

124) 위의 책, 26.

결함을 발견하고도 인정하지 않고 금주만을 시행한다면 잡초의 뿌리는 그대로 둔 채 잎만 자르는 것에 불과하다.

그러나 이런 잡초와 같은 자신의 도덕적 결함과 죄악된 삶을 인정하는 것은 많은 두려움을 수반한다. 지금까지 중독으로 인하여 자신의 욕구가 충족되었으나 이제는 이런 것들을 충족할 수 없다는 두려움, 그리고 지금까지 자신이 의지했던 중독 물질을 부정하고 오히려 해악으로 판단하는 행동은 용기를 필요로 한다. 특별히 중독자들이 중독으로 인하여 도덕적 삶의 결함을 노출한다는 것은 과거의 삶을 되돌아보는 것을 의미한다. 이것은 중독자들에게 상당한 아픔을 수반한다. 그런 아픔을 기억하고 부정적으로 평가한다는 것은 어떤 의미에서는 과거 자신의 삶을 부정하는 것을 의미한다. 이것은 많은 고통을 수반하는 것이다. 그러나 이런 자신의 과거 삶을 회고하고 중독으로 인하여 수많은 인격적 결함과 도덕적 삶의 실패를 가져왔다는 것을 인정하지 않으면 결코 중독에서 벗어날 수 없다.

중독자들이 과거의 삶을 들춰내고 평가하는 것에 대한 고통을 감수하면서 시행하기 위해서는 한편으로 중독자들의 생활 속에 있는 긍정적인 면들을 찾고 이들로부터 소망을 가지는 것이다. 하나님의 형상대로 창조된 인간들에게 부여된 많은 긍정적 측면들이 중독자들에게 포함되어 있다. 따라서 중독으로 인하여 감추어졌던 이런 긍정적 측면들을 상기시키고 금주로 인하여 회복될 중독자들의 긍정적 측면을 부각시킬 때, 중독자들은 중독으로 인한 인격적 도덕적 삶의 결함을 노출함으로써 수반되는 두려움을 극복할 힘을 얻게 된다.

5단계: 우리의 잘못에 대한 정확한 본질을 하나님과 자신에게, 그리고 다른 사람에게 시인했다.

5단계의 핵심은 '고백'이다. 알코올로 인하여 자신의 도덕적 결함과 인격의 파괴가 이루어지고 있음을 고백하는 것이 필요하다. 자신의 삶의 실패가 자기 내면 안에서만 이루어지면 그 효과가 반감된다. 자신의 중독과 이로 인한 생활과 인격과 도덕적 삶과 인간관계가 파괴되었음을 먼저 하나님(God)께 고백하는 것이 중요하다. 이것은 인격적 실패와 이로 인한 죄악된 삶과 죄의식을 벗어나는 첫걸음이 된다. 그리고 자신과 다른 사람들에게 솔직하게 고백하는 것이다. 고백은 용서를 받기 위한 절대적 과정에 해당된다. 위대한 힘에게 자신의 죄악된 삶의 잘못을 고백할 때 중독자에게 따라다니는 깊은 죄책감과 굴욕감에서 해방될 수 있다.

중독자들은 극심한 고립감에 시달린다. 이들은 다른 사람으로부터 버림을 받았다는 피해의식과 고립감으로 깊은 소외감을 가지게 된다. 이런 소외감과 고립감은 중독에 더욱 깊이 빠져들게 한다. 이것을 벗어나기 위한 방법은 바로 다른 사람에게 자신의 심정과 생활을 솔직하게 고백하는 것이다. 자신의 삶을 고백하고 또한 다른 사람의 고백을 들으면서 함께 공유할 때, 깊은 고립감과 소외감에서 벗어날 수 있다. AA 12단계에서 가장 핵심이 되는 부분은 바로 5단계인 고백이다. 익명의 중독자들이 함께 모여 자신의 삶을 고백하고, 또 다른 사람의 고백을 들으면서 그들은 동료 의식을 경험하면서 소외감을 극복하게 된다. 자신의 내면의 아픔과 죄의식과 중독으로 인한 수많은 문제들을 솔직하게 고백할 때, 그리고 이런 고백을 진지하게 들어주는 동료들을 경험할 때, 그리고 자신도 다른 사람들의 아픔과 문제를 진지하게 들어주고 공감하게 될 때, 바로 그 공동체 안에서 자신과 하나님(God)과의 화해가 이루어지면서 한편으로 다른 사람들과 함께 서로 용서해 주고 수용해 주는 놀라운 영적 체험을 하게 된다.

그래서 AA 12단계를 통하여 금주에 성공한 익명의 중독자들은 5단계의 고백을 통하여 수많은 시간 동안 자신을 괴롭혔던 저주받은 감정들이 해소되고 감금에서 탈출되어 나오는 경험하게 된다고 말한다. 5단계에 이르러 이들은 중독으로 인한 고통이 사라지면서 영적 치유를 경험하게 된다고 말한다. 또한 무신론자들이었던 많은 중독자들이 하나님의 현존을 경험하게 된다고 말하고 있다.[125]

> **6단계:** 하나님(God)께서는 나의 이러한 모든 성격적 결점을 제거해 주시도록 완전히 준비하셨다.

이 단계는 보다 높은 도덕적 온전함을 이루기 위한 과정에 해당한다. 이전 단계에서 자신의 도덕적 결함과 무능을 고백하고 인정한 중독자들에게 다음 과제는, '그러면 나는 무엇을 할 수 있을 것인가'라는 문제이다. 이에 대하여 많은 중독자들이 두려움을 가지고 있다. 그들은 이전의 경험을 통하여 자신의 인격적, 성격적 결함을 해결하기 위한 수많은 시도들이 모두 실패로 끝났다는 경험

---

125) 위의 책, 62.

을 가지고 있기 때문이다. 따라서 자신의 결함을 해결하기 위한 그들의 시도는 자칫 무의미하게 보일 수도 있으며, 또한 실패에 대한 두려움을 가지고 있다. 이런 두려움을 가지고 있는 중독자들에게 그들의 결함과 성격적 문제를 해결하는 것은 바로 하나님이시며, 따라서 하나님은 이들의 문제점과 그것을 해결할 완벽한 준비를 갖추고 중독자들을 기다리고 있다는 것을 깨닫게 하는 것이다.

따라서 6단계는 은혜 안에서 성장하는 것이며 인생의 보다 높은 고상한 목표를 향해 하나님의 준비하심에 따라 발걸음을 내딛는 단계에 해당한다.[126] 이 단계에서는 하나님의 개입과 준비하심을 인정하면서 이를 받아들이고 준비하려는 알코올 중독자와 하나님과의 공동 협력의 과정이라고 할 수 있다.

> **7단계:** 겸손한 마음으로 하나님(God)께서 우리의 단점을 없애주시기를 간청했다.

7단계에서는 이전 과정에서 중독자들이 보여주었던 자기 포기나 항복이 더욱 구체화되는 과정이다. 알코올에 무기력하고 무능한 자신의 능력을 인정하고, 또한 자신의 능력으로는 알코올에서 해방될 수도 없고, 알코올로 인한 생활상의 모든 문제와 인격적 결함도 결코 해결할 수 없다는 인식을 가지는 것이 필요하다. 이런 문제에 대하여 하나님이 완벽하게 해결할 능력과 준비를 갖추었다는 것을 중독자들이 진정으로 믿어야만 하나님께 자신의 문

---

126) Cal Chambers, *Two Tracks- One Goal: How Alcoholics Anonymous Relates to Christianity* (Langley: Credo Publishing Corporation, 1992), 68.

제와 단점을 해결해 주실 것을 간청할 수 있다는 것이다. 이것은 자기과장과 교만을 철저히 내려놓을 때, 즉 철저하게 하나님 앞에 굴복하는 겸손함이 있을 때 가능하다.

따라서 이 단계에서 진정으로 겸손한 마음으로 자신의 문제와 단점을 하나님께 진지하게 간청할 수 있는 이에게서는 알코올에서 해방될 수 있다는 가능성이 구체적으로 나타나기 시작한다.

> **8단계:** 우리가 해를 끼친 모든 사람의 명단을 만들어서 그들 모두에게 기꺼이 보상할 용의를 갖게 되었다.

8단계와 9단계는 중독자의 이웃과의 인간관계 개선에 대한 과정이다. 중독자들은 깊은 고립감에 빠져 있다. 고립감이 결국은 중독에 더욱 깊이 빠져들게 하는 촉매 역할을 한다. 따라서 중독을 치유하기 위해서는 고립에서 탈피하여 건강한 이웃 관계를 회복하는 것이 필요하다. 이웃과의 인간관계 회복은 관계 파탄이 자신에게 있음을 인정하는 것에서 시작한다. 대부분의 중독자들은 깨어진 인간관계의 책임을 타인에게 돌린다. 자신도 피해자에 불과하다고 자위하며 자신의 과오를 합리화시킨다.

그러나 인간관계 파괴는 자신의 잘못도 문제도 아닌 알코올 중독의 결과라는 것을 이해하는 것이 중요하다. 파괴라는 열매의 뿌리는 자신이 아닌 알코올에 있음을 인정하며, 따라서 자신도 알코올을 뿌리로 하는 중독의 희생자이지만 직접적인 피해자는 자신으로 인한 주위 사람이라는 것을 인정하는 것이다. 이것은 먼저 자신의 과오를 회피하고 합리화하는 것이 아닌, 나의 알코올로 인하여 피해를 입은 사람들의 명단을 구체적으로 작성하고, 이들이 경험했을 아픔과 손해를 기꺼이 보상하겠다는 결단을 실천하는 것을 의미한다.

이를 위해서는 상대방이 자신에게 행한 여러 아픔들을 먼저 용서해 주는 것이 필요하다. 상대방이 자신에게 가한 손해는 바로 나의 상대방에 대한 공격의 결과에 불과하다는 것을 알고, 한편으로는 상대방에 대한 용서와 함께 구체적인 보상 활동을 준비하도록 하는 것이다.

> **9단계:** 어느 누구에게도 해가 되지 않는 한, 할 수 있는 데까지 어디서나 그들에게 직접 보상했다.

9단계는 이전 단계에서 자신으로 인해 고통과 피해를 입은 이웃들에게 적절한 보상을 할 것을 결심한 것에 대한 구체적 실행단계이다. 알코올에서 해방되어 보이지 않는 위대한 힘에 의하여 인격적 결함이 서서히 회복되는 단계이다. 과거 중독으로 인한 결과에 대한 구체적 책임을 지고 행동하는 9단계는 중독에서 확실하게 깨어나고 있다는 좋은 증거가 된다.[127] 바로 자신의 이전 삶은 모두 지나가고 있으며 새로운 삶이 도래하고 있다는 뚜렷한 열매가 된다.

---

127) "삭개오가 서서 주께 여짜오되 주여 보시옵소서 내 소유의 절반을 가난한 자들에게 주겠사오며 만일 누구의 것을 속여 빼앗은 일이 있으면 네 갑절이나 갚겠나이다 예수께서 이르시되 오늘 구원이 이 집에 이르렀으니 이 사람도 아브라함의 자손임이로다"(눅 19:8-9).

10단계: 인격적인 검토를 계속하여 잘못이 있을 때마다 즉시 시인했다.

AA 12단계의 특징은 일회성이 아닌, 상시적 점검과 검토 및 향상을 꾀한다는 데 있다. 지금까지의 과정을 통하여 중독자들은 서서히 알코올에서 벗어나면서 동시에 알코올 중독으로 인하여 그동안 발생하였던 자신의 인격적 도덕적 결함과 이웃과의 파괴된 인간관계가 회복되는 과정을 거치게 된다. 그러나 이런 과정은 일회성으로 완성되는 것이 아니다. 알코올 중독자들이 술에서 완전히 벗어나 책임 있는 인격자로 온전히 서기 위해서는 자신의 문제를 끊임없이 발견하고 이를 검토하며 개선해 가는 노력이 필요하다.

따라서 10단계는 자신의 삶과 인격 및 성격 등 제반 분야에 대한 검토를 하여 잘못이 있을 때마다 시인하고 교정하는 과정이다. 이것은 매일같이 규칙적으로 이루어져야 하며, 어떤 의미에서 중독자들이 평생을 이어가야 할 숙제와 같은 것이다. 어느 정도 알코올에서 벗어났다 해도 자칫 방심하게 되면 다시 알코올의 수렁에 빠질 수 있다. 따라서 중독자들은 평생을 자신과의 싸움을 지속적으로 해나가야 하며, 이런 과정에서 자신에 대한 억제와 인내가 요구된다. 10단계는 AA 12단계들에 대한 영성이 단 한 번에 이루어지는 것이 아닌 평생을 계속적으로 반복해야 할 과정임을 보여준다.

11단계: 기도와 묵상을 통해서 우리가 이해하게 된 대로의 하나님(God)과 의식적인 접촉을 증진하려고 노력했다. 그리고 우리를 위한 그분의 뜻만 알도록 해 주시며, 그것을 이행할 수 있는 힘을 주시도록 간청했다.

AA 12단계가 더욱 자주 빈번하게 활용되고 자신의 것이 되면서, 한편으로는 자신에 대한 책임 및 자신감과 함께 하나님과의 접촉을 점차로 갈망하게 된다. 하나님과의 접촉을 촉진하는 수단은 기도와 묵상을 통하여 이루어진다. 기도와 묵상을 통해 하나님과의 접촉을 늘여갈수록 자신을 향한 하나님의 예비하심과 사랑과 은총을 더욱 깊이 깨달아간다.

그리고 이제는 자신만을 위한 이기적이며 퇴폐적인 삶에서 벗어나 하나님의 뜻을 알고 그분의 뜻대로 살아갈 것을 도와주실 것을 간청하게 된다. 하나님과의 접촉을 통하여 중독자들이 지금까지 가졌던 고립감에서 완전하게 해방되어 하나님 안에서 진정한 화해와 소속감을 가지게 된다.[128] 이제는 중독에 대한 두려움과 고독감을 가지지 않고, 또 사람들의 무관심과 적대감에 흔들리지 않고 하나님 안에서 안전과 소속감을 누리며 살아가게 된다.

12단계: 이런 단계들의 결과 우리는 영적으로 각성되었고, 알코올 중독자들에게 이 메시지를 전하려고 노력하며, 우리 일상의 모든 면에서도 이러한 원칙을 실천하려고 했다.

---

128) Alcoholics Anonymous World Services, Inc. *Twelve Steps and Twelve Traditions* (New York: Author, 1981), 105.

마지막 단계에서는 중독자들이 영적 각성에 이르렀음을 체험하는 과정이다. 여기에서 영적 각성은 하나님과의 인격적인 관계로 나타나는 일련의 영적 치유과정을 의미한다. 영적 각성으로 인하여 영적 치유를 받는 사람들의 특징은 자립과 독립과 자존감의 회복이다. 이들은 알코올 중독자들이 가지고 있던 삶의 막다른 골목에서 벗어나 정직, 관용, 이타심을 가지고 자신의 인생을 새로운 의식을 가지고 꾸려나갈 힘을 가지게 된다. 바로 중독자의 새로운 삶으로의 변형이 일어나고 있는 것이다.[129]

삶의 새로운 변형을 경험한 이들은 이것을 다른 사람에게 전해 주어야 할 거룩한 의무를 느끼게 된다. 12단계의 핵심은, 영적 각성과 이로 인한 새로운 삶으로의 체험은 은혜로 받은 것이니 다른 중독자들에게 그것을 나누어주라는 것이다. 즉 12단계의 핵심은 은혜로 거저 받은 것들을 아무 대가를 바라지 말고 나누어주는 데 있다.[130] 중독으로 인하여 고통을 받고 있는 사람들에게 개인적으로 만나서 자신의 영적 치유의 경험을 이야기하며, 한편으로 자신이 그들의 후원자가 되는 것이다. 이런 과정을 통하여 영적 치유과정은 오히려 더욱 공고하게 이루어진다.[131]

AA 12단계의 탁월성은 바로 여기에서 나타난다. 중독 치유자는 자신의 경험과 치유과정을 동일한 중독의 터널에 빠져 신음하는 중독자들에게 접근하여 그들의 언어로 의사소통을 하게 된다. 자신들의 언어로 상호 교제와 위로와 격려를 한다는 것은 그 어떤

---

129) 위의 책, 107.
130) 위의 책, 110.
131) "범사에 여러분에게 모본을 보여준 바와 같이 수고하여 약한 사람들을 돕고 또 주 예수께서 친히 말씀하신 바 주는 것이 받는 것보다 복이 있다 하심을 기억하여야 할지니라"(행 20:35).

전문 상담자들에게서 볼 수 없는 경이적인 효과를 낳게 된다.

4) AA 12단계가 함축하는 의미

우리는 지금까지 AA 12단계의 기본적인 개념과 그 내용을 살펴보았다. 그러면 이런 AA 12단계의 기본개념이 함축하는 의미는 무엇일까를 알아보는 것이 필요하다. 첫 번째 의미는 AA 12단계가 명시적으로 기독교의 가르침과 교리들을 따른다는 선언은 없지만, 명백하게 기독교적 전통과 가르침에 기반을 두고 있다는 점이다. AA 12단계에서는 중독자들이 의지해야 할 존재를 기독교적인 용어인 '하나님'이라고 명시하지 않는다. 그 대신 '위대하신 힘'(higher power)이란 용어를 사용한다. 그러나 이런 용어는 중독자들 가운데 불신자나 혹은 기독교에 대한 부정적 시각을 가지고 있는 사람들에 대하여 기독교적 전통과 가르침을 자신의 의지와는 상관없이 강요하지 않는다는 배려의 측면에 불과하다. 그래서 가능한 많은 사람들이 AA 12단계에 참여하여 중독에서 해방되는 기쁨을 주려는 것이다.

AA 12단계 이면에는 철저하게 기독교적 전통과 가르침이 배어 있다. 기독교적 가르침에 대한 현대적 영적 훈련의 적용이 AA 12단계라고 할 수 있다. 이런 점은 1단계에서 알코올에 무력하였던 자신의 존재를 시인하는 것으로 시작한다. 중독에서 벗어날 수 있는 중요한 첫걸음은 자신의 능력으로는 결코 알코올과 같은 중독에서 벗어날 수 없다는 것을 철저하게 시인하는 것이다. 자신의 무능력을 인정하는 것이다. 성경은 곳곳에서 인간의 전적인 무능력을 선언하고 있다.

사도 바울은 자신이 원하는 바 선을 행하지 않고 원하지 않는 바 악을 행하려는 자신의 존재에 대하여 탄식하고 있다. 그는 자신의 내면의 악을 행하지 않으려는 의지와 이를 행할 수 있는 능력이 존재하지 않음을 고백하면서 "오호라 나는 곤고한 사람이로다 이 사망의 몸에서 누가 나를 건져내랴"(롬 7:24)라고 한탄을 한다. 우리에게는 어떤 비도덕적인 행위들을 억제하면서 규범적인 생활을 할 수 있는 능력이 전혀 존재하지 않는다는 것을 보여주고 있다. 성경은 인간의 연약성과 무능력을 선언하고 있으며, 오직 하나님이 주시는 능력 안에서 우리의 원하는 바를 행할 능력이 있다고 말씀하고 있다.[132]

AA 12단계에서는 1단계의 중독에서 자신의 능력으로는 결코 벗어날 수 없는 무능력을 인정하고, 이어서 2단계에서는 우리보다 '위대하신 이'가 우리를 정상적으로 변화시킬 수 있다고 말한다. 이것은 한편으로 우리가 중독이란 문제를 접근할 때, 눈에 보이는 현상적인 부분에 주목할 것이 아니고 보이지 않는 영적 부분에 초점을 맞춰야 할 것을 의미한다.

AA 12단계는 물질과 현상에 초점을 맞추는 것이 아니고 중독이란 현상을 일으키는 영적 측면이 본질적인 부분이라는 것을 의미하는 것이다. 그래서 중독에서 벗어날 수 있는 것은 바로 자신의 삶에서 잘못되고 도덕적으로 문제가 있는 부분을 시인하는 것을 강조하고 있다. 이것은 중독에 대한 기독교적 접근을 의미한다. 기독교는 현실이란 세계 이면에 보이지 않는 영적 세계가 있다는

---

132) "내게 능력 주시는 자 안에서 내가 모든 것을 할 수 있느니라"(빌 4:13).

것을 가르치고 있으며, 영적인 부분에서 왜곡된 모습이 현실적인 삶에서 병리현상으로 나타난다는 점이다. 그러므로 물질적이며 육체적인 문제를 해결하기 위해서는 무엇보다도 그 이면에 있는 영적 부분에 대한 교정이 필요하다.[133] 따라서 AA 12단계는 기독교적 전통과 가르침에 충실한 영적 치유의 현대적 적용이라고 할 수 있다.

AA 12단계의 두 번째 의미는 중독자와 주변과의 관계성과 공동체성을 강조한다는 것이다. 어떤 의미에서 중독은 주변과의 철저한 '소외'의 결과일 수 있다. 중독자는 소외에 따른 고독과 두려움을 중독 물질을 통하여 도피하려고 한 것에 불과하다. 성경은 인간이 고립된 존재가 아니고 관계적 존재임을 선언하고 있다. 성경 어느 곳에서도 고립된 개인의 이기적인 행복을 인정한 곳이 없다. 인간은 하나님과 관계적 존재이며 또한 이웃과 관계적 존재임을 선언하고 있다. 그래서 인간의 최고 행복은 하나님과의 친밀한 관계와 이웃과의 희생적인 교제 안에서 발견할 수 있다고 말씀한다.[134]

그러나 현대사회에서는 극도의 개인주의와 개인의 이기적 욕망을 추구하는 것이 행복이라고 말한다. 그러나 이런 개인주의와 이기주의는 결국 개인 간의 분열과 다툼과 치열한 생존경쟁만을 양산하며 그 결과는 '소외'로 나타난다. 소외란 부작용의 결과

---

133) "사랑하는 자여 네 영혼이 잘됨같이 네가 범사에 잘되고 강건하기를 내가 간구하노라"(요삼 1:2).
134) "예수께서 이르시되 네 마음을 다하고 목숨을 다하고 뜻을 다하여 주 너의 하나님을 사랑하라 하셨으니 이것이 크고 첫째 되는 계명이요 둘째도 그와 같으니 네 이웃을 네 자신같이 사랑하라 하셨으니 이 두 계명이 온 율법과 선지자의 강령이니라"(마 22:37-40).

가 중독이라는 현상을 만들어낸다면 그것을 치유하는 것은 관계 회복이요, 공동체성의 강조라고 할 수 있다. AA 12단계에서는 자기와의 관계 회복과 다른 사람과의 관계 회복 그리고 하나님과의 관계 회복을 시도한다. 자기와의 관계 회복은 4, 5단계의 자기 노출과 고백이며, 다른 사람과의 관계는 8, 9단계에서의 중독자 자신으로 인하여 손해를 입은 사람들에 대한 보상을 시도하며 나타난다. 하나님과의 관계는 2, 3단계에서 필요한 결단과 11단계에서의 하나님과의 더욱 깊은 교제를 위한 영적 훈련의 시도 속에 들어있다.

AA 12단계는 중독의 치유에 대하여 결코 중독자 개인의 문제나 혹은 개인의 시도로 치유된다고 주장하지 않는다. 철저하게 공동체의 영성을 강조한다. AA는 첫 번째 단계에서부터 '나'가 아닌 '우리'로 시작하고 있으며, 이런 '우리'주의는 각 단계에서 계속하여 주장되면서 중독자 개인보다는 중독자가 모인 공동체의 중요성을 강조하고 있다. 따라서 중독자 개인은 공동체 안에서 고백과 봉사와 교제와 결단을 통하지 않고는 결코 치유될 수 없음을 알아야 한다. 그래서 AA 12단계는 중독자들의 공동체의 행복이 먼저 고려되어야 하며, 개인적 회복은 AA의 공동체의 일치 안에서 가능하다고 한다.[135] 공동체 안에서 상호성에 의하여 중독자들의 '소외'가 극복되면서 공동체 안에서 자신의 존재를 회복함으로써 중독에서 해방된다는 기독교적 영적 진리가 AA 12단계의 저변에 깔려 있는 것이다.

---

135) Alcoholics Anonymous World Services, Inc. *Twelve Steps and Twelve Traditions* (New York: Author, 1981), 129.

AA 12단계의 세 번째 영적인 의미는 매일의 삶 속에서 실천을 강조한다는 것이다. AA 모임에 참가하는 중독자들은 약 50%가 중도 탈락하고, 남은 사람들 가운데 30%가 중독을 치유하나 그런 효과를 보기 위해서는 5년 이상이라는 장기간이 요구된다.[136] 이것은 중독에서의 해방은 어느 한 순간의 도약에 의한 것이 아닌 매일의 삶 속에서 조금씩 치유가 일어난다는 것을 의미한다. 또한 오랜 시간의 인내의 과정이 필요한, 참으로 어려운 과정임을 알 수 있다. AA 12단계는 이런 중독 치유의 속성에 잘 준비되어 있다. 매일의 삶 속에서 자기 평가, 다른 사람과의 교제, 영적 독서, 성경 읽기, 기도와 묵상, 자신의 영적 생활에 대한 매일의 기록 등을 통하여 매일의 영적 삶을 실천하며, 이를 통하여 점진적인 회복을 추구하고 있다.

따라서 AA 12단계는 어떤 의미에서 삶 속에서 영적 변화와 성장을 통하여 전인적인 변화를 추구하는 과정이라고 할 수 있다. 알코올 중독은 중독자의 성격이나 삶의 어느 한 부분의 문제가 아니라 전체적인 삶의 왜곡으로 보기 때문이다. 이것을 치유하고 회복하여 온전한 한 사람의 책임 있는 자세를 갖추기 위해서는 매일의 삶 속에서 영적인 삶의 지속적인 실천을 통하여 자신의 전체적 삶의 자세를 개혁하는 과정이라고 하겠다. 이것은 명백히 기독교의 성화(聖化) 교리에 바탕을 두고 있다.

기독교인들은 회심을 통하여 새로운 사람으로 거듭 태어나게 된다. 그러나 이런 새로운 존재는 어느 한 순간에 완성되는 것이

---

136) 김병오,《중독을 치유하는 영성》(서울: 이레서원, 2003), 133-134.

아닌 매일의 삶 속에서 영적 여정을 통하여 내면과 외면의 삶의 지속적 변화로 이루어가는 것을 의미한다.[137] 날마다 거룩한 삶으로의 변화를 위하여 성경에서는 '그리스도의 마음'을 품으라고 권면한다.[138] 변화된 삶에 대한 추동력은 결코 우리 자신에 있는 것이 아닌, 그리스도에 의한 성령의 능력이 각자의 심령에 자리 잡을 때 가능하기 때문이다.

 AA 12단계는 자신의 내면의 변화를 위하여 '더 높은 능력'이신 하나님을 만나고 교제하는 가운데 영적 각성을 통한 영적 성장을 추구한다. 내적인 변화를 통하여 자신의 삶을 변화시킬 수 있고, 영적 각성을 통하여 자신을 옭아매고 있던 알코올의 사슬에서 해방될 수 있다. 따라서 AA 12단계는 철저하게 자신보다 '더 크신 능력'이신 하나님을 의지하면서 자신의 죄악된 삶을 인정하고 고백하는 가운데 매일의 삶 속에서 영적 각성과 실천을 통한 전인적인 변화와 치유를 추구한다. 이런 특성 때문에 AA 12단계는 참여하는 중독자들에게 많은 치유의 효과를 줄 수 있었고, 여기에 영향을 받아 AA 12단계에 바탕을 둔 여타 중독 치유과정이 마련될 수 있었다. 이를 통해 결국 중독이라는 현상은 눈에 보이지 않는 영적 측면에 대한 접근이 근본적인 해결책이며, 이를 위해서 기독교가 위대한 교사가 될 수 있음을 보여주는 것이라고 하겠다.

---

137) "오직 너희의 심령이 새롭게 되어 하나님을 따라 의와 진리의 거룩함으로 지으심을 받은 새 사람을 입으라"(엡 4:23-24).
138) "너희 안에 이 마음을 품으라 곧 그리스도 예수의 마음이니 그는 근본 하나님의 본체시나 하나님과 동등됨을 취할 것으로 여기지 아니하시고 오히려 자기를 비워 종의 형체를 가지사 사람들과 같이 되셨고 사람의 모양으로 나타나사 자기를 낮추시고 죽기까지 복종하셨으니 곧 십자가에 죽으심이라"(빌 2:5-8).

제II부

일 중독

4장

일 중독이란 무엇인가?

1. 일 중독의 의미와 정의

언론에서 일 중독이란 용어가 자주 등장하고 있다. 과거에는 일 중독을 자신이 맡고 있는 일을 약간(?) 지나치게 열심히 하는 사람 정도로 인식하였으며, 어떤 의미에서는 열정을 가지고 일을 하는 사람이란 긍정적인 시각도 있었다. 그러나 우리 사회가 삶의 질을 더욱 중시하는 사회로 진입하면서 일에 대한 다양한 접근이 이루어지고 있다. 그중에 한국 사회가 이미 선진국의 문턱을 넘어서고 있지만 근로시간에 대하여는 아직도 중진국 수준에 머물고 있는 것을 들 수 있다. 지나치게 많은 근로시간이 삶의 질을 저하하는 중요한 요인으로 작용하고 있다는 평가가 설득력 있게 사회에서 수용되고 있다.

한 언론사에 따르면, 우리나라는 OECD 34개 회원국 중에서 근로시간이 두 번째로 많은 2,163시간으로 조사되었다고 한다. 근로시간이 가장 많은 나라는 멕시코로 연간 2,237시간에 이른다고 한다. 그런데 서구 유럽의 근로시간은 네덜란드가 1,380시간, 독일이 1,388시간, 노르웨이가 1,408시간, 덴마크가 1,411시간인 것을 고려한다면 우리나라의 근로시간이 얼마나 높은 것인가를 알 수 있다. 이런 영향으로 인하여 통계청 조사에 따르면 한국 사람의 81%, 특히 30대는 90% 이상이 일상에서 피로를 느낀다고 지적하고 있다.[139] 한국 사회는 과로사회로서 이로 인한 육체적, 정신적 부작용이 이미 사회에 광범위하게 퍼져 있음을 알 수 있다.

노동은 인간의 생존과 직접적인 관련이 있다. 인간은 노동을 통하여 자신의 생존을 위한 먹거리와 주택, 그리고 필수품을 확보하게 된다. 노동을 통하여 보다 나은 삶의 질을 향상시키고자 하는 것이 인간의 본능이라고 할 수 있다. 그러나 노동은 이렇게 인간의 생존에만 관련이 있는 것이 아니다. 노동은 인간의 존재 자체를 확보하기 위한 필수적 수단이다. 인간은 노동을 통하여 자신의 미래의 비전을 이루어가며 자신의 존재 의미를 확보하게 된다. 따라서 노동이 없으면 인간은 생존도, 존재 의미도 상실한다고 할 수 있다. 그래서 노동이 없는 그곳이 바로 지옥이라는 말이 있을 정도가 된다.

건강하게 일할 수 있다는 것은 인간에게 어떤 의미에서 축복이 된다. 그러나 노동이 인간다움을 이루어가는 수단이 아니라 오히려 노동에 의하여 인간이 지배를 받게 된다면 그것은 하나님의 뜻과도 배치된다. 하나님은 인간을 창조하시고 인간에게 하나님을 대신하여 만물을 관리할 임무를 주신 것이다.[140] 노동은 하나님의 뜻을 이루어갈 인간의 도구에 불과한 것이다. 그러나 노동이 인간을 지배

---

139) 〈매일경제〉, 2015. 7. 30.
140) "하나님이 그들에게 복을 주시며 하나님이 그들에게 이르시되 생육하고 번성하여 땅에 충만하라, 땅을 정복하라, 바다의 물고기와 하늘의 새와 땅에 움직이는 모든 생물을 다스리라 하시니라"(창 1:28).

한다면 그것은 인간의 자유와 존엄을 포기하는 심각한 상황이라 하지 않을 수 없다. 일 중독은 바로 이런 의미에서 인간의 삶의 질의 문제만이 아닌 인간의 존엄성과도 관계되는 것이라고 할 수 있다.

여기에서 중독은 영어로 'addiction'로 표현되며, 이 단어의 어원은 라틴어 'addicere'로 '~에 사로잡히다', '~의 노예가 되다'라는 의미를 가지고 있다. 따라서 일 중독(workaholism)의 단어적 의미는 사람이 일의 노예가 되는 경우를 말한다. 인간의 수단적 도구인 노동이 오히려 인간의 주인이 되며 인간을 지배하는 것으로 인간의 존엄성을 훼손하는 것이 된다.

따라서 일 중독은 그 어떤 중독보다도 인간의 생존과 존재뿐 아니라 인간의 존엄성을 지키기 위해서도 보다 심층적으로 취급해야 할 주제이다. 일 중독으로 인하여 인간의 육체와 정신이 피폐해진다면 건강관리 측면에서도 심각하지 않을 수 없다. 국제노동기구(ILO)에 의하면, 전 세계 노동자들의 10명 중 1명꼴로 업무로 인한 우울증, 정서 불안, 스트레스를 경험하고 있으며 한국에서도 직장인의 70%가 스트레스성 정신 신체 증상을 경험하고 있다고 한다. 미국도 근로자의 약 500만 명이 만성피로증후군을 경험하고 있으며, 이들은 장기간 만성피로와 권태감 그리고 무력감, 미열, 관절염 등의 고통을 당하고 있다고 한다.[141]

이런 현상은 적정한 근로시간을 초과하여 장시간 과도한 노동에 처했을 때 나타나는 현상이다. 따라서 적정한 노동시간을 확보한다면 이런 과로에 의한 신체적, 정신적 피로와 스트레스는 해소

---

141) 강수돌, 《일 중독 벗어나기》 (서울: 도서출판 메디데이, 2007), 24.

될 수 있다.

그러나 문제가 되는 것은 일 중독이다. 일 중독은 노동시간의 과다 노출에 의한 것보다도 오히려 근로자 내면의 심리가 더욱 큰 영향을 미친 결과이기 때문이다. 일을 통하여 자신의 내면의 공허함을 채우고 다른 사람에게 인정받고자 하는 욕망이 일 중독자들에게 심리적으로 자리 잡고 있기 때문이다. 특별히 한국 사회처럼 경쟁이 치열하고 또한 물질적 성과물로 근로자의 능력을 평가하는 경향이 농후한 사회에서는 일을 통하여 직장에서 상사나 동료로부터 칭찬과 보상을 얻으려는 환경이 이미 조성되어 있다고 하겠다.

한국 사회에서 '저 사람은 능력이 있다'로 평가받는 것은 어떤 의미에서 최고의 찬사가 된다. 그러나 '저 사람은 무능력하다'라는 평가는 그 사람에 대한 사회적 사형선고나 다름없다. 이렇게 노동과 그 결과물에 대한 보상과 처벌이 명확한 한국 사회에서는 자연스레 근로시간을 늘리게 되고 한편으로는 무리해서라고 노동의 결과물을 만들어내려 하며, 이런 과정에서 일에 대한 지나친 집중과 집착이 일어날 수 있다. 이런 사회에서는 일 중독자를 양산하게 된다. 따라서 일 중독에 대한 적절한 분석과 설명, 그리고 이에 대한 대처방안을 마련하는 것이 무엇보다도 필요하다고 하겠다.

일 중독이란 영어 단어 'workaholism'은 목회상담학자인 오츠(Oates)에 의하여 처음 사용된 것으로 알려지고 있다. 그는 일 중독을 물질 중독의 대표적인 성격을 가지고 있는 알코올 중독과 연관시켜 정의하였다. 일 중독에 대해 알코올 중독과 그 역동성이 매우 유사한 "충동적이며 끊임없이 일하고자 하는 내적 충동"이라고 묘사하였다. 이와 연관하여 그는 일 중독자를 "일에 대한 과도한 집착으로 자신의 건강과 삶의 행복, 대인관계와 사회인으로서의 정상적 기능에 심각한 장애와 마찰을 유발하는 습성을 가진 사람"으로 정의하였다.[142] 오츠는 일 중독에 대한 특징을, 일에 대한 집착으로 인간으로서 정상적 기능이 심각하게 위협받는 것으로 정의하고 있다.

오츠가 일 중독에 대한 주의를 환기시킨 이래 많은 학자들이 일 중독을 연구하기 시작하였고 다양한 정의를 시도하고 있다. 마흐로비츠(Machlowitz)는 "상황이 요구하는 것보다 항상 더 많이 자신의 일에 몰두하고 더 많이 일을 하려는 사람"으로 규정하고 있다.[143] 그는 노동시간의 지나친 과다 투입을 일 중독의 조건으로 제시하고 있다. 그러나 일 중독은 노동시간의 과다 투입뿐 아니라 이로 인하여 보상받으려는 심리적 욕구의 결과이다. 그리고 이것은 단순한 심리적 상태가 아니라 일종의 질병이다.

우리는 이미 중독을 선악의 판단이 아닌 일종의 질병으로 보고 이런 질병을 치유하기 위한 제반 여건과 프로세스를 마련하는 것이 중요하다는 것을 설명한 바 있다. 따라서 일 중독을 정의할 때는 기존의 학자들의 정의를 참고하면서도 일 중독이 단순히 일에 대한 지나친 집중과 집착이나 노동시간의 과다 투입이라는 단면적인 측면만 제시하는 것을 지양해야 한다. 일 중독이 여타 행위 중독처럼 중독자의 내면의 심리적 측면 그 이상의 영적 측면을 가지고 있기 때문이다. 인간을 영과 육을 가진 통합적 존재로 본다면, 일 중독은 영적 측면에서 병리현상을 일으켜 그 결과로 일 중

---

[142] W. Oates, *Confessions of a Workaholic*, (Nashville: Abingdon Press, 1971), 1.
[143] M. Machlowitz, *Workaholics: Living with Them, Working with Them* (Menlo Park, CA: Addison-Wesley Publishing Company, 1980), 15.

독이라는 현상이 나타난다는 것을 유의할 필요가 있다. 그리고 이런 영적 병리현상은 하나님과의 관계 단절로 인한 죄의 결과라는 성경적 관점을 수용해야 할 것이다. 그렇기에 일 중독을 "인간의 죄성에 뿌리를 둔 자기과시의 결과적 현상으로서 일을 통한 성과물을 우상으로 숭배하며 탐닉하는 현상이며, 이런 행동을 중단할 때 수반되는 금단현상과 심리적 불안이 다시금 일에 집착하도록 하는 일종의 질병적 상태"로 정의하고자 한다.

일 중독은 자신의 내면의 과시적 욕구를 충족하기 위한 자기과시의 결과이며, 또한 중독의 전형적 증상인 금단현상과 심리적 불안이 나타난다는 특징이 있다. 그래서 독일의 피터 베르거(Peter Berger)는 일 중독자와 정상적인 근로자와의 구별을, 지금 당장 하던 일을 중단할 수 있는가 혹은 그런 중단이 어렵거나 중단할지라도 심리적 고통을 수반하는가의 여부로 가리고 있다. 자신이 하던 일을 중단할 수 있으면 그는 단순히 의욕적으로 열심히 일하는 근로자에 불과하다. 그러나 중단할 수 없다면 그는 일 중독자이다.[144] 따라서 일 중독을 이해하기 위해서는 질병의 관점에서 접근

---

144) 피터 베르거(Peter Berger)는 일 중독을 세 단계로 나누어 설명하고 있다. 강수돌, 《일 중독 벗어나기》 (서울: 도서출판 메디데이, 2007), 35-36에서 재인용.
　(1) 초기단계　- 서두름, 바쁨
　　　　　　　- "아니오"라고 거절하지 못함
　　　　　　　- 계속 일에 대해서만 생각함
　　　　　　　- 자신의 능력을 과신함
　　　　　　　- 쉬는 날이 없음
　(2) 중기단계　- 음식, 알코올 등 다른 중독도 발생함
　　　　　　　- 다양한 사회생활이 사라짐
　　　　　　　- 인간관계를 단절하기 시작함
　(3) 후기단계　- 육체적으로 지치고 수면장애가 발생함
　　　　　　　- 허공을 바라보며 혼수상태에 빠짐
　　　　　　　- 보행 중 또는 일하다가도 기억상실에 걸림
　　　　　　　- 만성적인 두통, 척추통, 고혈압, 위궤양, 우울증에 빠짐
　　　　　　　- 도덕적, 영적으로 심각한 장애를 경험함

하되 신체적 측면뿐 아니라 심리적 요인까지 살펴보는 종합적 자세가 요구된다고 하겠다.

2. 일 중독과 물질 중독의 비교

일반적으로 중독에는 크게 물질 중독과 과정(행위) 중독으로 나누어진다. 물질 중독은 알코올 중독, 니코틴 중독, 마약 중독과 같이 물질을 통하여 중독적 욕구를 충족하는 것을 말한다. 그러나 과정 중독은 물질을 직접 매개로 하는 것이 아니라 중독자의 특정 과정이나 행위를 통하여 욕구를 충족하는 것을 의미한다. 그 예로 쇼핑 중독, 일 중독, 게임 중독, 섹스 중독이 이에 해당한다. 그러나 물질 중독과 과정 중독의 중독 메커니즘은 근본적으로 동일하다. 다만 물질 중독은 자극과 흥분을 조장하고 촉진하는 물질을 외부에서 인체 속으로 주입하여 일정한 흥분과 만족을 얻는 것에 반해, 과정 중독은 특정한 행위나 과정을 실행할 때 중독자의 뇌 속에서 흥분조장 물질인 아드레날린, 도파민, 엔도르핀 등이 생산되어 중독자의 욕구를 충족시켜준다는 점에서 차이가 있다. 따라서 일 중독도 물질 중독과 같이 다음과 같은 동일한 특징을 가지고 있다.

먼저 모든 중독은 종속성을 가지고 있다. 물질이나 행위가 인간을 통제하고 인간은 더 이상 주체적으로 자신의 삶을 계획하고 이끌어갈 수 없다. 또한 중독에 따른 내성을 가지게 된다. 중독 물질이나 행위를 반복할수록 쾌감에 대한 내성이 생기기 때문에 더욱 많은 물질이나 행위를 투입해야 한다. 마지막으로 금단현상이 나타난다. 물질이나 과정에 중독된 경우에 그런 물질이나 행위를 중단하면 우울증, 극심한 불안감과 초조감, 조울증 등의 고통이 수반된다. 이런 금단현상 때문에 중독자들은 더욱 물질이나 특정한 행위에 몰두하게 된다.[145]

한편으로 하이데(Heide)는 일 중독과 다른 중독을 비교하였을 때의 특징을 다음과 같이 말하고 있다.[146]

첫째로, 중독자들은 자신이 중독에 빠졌다는 것을 인정하지 않는다. 자신이 일 중독에 빠져 있으며 그로 인하여 자신뿐 아니라 가족과 주위 사람들도 심각하게 위협을 받고 있다는 점을 인정하지 않는다. 자신은 다만 가족의 행복을 위하여 다른 사람들보다 더 많은 일을 하고 있을 뿐이라는 점을 강변한다. 오히려 이런 자신의 노력을 인정해 주지 않는 가족을 원망하기까지 한다. 일 중

---

145) 아치볼드 하트는 물질 중독과 과정 중독의 유사점을 다음과 같이 세 가지로 들고 있다. 첫째로, 물질 중독이든 과정 중독이든 뇌 속에 쾌감을 일으키는 물질의 생성을 통하여 그런 쾌감에 젖어들면서 중독에 걸리게 된다는 것이다. 둘째로, 물질 중독이든 과정 중독이든 중독에 걸리는 가장 큰 메커니즘은 물질이나 과정을 중단했을 때 오는 금단현상 때문에 중독에서 빠져나오지 못하는 것이 아니라는 것이다. 코카인의 경우 약물 투여를 중단해도 아무런 금단현상이 없음에도 중독에서 벗어나지 못한다. 중독에서 벗어나지 못하는 것은 이런 금단현상 때문이 아니라 어떤 물질을 투여하거나 어떤 행위를 일으켰을 때 거기서 오는 쾌감의 기억이 머릿속에 깊이 각인되어 있기에 중독에서 빠져나오지 못한다는 것이다. 셋째로, 갈망에 대한 교차 효과가 물질 중독이든 과정 중독이든 동일하게 나타난다는 것이다. 이를 대체효과라고도 할 수 있는데, 니코틴과 카페인은 동일하게 신경화학 회로를 자극한다. 따라서 니코틴 중독자가 담배를 끊고 대신에 커피를 진하게 계속 마신다면, 이것은 담배를 끊은 것이 아니고 중독 물질이 니코틴에서 카페인으로 바뀐 것에 불과하다. 과정 중독에서도 이런 대체효과가 그대로 나타난다고 한다. 가령 도박 중독자가 이를 끊고 쇼핑에 몰두한다면 이는 도박을 끊은 것이 아니라 쇼핑으로 과정을 바꾼 것에 불과하다. 이런 점을 고려할 때, 하트는 물질 중독과 과정 중독은 동일하게 중독에 속하며 또한 그 원인과 과정도 유사성을 가지고 있다고 말하고 있음을 알 수 있다. 따라서 우리는 물질 중독과 과정 중독을 취급할 때 이들이 동일한 중독이라는 문제의식을 가지고 접근하는 한편 각각의 개별 단위의 중독에서 나타나는 독특성을 주의 깊게 살펴보는 것이 필요하다. 예를 들면, 현재 우리 사회에서 심심치 않게 언론에서 보도되는 쇼핑 중독에 대하여 살펴볼 때, 이를 단순히 물건을 보통 사람보다 과다하게 사는 사람쯤으로 치부를 하면 안 된다. 이런 쇼핑 중독도 엄연히 중독이며 따라서 쇼핑 중독을 치유하기 위하여 전문가의 도움과 상담을 통하여 치유해야 할 질병으로 인식하고 접근할 때 쇼핑 중독과 같은 과정 중독에 대하여도 통전적인 이해와 치유의 실마리가 마련될 것이다. Archibald D. Hart, *Healing Life's Hidden Addictions*, 온누리 회복사역본부 역, 《참을 수 없는 중독》 (서울: 두란노서원, 2009), 45-49.
146) 강수돌, 《일 중독 벗어나기》 (서울: 도서출판 메디데이, 2007), 37-39에서 재인용.

독자가 자신의 중독을 인정하지 않는 것은 다른 물질 중독에서도 동일하게 나타난다. 알코올 중독자도 자신의 중독 자체를 쉽게 인정하지 않는다. 자신은 원하기만 하면 언제든지 술을 끊을 수 있으며 다만 술을 즐길 뿐이라고 말한다. 이미 술의 포로가 되어 있으며 자신의 의지로 그런 중독을 벗어날 수 있다는 것을 인정하지 않는다. 따라서 모든 중독의 치료의 첫 단계는 중독자의 '시인'에 있다. 자신의 중독 자체를 인정할 때 해결의 실마리가 풀리기 시작한다. 일 중독도 자신의 중독을 인정할 때, 그로 인한 폐해와 해결방안을 수용할 수 있다.

둘째로, 자기 과신에 대한 환상에 빠져 있다. 자신은 주변환경을 언제든지 통제할 수 있으며 또한 자신이 원하는 것은 무엇이든 할 수 있다는 확신을 가지고 있다. 일 중독자는 자신을 객관적으로 평가할 수 있는 능력이 현저하게 저하되어 있다. 자신의 능력을 벗어나는 일에 대하여 지나치게 자신감과 과신을 가지고 몰입하며 이를 통하여 자신의 능력을 드러내려고 한다. 그러나 이는 과신에 불과하며 자신의 욕망을 달성하는 경우도 드물다. 이에 따라 일 중독자는 더욱 많은 시간을 일에 투입함으로써 목표를 달성하려고 한다. 따라서 지나친 목표 설정과 이를 달성하기 위한 과도한 근로시간이라는 악순환이 지속된다.

셋째로, 피해의식 혹은 피해망상증을 가지고 있으며 자신의 과오를 다른 사람에게 돌리는 책임 전가가 있다. 물질 중독자들은 자신들의 물질 중독을 인정한다 할지라도 그것에 대한 책임을 자신에게 돌리는 경우가 없다. 자신을 알코올 중독에 걸리게 만든 환경을 원망하며 책임을 전가한다. 그 예로, 부모가 어렸을 때 자신에게 적절하게 양육을 잘했다면 자신이 결코 이런 알코올 중독에 걸리지 않았을 것이라고 하면서 부모를 원망한다. 그러나 어렸을 때의 불우한 환경을 어떤 사람은 자신의 도약을 위한 발판으로 사용하는데, 중독자들은 자기 패배의 원인으로 사용한다. 또한 항상 피해망상증에 사로잡혀 있다. 주위 사람들이 수군거리게 되면 그것을 자신을 향한 비난으로 생각하고 신경을 곤두세우는 경우가 많다. 일 중독자들도 직장에서 주위의 평가에 지나치게 예민하게 반응하며, 또한 자신의 목표가 달성되지 못했을 때는 다른 사람에게 그 책임을 돌리는 경우가 일어난다.

넷째로, 이기적인 자기중심주의에 사로잡혀 있다. 자신의 태도나 행동이 항상 정당하며 다른 사람들이 자신의 방식에 순종하기를 원한다. 또한 모든 일에 자신이 개입하지 않으면 제대로 될 것 같지 않은 강박증에 사로잡혀 있다. 그리고 자신처럼 열심히 일하지 않는 사람에 대한 비난을 서슴지 않는다. 늘 자신의 의견이 우선시되어야 하며 다른 사람들의 의견을 하찮게 여긴다. 그러나 이런 행동이 반복될수록 자신은 더욱 주변으로부터 고립되어간다는 것을 모른다. 오히려 주위 사람들에게 자신을 따르지 않는 것에 대한 적대감과 비난을 서슴지 않는다.

마지막으로, 완벽주의를 추구한다. 자신의 업무에 대하여 지나치게 완벽할 것을 요구한다. 자신에게 너무 철저하게 완벽을 추구하기에 다른 사람들이 쉽게 접근할 수가 없다. 또한 그런 완벽주의를 다른 사람들에게도 요구하기 때문에 주변 사람들이 고통을 경험한다. 이런 완벽주의적 일 중독자가 직장 상사로 되어 있는 경우에 그 직장은 심각한 업무 스트레스와 인간관계의 파탄이 일어나며, 상사의 혹독한 업무 처리 지시와 이를 수행하지 못했을 때의 책임 추궁이 일어난다. 그리고 직원은 회피주의와 눈치 보기가 더욱 격심해진다.

3. 일 중독의 원인과 이해

일 중독을 이해하는 데 있어서 여러 가지 접근이 가능하다. 먼저 일 중독자 개인의 측면에서 일 중독을 일으키는 요인과 이에 대한 해결 방식을 살펴보는 미시적 접근방식이 있다. 또 하나는 거시적 측면에서 인간은 사회적 동물이라는 전제를 출발점으로 하여 일 중독을 일으키는 제반 사회적 요인들을 살펴보고 그 해결책을 모색하는 방식이다.

전자는 일 중독자 개인의 신체 심리적 측면에서 이를 정신 역동적 혹은 행동주의적 방식을 사용하여 접근하는 방법이라 할 수 있다. 한편 거시적 접근법은 일 중독자 개인의 차원을 넘어 사회 시스템적으로 접근하는 것이다. 개인 상호간 혹은 개인과 가정, 직장, 사회 전체 간의 영향 등을 살펴보면서 일 중독을 거시적으로 다루는 것이다.

여기에 더하여 일 중독을 영적 측면에서 접근하여 분석하는 영적, 신학적 접근으로 이해하는 것이다. 이곳에서는 개인적 측면에서 일 중독의 신체적, 심리적 요인 및 영향을 살펴보고 사회적 측면에서는 일 중독과 가정, 직장, 사회의 여타 분야와 관련시켜 살펴보는 사회 시스템적 접근을 시도하고 아울러 영적, 신학적 접근을 할 것이다.

1) 일 중독의 원인에 대한 신체적 이해

일 중독에 대한 이해는 여러 측면에서 이루어질 수 있다. 일 중독이 왜 나타나며 어떤 메커니즘으로 작동되는지, 그리고 그 결과는 무엇인지에 대한 다양한 접근방식과 이론이 있을 수 있다. 우선은 일 중독에 대한 신체 생리학적 접근을 둘 수 있다. 일에 몰두하고 집착하는 이유를 신체 내에서의 특정 생리작용과 연관시켜 설명하는 입장이다.

메이는 일 중독과 뇌세포와의 관련성을 시사하였다.[147] 그는, 뇌는 뉴런(neuron)이란 세포로 이루어져 있는데 이 세포는 그 자체로 고유한 생명과 경험을 간직하고 있는 생명체라고 볼 수 있다고 하였다. 뇌는 이런 작은 세포들이 수십억 개가 연결되어 활동하는 '군체'(colony)라고 할 수 있는데, 이 군체 안에서 각각 위치 기능(local groups)과 기능 시스템(functional systems)의 역할을 수행하면서 활동을 하고 있다는 것이다. 그런데 이런 역할을 수행하기 위하여 신경세포들은 '시냅스'(synapse)라고 불리는 연접부를 통해 메시지를 교환하며 정보를 전달하는 화학물질이 전달된다는 것이다. 이때 비정상적인 정보나 물질이 계속적으로 뇌세포에 이입이 되면 정보 축적이 이루어지고 어떤 집착이 발생한다는 것이다.

특별히 자신에게 강력한 자극을 주는 물질이나 과정에 대한 정보가 지속적으로 축적이 되면 그것이 단절될 때에는 불안과 초조감과 같은 심리적 고통을 느낀다는 것이다. 따라서 이런 고통을 회피하기 위해 지속적으로 약물을 투입하거나 몸 안에서 화학물

---

147) G. May, *Addiction and Grace* (San Francisco: Harper Collins Publisher, 1988), 22.

질이 분비되도록 하는 과정에 몰입을 하게 된다는 것이다. 메이는 일 중독도 바로 이런 신체적 과정을 통하여 집착과 중독의 과정을 거친다고 설명하였다. 그는, 일 중독자들의 특징은 일을 과도하게 진행할 때에 뇌 속에서 비정상적인 쾌감이 시냅스를 통하여 뇌의 뉴런이라는 세포에 전달되면 이를 기억하고 저장을 한다는 것이다. 그로 인한 과도한 흥분과 쾌감이 지속적으로 신경망을 통하여 뇌 속에 전달되면, 뇌의 세포는 이들에 대해 즉각적인 반응을 보이게 된다. 이런 반응들이 고착화될 때 일 중독이 발생한다고 보았다.

하트도 일 중독에 있어 신체적 접근을 지지하였다. 그는 모든 일 중독의 뒤에는 신체적으로 또는 정서적으로 기분 좋게 느끼고 고통을 피하고자 하는 강박적인 충동이 있다고 지적하였다.[148] 이런 고양된 기쁨이라는 목표를 달성하는 방법 중에 하나가 생리적인 자극제, 즉 아드레날린을 사용하는 것이라고 보았다. 아드레날린은 부신수질에서 분비되는 호르몬의 일종으로 위급상황에 처했을 때 신체를 조절하는 능력을 지니고 있는 것으로 알려져 있다. 즉 생활 속에서 위협을 받거나 혹은 위기가 닥쳤을 때 아드레날린이 분비됨으로써 더 많은 경각심과 에너지와 힘을 가지고 대처하도록 만든다는 것이다.

그러나 아드레날린의 과도한 분비로 인한 '황홀감'은 중독성을 띠게 된다는 것이다. 그는 몸이 더 많은 자극과 쾌감을 느끼기 위해 더 많은 아드레날린의 분비를 요구하게 되고, 따라서 일에 더

---

[148] Archibald D. Hart, *Healing Life's Hidden Addictions*, 온누리 회복사역본부 역, 《참을 수 없는 중독》(서울: 두란노서원, 2009), 206.

욱 몰두하도록 하며 결국 일 중독으로 빠지게 한다고 지적하였다.

신체 생리학적으로 일 중독에 접근하는 것에 대하여 강수돌은 의문을 제기하였다.[149] 그는 알코올 중독이나 마약 중독과 같은 물질 중독에 있어서는 시냅스나 아드레날린과 같은 과정을 통한 정보나 물질의 전달과 축적을 통한 발생으로 인정하였다. 그러나 일 중독과 같은 과정 중독은 이런 접근법이 일정한 한계가 있다고 주장하였다. 즉 일 중독의 원인과 메커니즘을 이해하는 데는 이런 신체적 모델이 일정 부분 도움을 주나 치유책을 제시하는 데는 한계를 지닐 수밖에 없다고 말한다. 그는 일 중독은 신체 생리적인 측면뿐만 아니라 여타 다른 측면도 복합적으로 개입하여 작용하는 복합적 성격을 지니고 있기에 심리적 측면 등을 종합적으로 고려해야 한다고 하였다.

한편 김병오는 일 중독을 유전적 요인에서도 찾을 수 있으며 이런 이해를 의학적 모델 혹은 질병 모델이라고 부른다고 말했다.[150] 이 모델은 중독 원인을 유전적 소인성(predisposition) 때문에 나타나는 만성적인 질병의 일종으로 보고 있다는 특징이 있다. 따라서 이 모델에서는 화학물질의 투여 혹은 행동주의적 조절 방법을 통하여 중독의 치유가 가능하다고 본다.

2) 일 중독의 원인에 대한 심리적 이해

일 중독을 외부환경에 대한 신체적 반응이 아닌 심리적 측면에서 접근하려는 입장이 있다. 오츠(Oates)는 일 중독을 "끊임없이 일

---

149) 강수돌,《일 중독에서 벗어나기》(서울: 메이데이, 2007), 49-51.
150) 김병오,《중독을 치유하는 영성》(서울: 이레서원, 2003), 29.

을 하고자 하는 강박증"으로 정의하였다.[151] 일 중독의 원인을 심리적 측면에서 찾은 것이다. 그는 일 중독의 심리적 측면에서 중요한 요소가 강박감과 조급증이라고 지적하였다. 일 중독자들은 일을 하지 않으면 조급증을 보이며 심리적인 불안감을 호소한다고 말한다.

강박적 심리 상태는 어떤 정해진 목표에 대한 끊임없는 집착을 특징으로 한다. 또한 정해진 목표에 대한 과정이 아닌 결과로 평가하려는 경향을 보인다. 좋은 결과를 얻기 위해서는 때로 회사에서 정해진 내규를 서슴없이 위반한다. 자신의 주어진 일에 대한 과도한 집착을 보인다. 이것은 한편으로 정서적 억압으로 이어지기도 한다. 일 중독자들은 과도한 집착으로 인하여 그 외에 어떤 다른 일에도 여유롭게 다가가지 못하며, 심한 경우에는 일을 하면서도 감정의 폭발을 자주 보이는 정서상의 억압상태에 빠져 있다.

세이볼드(Seybold & Salamone)는 일 중독에 있어 강박적 심리상태의 특징을 유의하면서 다음과 같은 세 가지 심리적 요인을 제시하였다.[152] 첫째로, 일을 현실에 대한 도피 수단 혹은 인정 수단으로 사용한다는 것이다. 일 중독자들에게는 과도하게 일에 몰두함으로써 불만족스러운 현실을 탈피하려는 욕구가 있다고 보았다. 이것은 문제에 대한 도피일 수 있고 또는 성공에 대한 갈망일 수 있다. 일 중독자와 비중독자가 일에 대한 '동기'(intent)에서 차이를 보인다는 것이다. 특별히 한꺼번에 여러 가지 일을 추구하

---

151) W. Oates, *Confessions of a Workaholic* (Nashville, TN: Abingdon Press, 1971), 32.
152) K. Seybold, & P. Salomone, "Understanding Workaholism: A Review of Causes and Counseling Approaches." *Journal of Counseling and Development*. (1994). 12-22.

면서도 다른 사람들의 도움을 거절하고 자신이 처리함으로써 주위 사람들에게 인정을 받으려는 욕구가 강하게 자리 잡고 있다고 한다.

둘째로, 일 중독자들은 지나치게 경쟁심이 강하거나 자존감(self-esteem)에 대한 욕구가 강하다고 보았다. 이런 경향은 전후의 '베이비 부머'(baby-boomers)에게 강하게 나타난다. 이들은 자본주의가 심화되는 단계에서 성장하고 생활했기에 경쟁에서 승리하여 자신의 존재가치를 확립하려는 경향이 강하다고 하였다.

셋째로, 일 중독자들은 일에 대한 접근에서 긍정적인 '기질'(trait)을 지니고 있다고 하였다. 일에 대하여 보다 긍정적인 태도를 지니며 그 결과를 지나치게 과도하게 긍정적으로 평가하는 기질을 지니고 있다고 하였다. 그는 이 세 가지 요인이 단독으로 혹은 복합적으로 작용하여 일 중독에 이르게 된다고 설명하였다.

이런 심리적 이해는 미국 정신의학계에서도 잘 나타나고 있다. DSM-Ⅳ(1994)는 "여가활동이나 주위 사람들과 지나치게 친분을 나눌 만한 시간을 갖지 않고 너무 일에 몰두하거나 지나친 완벽주의로 인하여 오히려 일을 완수하는 것이 힘들어지는 것"을 강박성 성격장애에 대한 진단 기준의 한 증상으로 제시하였다. 이것은 강박성이나 완벽주의와 일 중독이 밀접한 관계가 있다는 미국 정신의학계의 입장을 표명한 것이라고 볼 수 있다.

강경호는 일 중독자들은 낮은 자존감 때문에 일에 몰두하게 된다고 보았다.[153] 일을 하는 데서 자기 가치감을 느끼며 일을 통해

---

153) 강경호, 《중독의 위기와 상담》 (서울: 한사랑가족상담연구소, 2002), 671.

인정받고자 하는 무의식적인 욕구가 있다는 것이다. 도피 수단으로 사용하여 보기 싫은 사람이나 가정에서 경험하는 불안감을 탈피하기 위해 일에 파묻히는 행동을 한다고 지적하였다. 또한 자기학대의 방편으로 일에 몰두할 수도 있다고 보았다. 즉 과도한 헌신을 통해 죄책감을 상쇄시키며, 일을 통해 존경심과 칭찬을 얻어내려고 지나치게 많은 일을 한다는 것이다. 이러한 사람들은 일을 하지 않고는 자기 자신을 무가치하게 여기며 취미생활이나 자신의 여가시간을 거의 허용하지 않는다고 하였다.

강수돌은 일 중독의 원인을 가족관계에서 찾았다.[154] 즉 부모가 일 중독자라면 자녀들이 일 중독에 걸리기 쉽다는 것이다. 특히 아버지가 일 중독이면 어머니는 아버지를 옹호하고 감싸는 경우가 많으며 아이들은 그런 아버지의 모습이 모범적이라고 학습할 수 있다고 보았다. 경우에 따라서는 일 중독에 빠진 아버지의 모습을 보고 증오감을 나타내기도 하지만 많은 경우 미워하면서도 닮아간다고 지적하였다. 성장과정에서 심리적 동조 혹은 거부가 일 중독을 일으키는 주요한 요인으로 보았다.

그러면 이런 일 중독에 대한 심리학적 접근의 특징은 무엇일까? 먼저 일 중독을 무조건 죄악시하는 것이 아니라, 일정 부분은 긍정적인 측면이 있다는 것을 인정한다는 점이다. 일에 몰두함으로써 조직의 과업 달성에 좋은 영향을 줄 수 있고 또한 동료 간에 선의의 경쟁이 일어날 수 있다는 것이다. 그러나 모든 중독이 그러하듯이 이런 긍정적인 측면은 극히 일부분에 해당하며 부정적

---

154) 강수돌,《일 중독에서 벗어나기》(서울: 메이데이, 2007), 51.

인 측면이 일 중독자의 심리를 지배한다고 하겠다.

로빈슨은 일 중독자의 심리적 측면에서의 악영향을 다음과 같이 지적하였다.[155] 육체와 정신건강에 대한 악영향, 일로 인한 스트레스와 탈진(burnout), 가정 내에서의 갈등의 증가, 직장 내에서의 과도한 경쟁심 유발과 비현실적인 기준 설정으로 인한 악영향, 직장 내에서 성취도의 저하, 가정 내에서 가족 상호간의 접촉 저하로 인한 문제, 의사소통에서의 문제 발생, 자기 만족감의 저하, 여가생활에 대한 만족도 저하 등이다. 그중에서 일 중독이 신체 및 심리적 측면에 끼치는 영향을 다음과 같이 지적하였다. 두통, 피로, 알레르기, 소화불량, 복통, 위궤양, 성미 폭발, 안절부절하지 못함, 불면, 긴장 완화 곤란, 활동 과다 등을 들고 있다.

3) 일 중독의 원인에 대한 사회 시스템적 이해

일 중독은 중독자 개인의 문제로만 돌릴 수 없다. 개개인은 사회적 존재이기 때문에 중독자 개인은 자신을 둘러싸고 있는 환경에서 많은 영향을 받고 또한 영향을 미치게끔 되어 있다. 따라서 개인적인 접근뿐만 아니라 개인을 둘러싼 가정, 직장, 사회 등을 조명하여 분석하는 것은 필요한 일이다.

이와 같이 거시적인 접근을 시도하는 것을 사회 시스템적 이해 혹은 시스템적 모델이라고 부를 수 있다. 이런 사회 시스템적 이해는 사회학에서 파슨즈(Parsons)에 의해 처음 시도되었다. 그는 1960년대 미국의 사회학계를 이끌면서 사회과학 분석 방법론에

---

155) B. Robinson, & L. Kelley, "Adult Children of Workaholics: Self-concept, Anxiety, Depression, and Locus of Control." *The American Journal of Family Therapy*. (2002). 26(3), 41.

커다란 전환을 제공하였다. 과거의 개인 중심적이고 미시적인 접근에서 벗어나 개인과 환경의 상호관계에 주목하였다. 그는 사회는 고립된 개인들의 단순한 집합이 아닌 그 이상의 의미를 가지고 있다고 보았다. 개개인 간에 그리고 개인과 환경 간에는 기능적으로 긴밀한 연관관계가 있으며 서로가 영향을 주고받는다고 보았다. 이런 입장은 기능주의라고 칭해지면서 사회학 나아가 사회과학의 연구 방법론에도 커다란 전기를 제공하였다. 즉 개개인을 둘러싼 환경과의 기능적 관점에서 개인이 어떤 영향을 받는지를 거시적으로 연구하게 된 것이다.

일 중독을 연구함에 있어서도 이런 거시적인 연구방법은 매우 유용한 도구라고 할 수 있다. 일 중독자들과 주변 환경과의 연관관계를 연구할 때 일 중독의 원인과 이해 및 치유 등을 마련함에 있어 보다 온전한 방안을 제공할 수 있기 때문이다. 그래서 파셀(Fassel)은, 중독은 개인만의 문제가 아니라 가족, 기관 그리고 사회적인 질병이라고 지적하였다.[156] 중독은 개개인의 성향 및 태도 등과 깊은 관련이 있지만 어떤 경우에는 그런 중독이 사회적으로 용인되고, 더 나아가 지지되는 경우도 있기 때문에 사회적 문제라는 것이다. 특별히 일 중독은 많은 경우에 사회 문화적으로 지지를 받으며 '존경받는 중독'으로 평가받는 경우가 많이 있다. 따라서 일 중독을 연구함에 있어 일 중독자를 둘러싸고 있는 환경을 사회 시스템적으로 연구하는 것이 매우 필요하다.

이런 사회 시스템적 연구에 있어 우선적으로 고려해야 할 것이

---

156) D. Fassel, *Working Ourselves to Death*, (San Francisco: Harper & Collins Publishing, 1990), 21.

가정적인 요인이다. 가정은 개개인의 일차적인 사회집단이기 때문이다. 그리고 개개인이 속한 직업환경과 나아가서 사회환경을 살펴보는 것이 무엇보다도 필요하다고 하겠다.

(1) 일 중독의 가정적 요인

하트(Hart)는 알코올 중독자 가정에서는 중독자와 가족들 간에 동반 의존(codependency) 관계가 형성된다고 말하였다. 그는 동반 의존을 "중독자에게 필요한 사람이 되고자 하는 욕구"라고 정의하면서 중독자가 있는 가정에서는 중독자를 비난하고 치유하기보다는 오히려 은폐하고 중독 자체를 정당화시키는 경향이 있다고 말했다.[157] 중독자 주변의 가족들이 '구조자'(enabler)가 되려는 의도에서 중독자를 옹호하고 지지하게 된다고 지적했다. 이런 동반 의존이 알코올 중독뿐만 아니라 여타 강박적 성격을 갖는 일 중독에도 적용된다고 보았다. 일 중독이 용인될 뿐 아니라 오히려 바람직한 자세로 지지될 수 있다는 것이다. 일 중독에 대한 가족들의 긍정적인 태도가 일 중독을 더욱 고착시키는 역할을 한다고 지적하였다.

이것은 가정이라는 울타리 안에서 부모 중 어느 한쪽이 일 중독에 걸린 경우에 자녀도 부모의 행동을 모방을 통하여 일 중독에 빠질 수 있다는 것을 의미한다. 아이들의 교육과정에서 역할 모델(role model)의 의미는 매우 크다. 자녀들은 부모의 삶의 모방을 통하여 일 중독으로 빠질 수 있기 때문이다. 그래서 강수돌은 부모

---

[157] Archibald D. Hart, *Healing Life's Hidden Addictions*, 온누리 회복사역본부 역, 《참을 수 없는 중독》 (서울: 두란노서원, 2009), 142.

가 일 중독이 아닐지라도 자녀들이 가족관계 속에서 충분히 사랑을 받으면서 자라지 못하면 그 사람은 중독에 빠지기 쉽다고 주장하였다.[158] 따라서 일 중독을 치유하기 위해서는 해당 당사자뿐 아니라 가족 전체의 치유를 필요로 한다. 그래서 중독의 치유에 있어 가족의 의미 및 치유는 그 중요성이 날로 높아진다고 하겠다.

(2) 일 중독의 직업적 요인

로빈슨(Robinson)은 현대의 경쟁적인 직업환경이 일 중독자를 양산하고 있다고 말했다.[159] 일 중독자들의 일에 대한 헌신은 남들보다 더 높은 대우와 빠른 승진으로 연결되는 경우가 많다는 것이다. 특별히 이런 환경을 사용주들이 역이용할 때는 문제가 심각해진다는 것이다. 이윤을 창출해야 하는 고용주 입장에서는 일 중독자들이 일을 하는 모습이 회사에 대한 헌신으로 비쳐질 수 있고, 한편으로 다른 근로자들에게 이를 은연중 강요하게 되는 것이다. 이런 과정을 통하여 직장에서 일 중독이 일상화되면서 회사의 충실한 근로자로서 자리 잡게 된다는 것이다.

직장에서 일에 대한 강한 압박이 오면 이를 개인적인 힘으로 저항하거나 회피할 수는 없다. 회사라는 조직은 기본적으로 이익 창출을 도모하는 조직이고, 또한 직장에서 어느 정도의 상호 경쟁 시스템을 마련하고 이를 근로자들에게 요구하는 것은 피할 수 없는 일이다. 그러나 직장에서 이런 일에 대한 강박적 압력이 상존

---

158) 강수돌,《일 중독에서 벗어나기》(서울: 메이데이, 2007), 52.
159) B. Robinson, "Workaholism: Bridging the Gap Between Workplace, Sociocultural, and Family Research." *Journal of Employment Counseling.* 37(1), 31-46.

한다면 근로자들에게 신체적, 정서적으로 큰 피해를 가져오게 마련이다. 강수돌은 현대 근로자들은 노동시장에서 자신의 노동력을 판매하는 상인에 불과하다고 표현하였다.[160] 더 좋은 조건에 자신의 노동력을 판매하기 위하여 최상의 노동력을 제공하려고 한다는 것이다. 이것은 한편으로는 휴식이 없는 자기 개발의 형태로 나타나고 직장에서는 일 중독의 형태로 전개될 수 있다는 것을 의미한다. 일 중독자들을 정당화시키면서 양산하는 직장문화를 구조적으로 개선하는 것이 일 중독을 해결하는 중요한 열쇠라고 하겠다.

일 중독은 단순히 개인의 문제가 아니다. 일 중독이 일상화되면 장기적으로 회사의 생산성에도 악영향을 미친다. 또한 근로자들의 가정도 피폐해질 수밖에 없다. 이를 해결하기 위해서는 회사 차원에서의 대책도 필요하지만 국가에서 체계적으로 개입하여 직장문화를 개선하는 정책을 펼치는 것이 중요하다. 정부에서 직장에 근로 감독을 강화하여 근로자들의 근로 환경을 점검하는 것이 필요하다. 그리고 사용주에 대한 주기적인 교육으로 근로자들에 대한 과잉 노동이 주는 부작용을 교육시키는 것도 요구된다. 필요하다면 산재사고가 빈번하게 발생하는 사업장에는 이에 적절한 제재를 가하는 방안을 마련하여 회사에서 근로자들에 대한 적절한 휴식과 근로를 확보하도록 해야 한다.

한편, 직장에서의 가혹한 노동환경으로 인하여 일 중독자들이 양산될 가능성은 목회현장에서도 그대로 반영되고 있다. 이관직

---

160) 강수돌,《일 중독에서 벗어나기》(서울: 메이데이, 2007), 85.

은 교회 시스템의 역기능성으로 인하여 목회자들에게 과도한 일과를 부여하고, 이는 탈진과 나아가 일 중독으로 나아갈 가능성이 있음을 말하였다.[161] 시스템의 역기능성이란 시스템 내의 어느 한 부분이 과잉기능을 하는 반면에 다른 부분은 과소 기능함으로써 전체 시스템의 항상성을 유지하는 것을 의미한다. 교회 내에서도 이런 시스템의 역기능성이 발생할 수 있다.

이관직은 담임목회자가 평신도나 다른 부교역자에게 목회의 일정 부분을 나누어 함께 일하도록 시스템화하지 못하고 혼자서 모든 일을 처리할 때 역기능성이 나타날 수 있다고 지적했다. 담임목회자가 모든 일을 혼자서 처리하려고 하고 평신도 그룹이나 부교역자들에게 위임하지 못할 때 담임목회자의 과도한 목회사역으로 연결될 수 있다는 것이다. 그리고 교회 시스템이 변화를 거부하고 현재 상태에 만족하거나 혹은 답보상태에 있을 때에 목회자가 과도한 일로 인하여 일 중독 혹은 탈진이 일어날 수 있음을 지적하였다. 또는 목회자가 열심을 다하여 설교를 준비하고 선포를 했으나 성도들의 삶에서 변화가 없을 때, 교회가 새로운 생각이나 프로그램을 받아들여 변화하기를 거부할 때 탈진이나 일 중독과 같은 역기능성이 악화될 수 있다고 보았다.

한편 목회 환경이라는 직업적 환경의 열악성이 목회자들의 일 중독을 더욱 부추길 수 있다. 특별히 휴식 없는 목회는 탈진을 넘어서 일 중독을 일으키는 주요인이 되고 있다. 목회자 자신과 교인들은 목회자들이 쉼 없이 오직 사역에 매진하는 것을 모범적인

---

161) 이관직,《목회심리학》(서울: 국제제자훈련원, 2005), 111.

것으로 여기는 경향이 있다. 그러나 쉼과 재생(renewal) 그리고 재충전은 하나님께서 주신 선물이자 은총이다. 따라서 인간은 휴가를 기다리며 일을 하고, 쉼을 통해 새 힘을 얻고 일할 때 기쁨과 보람을 느끼게 된다. 이에 반해 한국교회 목회자들은 이런 쉼을 사치스러운 것으로 여기는 경향이 있다.

이관직은, 적정한 휴식은 필수 불가결한 것임에도 불구하고 목회의 우선순위에서 항상 맨 아래를 차지하는 경향이 크다고 지적하였다. 그는 〈목회와 신학〉에서 실시한 '2006년도 목회자들의 여름 휴가 실태조사'를 살펴보았을 때 한국 목회자들의 휴식에 대한 태도와 나아가 열악한 목회환경이 어떻게 일 중독으로 몰아가고 있는가를 잘 알 수 있다고 말하였다.

조사 대상자들의 2006년의 여름휴가 실시 여부에 대한 질문에서 휴가를 갖지 못했다는 응답이 45.5%의 높은 비율을 차지해 한국 목회자의 절반 정도가 여름휴가를 가지 못한 것으로 조사되었다. 담임목사가 휴가를 가지 못한 경우는 이보다 높아서 53.1%를 차지하며 이런 비율은 목회자들의 연령대가 높을수록, 교회 규모가 작을수록, 교회 재정 자립율이 낮을수록 여름휴가를 가지 못하는 비율이 더욱 높아지고 있음을 알 수 있다.[162] 이관직은 이런 현상에 대하여 목회에 대한 바른 이해, 나아가 쉼과 노동에 대한 이해의 부족에서 그 원인을 지적하였다.

이흥배는 목회자들의 탈진과 일 중독이 일어나는 원인을 목회환경에서 목회자들이 경험하는 인근 교회와의 과도한 경쟁과 갈

---

162) 이관직, 《목회심리학》 (서울: 국제제자훈련원, 2005), 12.

등, 그리고 이로 인한 스트레스 증가와 조바심이 큰 요인으로 작용한다고 보았다.[163] 목회자들이 이렇게 탈진 혹은 일 중독에 빠지는 많은 경우는 목회자 개인의 성격적 요인도 있겠지만, 또한 목회환경에 의해 영향을 받은 결과라는 의미를 가지고 있다. 쉼 없는 연구와 설교와 심방에 몰두하는 것이 좋은 목회자라는 인식을 가지고 있는 목회환경에서는, 여기서 벗어나 여유 있는 목회자로 생활하기가 어렵다. 이런 예는 일 중독에 있어 중독자 본인이 처해 있는 작업적 환경 혹은 직장 내 문화가 얼마나 큰 영향을 미치는가를 보여주는 사례라고 하겠다.

(3) 일 중독의 사회적 요인

파셀은 사회문화적 요인이 일 중독을 일으키는 중요한 요인이 된다고 지적하였다. 그는 오늘날의 성과중심적인 사회가 현대인들을 일 중독자로 양산하는 데 기여하고 있다고 보았다. 치열한 경쟁사회에서 사람들은 경쟁에서 이기고 자신이 맡고 있는 분야에서 소기의 성과를 얻기 위해서 일에 과도하게 몰두할 수밖에 없다는 것이다. 이런 사회적 압력과 더불어 일 중독자를 오히려 성공적인 사회인의 모습으로 인정하는 사회적 분위기가 사람들을 일 중독자로 양산한다는 것이다. 적자생존의 원칙이 치열하게 강조되는 자본주의 사회에서 자신의 능력을 인정받기 위해서, 자신의 생존을 위해서는 일에 전념하지 않을 수 없으며 이런 요소가 현대인들을 일 중독으로 몰고 있다는 것이다.[164]

---

163) 이흥배, 《목회자 탈진 클리닉》 (서울: 엘맨, 2000), 116.
164) D. Fassel, *Working Ourselves to Death*. (San Francisco: Harper & Collins BPublishing, 1990), 21.

로빈슨은 사회에 광범위하게 뿌리박혀 있는 일에 대한 잘못된 인식이 일 중독을 부추기고 있다고 보았다. 미국에서는 '게으른 손은 작업장의 악마'라는 금언이 있으며, 이런 금언은 게으름이 몸과 마음을 좀먹는 죄악이라는 사회적 신념의 결과라고 설명한다. 그는 특히 미국에서는 청교도 정신이 사회적 가치로 깊이 박혀 있기에, 근로자들이 부지런히 일하고 생산성을 높이는 것에 있어서 하나님께 인정받고 축복을 받았다는 청교도적 가치가 사회적으로 깊이 형성되어 있다고 한다. 이런 사회적 가치가 미국에서 일 중독을 양산시키는 주요 요인으로 작용하고 있다고 말한다.[165]

로빈슨은 미국에서 일 중독을 일으키는 사회적 요인으로 청교도 정신에 대한 오해뿐 아니라 소비지상주의가 또한 일 중독을 양산하는 사회적 요인이 되고 있다고 말한다.[166] 과거 미국 사회는 절제와 절약이 미덕인 사회였다. 청교도 정신에 입각하여 가능한 많은 근로로 많은 소득을 올리되, 그 소득은 자신이 아닌 이웃과 국가를 위한 봉사의 재물로 여겼다. 그래서 많이 일하고 절약하며 저축하는 삶이 일상화되었다.

그러나 현대 미국에서는 '소비가 미덕'인 사회가 되었다. 소비가 인생의 최고 가치가 되었다. 자신의 욕구를 채워줄 소비를 행복의 척도로 여기며, 또한 소비 수준이 미국인들에게 사람을 평가하는 주요 기준이 되어가고 있다. 소비지상주의 사회에서는 더 많은 소비를 위하여 더 많은 일을 하는 것이 장려되는 것이다. 미국

---

165) Bryan E. Robinson, *Chained to the Desk*, 박정숙 역, 《워커홀리즘》 (서울: 북스넛, 2007), 59-60.
166) B. Robinson, "The Workaholic Family: A Clinical Perspective." *American Journal of Family Therapy*, 25(1), 17.

사회에서 더 많은 소비를 위한 더 많은 근로는 능력 있는 사람들의 생활수칙이 되었다. 이런 사회적 분위기는 일 중독을 양산하는 주요 요인으로 작용하고 있다.

또한 로빈슨은 미국 여성들에게서 일 중독자들이 많이 나타나고 있다고 말한다. 그 이유는 여성에 대한 사회적 평가 기준이 달라졌기 때문이다. 과거 여성에 대한 호의적 평가는 순종적이며 가정에서 남편과 자녀에게 헌신하는 주부상이었다. 그러나 현대에서는 가정에서뿐 아니라 직장에서도 완벽한 업무처리로 능력을 인정받는 것이 여성에 대한 평가 기준이 되었다. 더 좋은 직장에서 더 많은 연봉을 받으며 화려한 옷차림과 고급차를 타고 다니는 여성이 능력 있는 여성으로 인정을 받는다. 그러면서 한편으로 여성의 가사 활동은 여전히 과거처럼 동일하게 요구받는다고 말한다. 이런 사회적 분위기가 여성들을 과거에 비하여 일 중독자를 양산하는 요인이 되고 있다고 말한다.[167]

우리는 여기에서 일 중독은 개인적 문제이면서 동시에 사회적 문제인 것을 발견하게 된다. 과거에는 일 중독이란 용어가 생소한 단어였다. 그러나 일 중독이란 용어가 2000년대 이후 빈번하게 나타나는 것은 그만큼 현대사회의 분위기와 구조가 근로자들이 과도하게 일을 하지 않을 수 없는 상황으로 바뀌어가고 있음을 의미한다.

일 중독의 해결을 위해서는 단순히 개인적 차원에서 중독자에게 치유를 하는 차원을 뛰어넘는 것이 필요하다. 미시적으로는 중

---

167) 위의 책, 25.

독자 개인에 대한 상담과 치유 프로그램의 작동과 중독자의 사회 복구를 위한 다양한 수단들이 강구되어야 한다. 그러나 일 중독자가 치유되어 다시 사회로 복귀할지라도 가정과 직장과 사회가 여전히 과도한 근로 분위기를 가지고 있다면 다시 일 중독이 발생할 가능성이 크다고 하겠다. 이것은 거시적인 처방이 필요하다는 것을 의미한다. 현대사회의 병폐인 과도한 개인주의, 이기적 삶의 모습, 소비지상주의에 빠진 오도된 가치관을 해결할 수 있는 방안들이 꾸준히 마련되어야 한다. 이를 위해서 상담학은 여타 학문과의 학제간 연구를 통하여 현대사회의 문제점에 대한 진단과 대책을 함께 마련하는 자세가 필요하다고 하겠다. 이런 해결의 핵심으로 건전한 공동체 정신의 회복, 일과 휴식에 대한 균형 잡힌 사회적 합의, 절제와 봉사가 장려되는 사회적 분위기 조성 등이 필요하다.

4) 일 중독의 원인에 대한 영적·신학적 이해

지금까지 우리는 일 중독의 이해를 위한 다양한 접근방식에 대하여 알아보았다. 중독자 개인의 신체적 혹은 심리적 특성에 의한 일 중독과 사회 문화적 영향에 의한 일 중독, 그리고 사회 시스템의 결합에 의하여 사회 구성원 간에 일 중독이 발생할 수 있음을 알아보았다.

그런데 우리가 여기에서 한 가지 유의해야 할 것은, 일 중독에 대한 이런 현상적 모습에 대한 분석으로는 온전한 이해가 어렵다는 것이다. 일 중독에 대하여 다른 중독처럼 정신 분석적 접근이나 가족 병리적 접근 혹은 개인 심리적 결함에 의한 분석은 표층적 이해에 불과하다는 것이다. 상담 현장에서 오래 상담에 종사하고 있는 상담자들은, 일 중독에는 현상적으로 겉으로 드러난 것들에 대한 분석뿐 아니라 개인의 내면에 깊이 자리 잡고 있는 영적 측면에서의 접근에 의하여 보다 정확하게 이해할 수 있다는 점을 말하고 있다. 이런 입장은 현대과학의 위력과 힘을 지나치게 의존하는 일반 상담자들에게는 거부 반응을 보일 수 있다. 이들은 일 중독을 단순히 유전적 결함이나 심리적 나약함, 통제 능력의 상실 혹은 역기능 가족체계의 결과로 보는 경향이 강하기 때문이다.

그러나 일 중독은 다른 중독과 달리 정상과 중독 사이에 경계가 모호하다. 또한 일 중독에 대한 긍정적 태도가 사회적으로 존재하기도 한다. 따라서 일 중독을 현상적으로 파악하면 일 중독자에 대한 분석이 효과적으로 이루어질 수 없고, 또한 일에 대한 정확한 신학적 해석이 없이는 정상인과 일 중독자 사이를 분간하는 것도 불가능에 가깝다. 따라서 일 중독은 지금까지 논의한 것처럼 다양한 측면에서 접근을 할 뿐 아니라 영적 측면을 충분히 고려하여 종합적으로 접근하는 것이 필요하다.

일 중독에서 영적 측면을 고려한다는 것은 인간에 대한 성경적 이해에 바탕을 둔다. 성경은 인간을 육체적 존재만이 아닌 영적 존재로도 본다는 것이다. 즉 인간을 영과 육이 결합한 전인적 존재로 본다는 것이다.[168] 그런데 성경에서는 인간의 육체적 특성보다는 영적 존재에 대하여 더 많은 관심과 가치를 두고 있다. 예수님도 요한복음 6장 63절에서 "살리는 것은 영이니 육은 무익하니

---

168) 인간을 영과 육의 전인적 존재로 보는 성경의 구절은 다양하게 찾아볼 수 있다. 우선 예수님은 요한복음 6장 63절에서 인간을 영과 육의 결합된 존재로 보고 있다. 그 외에 요한복음 3:6, 로마서 8:5, 고린도전서 15:50, 고린도후서 7:1 등에서 인간의 육적 특성과 영적 특성을 다양하게 보여주고 있다.

라"고 말씀하시면서 인간에게 있어 영적 특성이 더 중요함을 말씀하고 있다. 또한 성경은 영적 존재로서의 인간의 존엄이 확보될 때 육적 인간의 존재적 삶도 확보될 수 있음을 선언하고 있다.[169] 성경에서 인간을 영과 육의 결합적 존재로 보고 있기 때문에 우리는 일 중독에 대한 영적 접근은 성경에 바탕을 둔 것이요 따라서 신학적 접근 모델이라고 할 수 있다. 이것은 일 중독에 대한 신학적 접근이 성경에 바탕을 두고 일 중독에 대한 현상을 진단하고 치유책을 제시하는 것이라고 할 수 있다.

신학적 모델로 일 중독을 접근하였을 때는 여타 다른 중독처럼 일 중독도 인간의 죄악된 본성의 결과로 본다. 중독에 대한 영적 접근은 인간의 죄악된 원죄와 자범죄로 인하여 하나님과 분리되어 중독 물질 혹은 행위를 우상으로 섬기면서 이를 통하여 자기 쾌감을 누리려는 것으로 이해한다. 일 중독도 영적 측면에서 하나님을 배반한 인간의 죄악으로 일을 통해 하나님께 영광 돌리는 것이 아니고 일을 자기 인생의 주인이요, 목적이요, 최고의 가치로 두면서 일을 통해서만 삶의 만족을 누리려는 죄악된 마음의 결과가 일 중독으로 나타나는 것이다. 그러나 일 중독은 다른 중독처럼 영적 측면에서 인간의 죄로 인한 결과물이기도 하지만 일 중독에는 여타 중독에서 볼 수 없는 독특한 영적 측면이 있다.

일 중독은 먼저 여타 중독과는 본질적 측면에 있어 차이를 보인다는 것이다. 알코올 중독, 마약 중독, 쇼핑 중독, 낚시 중독과 같은 것은 하나님이 선물로 주신 물질이나 행위를 인간이 본래 목적

---

169) "사랑하는 자여 네 영혼이 잘됨같이 네가 범사에 잘되고 강건하기를 내가 간구하노라"(요삼 1:2).

대로 사용하지 않고 남용하거나 오용의 결과로 중독이 나타나는 것이다. 알코올은 인류 역사상 가장 오래된 음료이다. 포도주는 이스라엘에서 식사에 없어서는 안 될 음료요, 또한 병이 들었을 때는 약으로 쓰이기도 하였다.[170] 따라서 알코올이나 마약이 적정하게 사용될 때는 인류의 식탁이나 병원에서 치료에 없어서는 안 될 긴요한 물질이 되는 것이다. 또한 성 중독에서 성적 활동은 인간에게 하나님이 종족 번식과 부부간의 애정을 위하여 주신 하나님의 선물인 것이다. 그러나 이런 선물을 잘못된 목적으로 남용함으로써 중독이 생긴다고 하겠다. 다른 한편으로 알코올 중독이나 여타 물질 중독 혹은 행위 중독은 인간의 본질적 존재와 관련해서는 부차적 사항이라고 하겠다. 일 중독에 있어 일은 인간의 존재에 대한 본질적 부분을 구성한다는 것이다.

우리는 주위에서 정년퇴직한 사람들이 노후를 즐기기 위하여 충분한 돈을 가지고는 있지만 적절한 일거리가 없어 매우 고통스러워하는 것을 볼 수 있다. 인간에게 일이 없다면 그것은 천국이 아니라 그 자체가 지옥이 될 것이다. 이것은 인간의 존재에 있어 노동은 인간의 삶을 유지하기 위한 수단이 아니라 인간이 인간으로서 존재하기 위한 핵심적 부분을 이룬다는 것이다. 이런 측면은 인간과 동물을 구분하는 여러 기준 가운데 오직 인간만이 일을 한다는 것이다. 동물에게는 본능적인 활동만 있을 뿐이다.

따라서 일 중독은 단순히 일에 대한 과도한 몰입과 이로 인한

---

[170] "이제부터는 물만 마시지 말고 네 위장과 자주 나는 병을 위하여는 포도주를 조금씩 쓰라"(딤전 5:23). 사도 바울은 디모데에게 위장병의 치료를 위하여 포도주를 적절하게 사용할 것을 권하고 있다.

자신과 가족의 피해 발생에서 끝나는 것이 아니고 자신의 존재적 삶에 치명적인 해를 끼친다는 것이다. 성경에서 "일하기 싫은 자는 먹지도 말라"(살후 3:10)는 말씀은 단순히 게으름을 피우지 말라거나 생활수단을 확보하기 위해 열심히 일하라는 권고를 뛰어넘는다. 일을 통하여 자신의 존재적 가치가 이루어지는 것이기에 거기에 합당한 일을 하도록 성경에서 말씀하는 것이다.

인간은 또한 목적적 존재이기도 하다. 인간은 여타 동물처럼 단순히 의식주가 해결되는 것으로써 만족하는 동물이 아니다. 자신의 삶에서 의미를 찾아가며 목적을 이루어가는 존재이다. 이것은 자신의 삶에서 살아가는 이유를 확보하는 과정이요, 다른 한편으로는 하나님이 주신 사명을 이루어가는 과정이라고 할 수 있다. 하나님은 인간을 창조하신 후 세상 만물을 하나님을 대신하여 통치하며 관리하도록 위탁하셨다.[171] 바로 삶 속에서 하나님의 일을 이루어갈 사명을 자신의 삶의 의미와 목적으로 삼는 것이다. 이런 모든 과정은 노동을 통하여 이루어진다.

따라서 일을 그 목적대로 수행하지 못하고 일 중독에 빠진다면, 이것은 인간의 삶에 있어 진정한 삶의 의미와 목적을 상실하였음을 의미한다. 삶의 의미를 상실하고 목적 없이 살아가는 인간의 삶은 그 자체가 노예적 삶이다. 노예는 오직 먹고 자고 찰나적인 쾌락 외에는 인간적 존엄이나 목적을 가질 수 없다. 일 중독자들은 내면에 노예적 사고를 가지고 있다. 이것은 인간을 이 세상에

---

[171] "하나님이 그들에게 복을 주시며 하나님이 그들에게 이르시되 생육하고 번성하여 땅에 충만하라, 땅을 정복하라, 바다의 물고기와 하늘의 새와 땅에 움직이는 모든 생물을 다스리라 하시니라"(창 1:28).

서 그 어떤 동물과도 비교할 수 없는 가장 거룩한 존재로 만드신 하나님의 의도에 정면으로 위배되는 것이다.[172]

그런데 하나님의 선물이자 인간의 존엄성을 유지하며 삶의 의미를 이루어가는 일이 이렇게 일 중독으로 빠지는 것에 대해 성경에서는 인간의 불순종으로 인한 죄의 결과라고 설명하고 있다. 특별히 여타 중독이 이런 영적 특징을 가지지만 특히 일은 하나님의 직접적 저주의 결과로 나타난다. 하나님은 하나님의 말씀에 불순종한 아담과 하와에게 심판을 선언하신다. 그중에서 특히 아담에게는 이마에서 땀을 흘려야 먹거리를 얻을 수 있음을 선언하고 있다.[173]

아담과 하와가 에덴동산에서 하나님과 동행할 때는 노동 그 자체가 즐거움이요, 놀이요, 보람이었다. 그러나 에덴동산에서 추방 후 노동은 고역이 되었다. 악화된 환경에서 자신의 고통스러운 노동을 통하여 자신의 생존을 유지해 가는 고통스런 과정으로 성격이 변한 것이다. 이것은 일 자체가 변한 것이 아니고 인간이 일을 대하는 태도와 성격이 변했다는 것을 의미한다. 이런 태도와 일에 대한 성격의 변화는 죄로 인한 하나님과의 단절의 결과라고 말할 수 있다. 이를 달리 표현한다면 하나님을 떠난 영적 죽음의 결과이다.[174] 영적 죽음은 고립을 의미한다. 하나님과의 단절은 인간

---

172) 창세기 1장 27절에서 31절까지는 인간의 존엄을 선포하고 있다.
173) "땅이 네게 가시덤불과 엉겅퀴를 낼 것이라 네가 먹을 것은 밭의 채소인즉 네가 흙으로 돌아갈 때까지 얼굴에 땀을 흘려야 먹을 것을 먹으리니 네가 그것에서 취함을 입었음이라 너는 흙이니 흙으로 돌아갈 것이니라 하시니라"(창 3:18-19).
174) 성경에서는 죽음의 종류를 세 가지로 제시한다. 첫째로, 영적 죽음이 있다. 이것은 육신은 살아있으나 아담과 하와의 범죄로 인하여 에덴동산에서 추방된 인간이 하나님과의 영적인 단절로 인하여 맞이한 결과이다. 따라서 땅에서 살고 있는 모든 인간은 하나님과 분리된 죄인이며 또한 육은 살아있으나 영은 죽은 존재이다. 둘째로, 육적 죽음이다. 이것은 지상에서 육체적으로 죽음에 이르는 것이다. 마지막으로 영원한 죽음이 있다. 예수님의 부활과 심판으로 인하여 악한 자에 대한 지옥형벌로 인하여 임하는 영원한 죽음을 의미한다.

으로 하여금 절대적 고독을 경험하게 한다. 이런 절대적 고독에서 인간은 하나님이 채워주셔야 할 영적 기쁨을 확보하지 못하고 일을 통하여 그 자리를 채우려 한다. 그러나 이런 시도는 임시적이며 또한 그 결과는 언제나 더 깊은 죄의식과 영적 고독을 경험한다는 것이다.

마지막으로 하나님과의 단절로 인하여 영적 고독을 메우기 위하여 시도하는 일 중독을 치유하기 위해서는 영적 처방으로만 근본적인 치유가 가능하다는 것이다. 그것은 분리에서 다시 결합을 시도하는 것이다. 일 중독이 하나님과의 분리에서 발생했다면 그것을 치유하는 것은 다시 결합하는 것이다. 일 중독이 인간의 죄로 인한 결과라면 죄 문제를 해결할 때 일 중독도 영적인 회복과 치유가 일어난다는 것이다. 이것은 인간이 영적 죽음에서 영적 생명을 다시 얻는 것에서 시작한다.

자신의 죄를 고백하고 생명이신 예수 그리스도를 취할 때 인간은 영적 죽음에서 영적 생명을 다시 얻게 된다. 예수 그리스도를 만날 때 주렸던 영혼은 그리스도의 생명의 떡을 취하며 흡족함을 누릴 수 있다.[175] 따라서 일 중독의 영적 치유는 일 중독에 이르게 된 자신의 영적 타락과 죄악된 삶을 고백하고 죄에 대한 용서를 구하는 데서 시작한다. 그리고 생명의 떡이신 예수 그리스도를 영적으로 만날 때 일 중독을 통하여 채우려 했던 영적 기갈은 기쁨으로 채워질 수 있다. 이럴 때 완벽한 일 중독이 해결되고 이제는 일이 자신의 욕망을 채워가는 수단이 아니라 하나님이 주신 자신

---

[175] "예수께서 이르시되 나는 생명의 떡이니 내게 오는 자는 결코 주리지 아니할 터이요 나를 믿는 자는 영원히 목마르지 아니하리라"(요 6:35).

의 존귀한 본질을 이루어가는 요소요, 소중한 삶의 의미와 목적을 이루어가는 하나님의 선물로서 활용하게 된다.

따라서 일 중독을 치료하기 위해서는 하나님의 은혜를 깊이 경험하는 것이 필요하다. 하나님의 은혜를 경험하는 것은 일 중독의 문제를 해결하는 최선의 출발점이 된다.[176] 하나님의 은혜로 인해 자신의 무력감으로부터 자유하게 되면 비로소 자신의 책임으로 나아갈 힘을 얻게 되는 것이다.

5) 일 중독의 원인에 대한 일반적 이해

일 중독의 원인을 찾는 것은 쉽지가 않다. 모든 중독들이 그러하듯이 어느 한 요인에 의하여 일 중독에 빠지지는 않기 때문이다. 여러 복합적인 요인들이 작용하여 일 중독에 빠지게 된다. 이런 일 중독의 원인은 우선적으로 개인적인 성격적 문제에서 시작할 수 있다. 자기과시가 심하고 또한 자기중심적인 사람은 일을 통하여 자신을 드러내려는 경향이 강하기 때문에 일 중독에 빠질 염려가 많다. 또한 자신의 삶의 목표에 대한 욕망이 강한 사람일수록 일 중독에 빠질 염려가 많다. 삶의 유일한 목적을 자신의 욕망의 또 다른 이름인 목표 달성에 두기 때문에 과도한 일을 하게 된다. 그런 과정을 통하여 일 중독에 빠지게 된다.

한편 일 중독자는 살고 있는 사회환경을 통해서도 밀접한 영향을 받는다. 인간은 사회적 존재이다. 사회의 가치와 평가를 결코 무시할 수 없다. 어떤 사회가 노동을 통한 결과물에 대한 보상

---

176) A. Hoogewind, "Holistic ministry to addiction". *Journal of Psychology and Christianity*. 2, 1983, 28.

과 처벌이 명확하다면 성격적으로 목표지향적인 사람은 일 중독에 걸릴 위험이 높아진다. 자신의 능력을 발휘하여 업적을 달성하고, 이를 통하여 사회로부터 보상을 받으려는 욕망이 생기기 때문이다. 특히 자본주의가 고도로 발전할수록 여기에 경쟁이라는 요소까지 더하게 되면 더욱 일 중독에 노출될 가능성이 높아진다. 상호경쟁을 통하여 생존과 탈락이 결정되는 사회적 시스템에서는 일정한 성과를 내지 못하는 사람은 무능력자로 낙인찍히며 사회에서 탈락하기 때문이다.

또한 사회의 급격한 변동으로 인한 소외를 극복하기 위하여 일에 몰두할 때 일 중독에 노출되기 쉽다. 급격한 사회변동은 가치관의 동요를 가져오게 된다. 그럴 때 사회 구성원들은 심각한 가치관의 혼돈을 느끼며 때로는 그런 변화에 부응하지 못하는 자신에 대한 소외를 경험할 수 있다. 이런 소외가 발생할 때, 사람들은 자신의 기존의 일들에 대하여 더욱 몰두하며 심리적 공허감을 메우려는 특징을 가지고 있다.

한편으로 아치볼드 하트는 중독의 동기를 다양하게 제시하고 있다. 그의 설명은 일 중독의 원인을 이해하는 데 많은 도움을 준다. 그는 일 중독의 원인 내지 동기를 다음과 같이 설명하고 있다.[177]

- 자기 과장의 추구
- 돈과 부에 대한 강박관념
- 바가지 긁는 배우자로부터의 도피수단

---

177) Hart D. Archibald, 103
Healing Life's Hidden Addiction, 윤귀남 역,《숨겨진 중독》(서울: 참미디어, 1997), 132.

- 자기 학대의 욕구
- 기독교인의 봉사에서 일어나는 일과의 관계
- 사람들은 하나님의 기준에 도달하지 못한다는 죄의식에 빠져 자신을 학대하면서 더욱 많은 시간을 헌신하고자 하는 경향이 있다. 이런 현상은 목회자에게서 많이 찾아볼 수 있다.

한편 김병태는 일 중독의 원인을 다음과 같이 말하고 있다.[178]

- 낮은 자존감 때문에 일에 몰두하게 된다. 일을 하는 데서 가치감을 느끼게 되고, 일을 통해 인정받고자 하는 무의식적인 욕구를 충족시키려 한다.
- 어떤 사람은 도피수단으로 일에 집착하기도 한다. 보기 싫은 사람을 마주 보고 있어야 하는 것보다 일에 파묻혀 있는 것이 행복하기 때문이다.
- 많은 사람들은 돈과 부에 대한 강박관념 때문에 일에 빠져든다.
- 일 중독은 무력감을 극복하기 위하여 혹은 권력을 얻기 위한 방식으로 사용될 수 있다.
- 자기 학대의 방편으로 일에 몰두하기도 한다.

부부간에 심각한 갈등이 있을 때 가정주부가 집안일에 지나치게 몰두함으로써 갈등을 의식적으로 피하려는 경향을 보일 수 있다. 이런 경우 아내는 가정에서의 자신의 어떤 결함이나 책임을

---

178) 김병태, 《부부 행복 클리닉》 (서울: 생명의 말씀사, 2002), 204-205.

회피하기 위하여, 또한 자신은 가정에 철저하게 헌신적이라는 가족의 평가를 얻기 위하여 가정 살림에 몰두할 수 있다. 그러나 이런 지나친 몰입은 오히려 갈등을 수습하는 것이 아니라 더욱 증폭시킬 수 있다. 아내의 이런 헌신을 남편이나 혹은 자녀들이 인정하지 않을 때에, 아내는 더욱 큰 배신감을 느끼면서 분노를 보일 수 있기 때문이다. 융통성이 없고 경직된 사고를 가진 사람들에게 이런 경향이 자주 나타나고 있다.

4. 일 중독자의 성격적 특징

개인의 성격적 특징은 일 중독에 걸릴 가능성 여부를 가리는 데 중요한 변수가 된다. 성격적으로 느긋하고 주어진 상황에 만족해하는 사람들은 일 중독에 걸릴 가능성이 낮다. 그러나 주어진 상황에 대하여 자신의 능력으로 변경시킬 수 있다고 믿는 사람들은 이를 바꾸려는 시도를 하게 된다. 이를 위하여 과도한 근로시간을 유지한다. 일주일에 60시간 이상 일을 하며, 일을 할 때 오히려 심신이 편안해지는 그런 성격을 말한다.[179]

정신의학자들은 인간의 성격을 3가지로 분류한다고 한다. A형의 인간은 경쟁적이고 적대감을 잘 느끼며 야심이 많다. 또한 늘 시간에 쫓기고 공격적이며 화를 쉽게 낸다. 이에 반해 B형의 인간은 우리가 흔히 볼 수 있는 평범한 성격이다. 순종적이며 느긋한 생활태도를 가지고 있다. 대체로 수동적이고 소극적인 편이다. C

---

179) 〈조선일보〉 2012. 1. 28.

형 인간은 주로 여자들에게 많이 나타나는 성격으로, 감정 표현을 억제하고 화가 나더라도 남을 위하여 참는 경향이 강하다. 이런 성격 유형들 가운데 일 중독에 걸릴 가능성이 가장 많은 성격은 A형이라고 한다.[180]

프랭크 미너스(Frank Minirth)는 일 중독에 걸릴 가능성이 많은 성격을 다음과 같이 꼽고 있다.[181]

- 완벽주의적이고 깔끔하며, 정돈을 잘하고, 책임감이 강하며, 양심적이고, 소심하며 도덕적이다.
- 일을 너무 열심히 하고 좀처럼 쉴 줄을 모른다.
- 쉽게 격노하며, 때로는 지나치게 진지하고 또한 엄한 도덕성과 경직된 사고를 가지고 있다.
- 학구적이며, 조직력이 강하고, 감정보다는 사실적인 것에 더 관심을 둔다. 차가워 보이고 꾸준하며 사소한 일을 꼬치꼬치 따지는 경향이 있다.
- 때로는 권위에 반항하는 경향을 보이기도 한다. 주로 권위에 복종하게 되지만 때로 반항적이기도 하다.
- 많은 상반되는 특징을 동시에 드러낸다. 성실성과 태만함, 단정함과 흐트러짐을 동시에 가지고 있다.
- 다른 사람에게 자신의 감정을 숨기려 하고 지나치게 논리적이며 자신을 방어하기 위하여 자신이 대하고 있는 모든 것에 감정을 배제시킨다.

---

180) 〈조선일보〉 1997. 10. 15.
181) Minirth Frank, *Burn Out*, 김은철 역, 《탈진된 마음의 치유》 (서울: 규장문화사, 1996), 77.

- 자신을 상대방으로부터 보호할 방어수단을 항상 가지고 있다. 자신의 능력을 과대평가하면서 일반인들이 쉽게 하지 않으려는 일들을 도전하는 것에 큰 흥미를 느낀다.
- 다른 사람에게 따스하게 보이는 것을 두려워한다. 쉽게 화를 내며 매사에 불안하다.
- 별로 중요하지 않은 일에 신경을 쓸 때가 많다. 또한 다른 사람에 대한 통제력을 상실할 것을 두려워한다.
- 자신의 실패를 인정하지 않는다. 잘못된 것이 드러날까 봐 조바심을 낸다. 말과 행동이 불일치한다.
- 모든 것을 점검하는 것이 생활화되어 있다. 이미 점검한 가스밸브 잠그는 것을 다시 또 점검하는 것이 일상화되어 있다.
- 강한 확신을 가지고 있지만 마음속으로는 불안을 느낀다. 엄한 행동을 스스로 만들어내어 불안감을 떨쳐버리려 한다.

5. 일 중독의 유형

일 중독자들의 모습은 매우 다양하게 나타난다. 이들의 행태를 정리하여 구분하는 것은 일 중독에 대한 이해와 치유에 있어 매우 중요하다. 일 중독의 유형에 대하여 브라이언 로빈슨(Brian E. Robinson)은 계속형(relentless style)과 폭식형(bulimic style), 주의력 결핍형(attention-deficit style) 그리고 감상형(savoring style)의 4가지로 설명하고 있다. 그는 일부 중독자들은 이 4가지 유형 중 한 가지 유형만 나타나나 어떤 일 중독자들에게는 4가지 유형의 두세 가지

가 중첩되어 나타난다고 말한다.[182]

1) 계속형 일 중독자

일 중독자의 전형적인 모습이다. 이들은 쉬는 것을 죄악시한다. 끊임없이 계속하여 주어진 과제에 매진한다. 밤낮, 휴일을 가리지 않고 강박감에 사로잡혀 끊임없이 일하는 사람들을 말한다. 심지어 휴가까지 반납하고 일을 한다. 혹여나 어쩔 수 없이 휴가를 간다고 할지라도 휴가지에서 가족들 몰래 싸가지고 온 일거리에 파묻혀 있다. 이런 모습을 보고 가족들이 크게 실망을 보인다 할지라도 적당히 핑계를 대며 계속하여 일에 몰입한다. 가족관계나 기타 인간관계를 좋게 맺기보다는 우선 자기에게 주어진 과제에 집중하는 것이 무엇보다도 필요하다고 생각하기 때문이다. 이들은 자신에게 주어진 일을 절대로 미루는 법이 없다. 오히려 마감 전에 빨리 일을 끝내서 자신의 능력을 과시하고 싶어 한다.

또한 계속형 일 중독자들은 자신의 현재 과업을 끝맺게 되면 곧이어 다음 과제에 다시 달려든다. 과업을 마치고 다른 과업을 시작하기 전에 약간의 휴식을 가지는 것조차 내켜하지 않는다. 또한 동시에 여러 가지 과업을 동시에 수행하기도 한다. 이런 일을 계속적으로 혹은 동시에 여러 가지 일을 할 정도로 에너지가 충만한 것이 특징이다. 며칠씩 잠을 자지 않고 계속 일에 집중할 정도로 정력적으로 일을 한다.[183] 이들은 일반인들이 달성하기 어려운 높

---

182) Brian E. Robinson, *Chained to the Desk*, 박정숙 역, 《워커홀리즘》 (서울: 북스넛, 2009), 106-118.
183) 세르지오 마르치오네 피아트 크라이슬러 회장은 전설적인 최고 경영인으로 유명하다. 그는 파산 직전에 있던 미국 자동차 회사인 크라이슬러의 회장으로 취임하여 빚더미에 싸여 있던 크라이슬러와 피아트 회사를 예상보다 6년이나 빠르게 정부 부채를 상환하고 기업을

은 목표를 설정하고 이를 달성하는 것에 매우 큰 희열을 느끼며, 한편으로는 이런 일에 도전하지 못하는 다른 사람들을 무능력자로 취급하는 경향을 보이기도 한다. 그래서 계속형 일 중독자들은 그들과 함께 있는 사람들에게 매우 큰 스트레스와 고통을 안겨주기도 한다.

2) 폭식형 일 중독자

폭식형 일 중독자는 일을 미루고 있다가 기한이 임박했을 때 한꺼번에 몰아서 일하는 유형을 말한다. 권투선수들은 시합을 앞두고 체중감량을 고통스럽게 한다고 한다. 단 100g의 몸무게를 줄이기 위해 심지어 먹는 물의 양까지 줄인다고 한다. 이들은 이렇게 하여 시합 전에 체중검사에 통과를 하게 되면 그때는 못 먹었던 음식을 마음껏 먹는다. 그동안 먹지 못하고 미뤄두었던 것을 한꺼번에 폭식하는 것이다. 폭식형 일 중독자가 바로 이런 유형이다. 가령 방송국 드라마 작가가 일정 기한에 맞추어 작품을 써야 할 때 통상적으로는 매일 분량을 나누어 쓰게 마련이다. 그러나 폭식형 일 중독자는 거의 매일을 빈둥거리듯 시간을 보낸다. 그리고 마감이 임박하여 벼락치기 숙제를 하듯 한꺼번에 작품을 쓰게 된다. 자연히 며칠 밤낮을 식사도 거른 채 작품에 매달려 겨우 기한

정상화시키는 놀라운 능력을 선보였다. 이런 그의 능력 뒤에는 타인의 비교를 불허하는 그의 놀랄 만한 일에 대한 집중력이 있는 것으로 알려지고 있다. 이탈리아계 캐나다인인 마르치오네 회장은 애연가로 담배를 하루에 3갑 이상을 피우면서 잠은 하루에 서너 시간만을 자고 주말에도 쉬지 않고 일을 한다고 한다. 그래서 그를 '스모킹 워커'라고 부르기도 한다. 미국의 한 경제지에서는 마르치오네 회장이 유럽시장을 챙기기 위해 매일 새벽 3시 30분에 일어난다고 보도하고 있다. 이 매체는 크라이슬러 임원의 말을 인용해 "마르치오네는 미국이 휴일이면 유럽에 가서 일하고 유럽이 휴일이면 미국에서 일하는 식으로 주 8일을 일한다"고 전했다. 〈조선일보〉 2013. 1. 16.

에 맞추어 마무리하게 된다.

　폭식형 일 중독자는 한꺼번에 일을 몰아쳐 하기 때문에 업무 기피자처럼 보일 수 있다. 성실한 업무 수행자로 비쳐질 수 없기에 업무에 게으른 사람으로 여겨질 수 있다.

　그러나 이들의 내면을 들여다보면 결코 그렇지 않다. 오히려 이들은 완벽주의자에 가깝다. 자신이 수행해야 할 과제에 대하여 완벽한 처리를 위하여 마음속에서 끊임없이 계획과 아이디어를 만들어내고 이것들을 머릿속에서 검토한다. 평소에는 일을 하지 않지만 그들의 머릿속에는 일에 대한 생각으로 가득 차 있다. 오랜 시간을 마음속으로 준비하였던 것을 기한이 임박하여 한꺼번에 풀어놓고 있을 뿐이다.

　이들의 이런 행태는 작가나 화가 혹은 음악가처럼 창의적인 일을 하는 사람들에게 많이 나타난다. 이들은 하나의 작품을 만들어내기 위해 끊임없이 머릿속으로 소재를 발굴하고 분석하고 정렬하며 아이디어를 짜낸다. 이런 보이지 않은 머릿속의 작업과정에서 어느 한 순간 작품에 대한 통찰력이나 번개 같은 아이디어가 떠오르면 그때부터 미친 듯이 작업에 몰두하게 된다. 따라서 폭식형 일 중독자들의 일상생활은 매우 불규칙적이고 때로는 불량하게 보이기도 한다. 또한 가족들은 정상적인 부부생활이나 부모 자녀 간의 대화와 같은 생활이 어렵기 때문에 많은 불화를 가지고 있다.

3) 주의력 결핍형 일 중독자

　주의력 결핍형 일 중독자는 폭식형 일 중독자와 정반대의 경향을 보이는 사람들이다. 폭식형 일 중독자는 지나치게 일에 열정적이며, 또한 이런 과정을 통하여 일을 마무리하면서 큰 성과를 올리는 사람들이다. 그러나 주의력 결핍형 일 중독자는 폭식형 일 중독자와 달리 과업을 끝까지 가지고 가는 경우가 많지 않다. 과업을 수행하는 중간에 쉽게 싫증을 느끼고 중단하는 경향이 강하다. 그러나 중단한다고 하여 그다음에 아무 일도 하지 않는 것이 아니다. 곧이어 또 다른 일을 시작한다. 그러나 이런 일에도 완성을 보지 못하고 중간에 포기를 한다. 자신의 일에 집중하는 것에 어려움을 경험하는 사람들이다. 주의력 결핍형 일 중독자들 중에 일부는 주의력 결핍 행동장애(attention-deficit desorder)를 가진 경우가 많다.

주의력 결핍형 일 중독자는 또한 일을 하면서도 주위 사람들에게 짜증을 내는 경우가 많다. 특히 가정에서 끊임없이 잔소리와 소동을 일으킨다. 이들의 마음속에는 자신의 일에 대한 두려움과 일을 끝까지 완수하지 못할 수 있다는 두려움이 있기 때문에 신경이 항상 곤두서 있다. 그래서 작은 자극에도 크게 화를 낸다. 출근하는 도중에 다른 차가 끼어들기를 하면 크게 화를 내면서 자신이 차선을 요리조리 바꾸면서 다른 차에 복수를 하기도 한다. 직장에서도 다른 사람들과 크고 작은 트러블을 일으키며 가정에서도 이런 양상이 나타나기 때문에, 가족들은 주의력 결핍형 일 중독자가 집에 있을 때는 항상 긴장하게 된다.

주의력 결핍형 일 중독자들은 이런 불화를 오히려 의도적으로 일으키기도 한다. 이들은 불화를 통하여 자신의 존재를 각인시키며 한편으로 자신이 무엇인가 끊임없이 추구한다는 것을 보여주어서 아드레날린을 분비하여 쾌감을 얻고자 한다. 업무일정을 빡

빡하게 세우기, 한 번에 많은 과제를 상부로부터 가져오기 등을 시도하며 자신이 무엇인가를 하고 있다는 것을 과시하려고 한다. 그러나 이런 시도에도 불구하고 일을 끝까지 성과를 내면서 추진하는 경우는 많지가 않다.

4) 감상형 일 중독자

일을 할 때 커피향을 음미하듯이 하는 사람들을 말한다. 아주 천천히 자신의 일을 하며 일을 하는 중에도 자신의 일에 대한 평가를 수시로 한다. 일의 속도는 매우 느리다. 다른 사람들이 할 수 있는 시간의 서너 배가 더 소요되는 경우가 많다. 이들은 극도의 완벽주의자로서 항상 일이 매끄럽게 끝나지 못했을 경우를 대비하여 조심스럽게 일을 한다. 이들은 또한 일을 하면서 또 다른 일들을 동시에 벌이거나 혹은 다른 직원과의 환담으로 시간을 보내기도 한다. 그러다가 다시 책상에 펼쳐 놓은 일거리에 손을 댄다. 그러나 일의 진척은 쉽게 이루어지지 않는다. 항상 일은 하지만 크게 진척되지는 않는다. 그렇게 하여 일을 마쳤어도 자신과 주위 사람들조차 일이 과연 끝난 것인가에 대한 확신을 가지지 못한다.

감상형 일 중독자들의 일에 대한 진척이 느린 이유는 자신의 업무에 대한 정확한 이해가 부족한 경우가 많기 때문이다. 그들은 과업을 이루기 위한 적절한 작업 경로를 확보하는 데도 큰 어려움을 경험한다. 핵심을 이해하는 능력이 떨어지는 경우가 많기 때문에 불필요한 과정을 만들어내거나 혹은 사소한 것을 이유로 일의 진행을 중지하는 경우가 많다. 항상 일에 매달려 있지만 주위 사람들은 그의 일처리 방식이 효율적이지 못하다는 것을 이미 알고 있다. 본인은 이런 자신의 무능력이 드러날까 봐 더욱 일에 매달려 있지만 이런 모습도 신뢰를 받지 못한다. 항상 일을 하지만 끝을 매끄럽게 맺지 못하는 일 중독자들이다.

〈일 중독자들의 유형〉

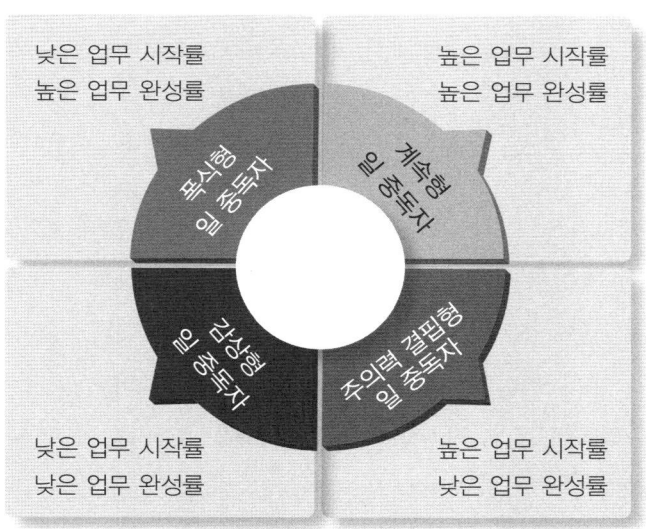

※ 출처: Brian E. Robinson, *Chained to the Desk*, 박정숙 역, 《워커홀리즘》 (서울: 북스넛, 2009), 118.

5장

일 중독과 탈진(burn out)

1. 탈진이란 무엇인가?

 탈진이란 말 그대로 기운이 모두 빠져 무기력감에 빠진 상태를 말한다. 영어로는 'burn out'이라고 하며, 이는 나무에 불이 다 타서 재만 남아있는 그런 형국을 말한다. 이런 탈진을 우리나라 직장인 중에서 85%가 경험하고 있는 것으로 조사되고 있다. 이것은 우리나라 대부분의 직장인이 상시적으로 무기력감을 가진다는 것을 의미한다. 그런데 이런 탈진현상은 바로 일 중독과 밀접한 관련이 있다. 물론 탈진현상을 경험하는 사람이 모두 일 중독자라는 의미는 아니다. 탈진현상을 일으키는 사람 중에는 건강한 직장인들도 있다. 그러나 우리나라 직장인들의 하루 평균 근로시간이 10시간 30분에 이른다는 조사를 볼 때, 탈진은 일 중독과 밀접한 관련이 있음을 알 수 있다.[184] 즉 과도한 노동이 육체적, 정신적 무기

---

184) 〈조선일보〉 2014. 7. 1.

력감을 유발하고 있다고 하겠다.

　탈진은 1970년대 정신분석가인 허버트 프로이덴버거(Herbert Freudenberger)가 자신의 경험을 바탕으로 '탈진'이라는 용어를 처음 사용한 이래 많은 연구가 이루어지고 있다. 연구 결과 탈진은 미국과 같이 자본주의의 고도화로 인하여 근로자 상호간에 경쟁이 가속화되면서 나타나는 현상 중 하나로 본다. 탈진을 단순히 개인적인 문제로 보는 것이 아니라 사회문제로 보는 것은 탈진을 경험하는 사람들이 상당수 이르며, 또한 그 결과 역시 심상치 않기 때문이다. 그래서 탈진을 좀 더 체계적이며 종합적으로 연구해야 한다는 요구가 높아지고 있다.

　탈진은 주로 사람들과 접촉이 많은 직업군에서 많이 발생하는 것으로 알려져 있다. 그 예로, 장애인 기관에서 근무하는 사회복지사, 학교 교사, 의사, 간호사, 상담사, 목회자, 경찰관들이 많은 사람들을 상대하는 과정에서 탈진이 빈번하게 나타나고 있는 것으로 알려져 있다. 그래서 탈진에 대한 대표적인 연구가인 크리스티나 매슬랙은 탈진을 "사람을 돕는 일에 종사하는 사람들에게서 나타나는 감정적 소진과 비인격화 그리고 개인적 성취감의 감소"라고 정의한다.[185]

　또한 직업적으로 회사의 CEO나 임원급 등 고위 책임자처럼 일

---

185) Christina Maslach, *Burnout-the Cost of Caring* (Englewood Cliffs, NJ: Prentice Hall, 1982), 3. 매슬랙은 탈진을 측정하는 방법으로 감정적 소진 영역, 비인격화 영역, 개인적 성취감 감소 영역으로 나누어 측정하여야 한다고 말한다. 감정적 소진 영역에서는 "나는 일 때문에 감정적으로 고갈된 것처럼 느낀다"라는 물음에 "한 달에 여러 번"이라고 답하면 이는 탈진이 높은 상태로 그렇지 않으면 낮은 상태로 본다. 또한 비인격화 영역에서도 "나는 이 직업을 가진 이래로 사람들에 대해 점점 냉담해졌다"라는 물음에 "한 달에 한 번 이상"이라고 답하면 탈진상태에 있는 것으로 진단을 하고, 또한 개인적 성취감 감소 영역에서는 "직장에서 나는 감정적인 문제점들을 차분하게 처리한다"라는 물음에 "일 주일에 한 번 이하"이면 탈진상태에 있는 것으로 진단한다.

에 대한 동기화나 기대수준이 높은 사람들에게 자주 나타나고 있다. 성격이 목표지향적인 사람들은 그렇지 못한 사람들보다 더 많은 시간을 더 집중적으로 일에 몰입한다. 이는 특별히 대기업의 중간 관리자들에게서 많이 나타난다. 이들은 조직의 목표를 이끌어가는 핵심 지도자로서 끊임없이 목표를 완전히 달성할 것을 요구받는다. 이들에게서 나타나는 책임감이 이들을 탈진으로 이끌기도 한다. 자신의 결정과 감독에 따라 조직의 성패가 달려 있다는 책임감이 더욱 일에 대한 집중도를 높이게 만든다. 중간 관리자들이나 최고 경영자들은 보다 많은 시간을 보다 집중적으로 일에 몰두하지 못하면 조직의 목표를 쉽게 달성할 수 없다는 과도한 책임감에 사로잡혀 있는 경우가 많다. 그래서 이들은 항상 일에 시달리고 그러는 사이에 탈진에 이르게 된다.

탈진현상을 일으키는 또 다른 이유는 자신의 목표 도달에 따른 권한이나 혹은 그 성과에 대한 적절한 배분이 자신에게 이루어지지 않았을 때이다. 어떤 목표에 도달해야 할 때 권한이 주어지지 않고 책임만 주어진다면 사람들은 무력감을 가질 수밖에 없다. 또한 애써 노력하여 얻은 성과물이 자신에게 적절하게 배분되지 않으면 분노와 함께 허탈감이 생길 수밖에 없다. 이럴 때 직장인들은 극심한 무력감을 가지게 된다.

그런데 탈진은 개인의 성격적 요인이 직업적 환경과 결합했을 때 특히 빈번하게 발생한다. 성취 욕구가 강하고 다른 사람에 비하여 경쟁적인 성격을 가지면서 자기 일에 열정을 쏟는 적극적인 성격의 사람들은 일에 대한 집중도가 높을 수밖에 없다. 이들에게 처해진 작업환경이 상호 치열한 경쟁을 유발한다면 개인적 성향까지 합해져서 더욱 빈번하게 탈진이 발생할 것이다. 이들은 치열한 경쟁에서 생존하기 위하여 주어진 일에 육체적, 정신적 에너지를 모두 쏟아 붓는다. 그 결과 일에 대한 성취와 결과는 좋을 수 있으나 일을 마친 후에는 극도의 허탈감을 가지게 된다.

이런 현상은 특히 연예인들에게 많이 나타나는 것으로 알려져 있다. 주지하다시피 연예계는 높은 경쟁을 유발한다. 그 예로, 가수라는 직업은 대중의 인기를 얻을 때 의미가 있다. 아무리 좋은 노래를 부르는 가수라고 할지라도 대중들이 인정해 주지 않으면 존재가치가 없는 것이다. 그래서 가수들의 세계에서는 자신의 노래와 이름을 알리려는 노력들이 필사적으로 벌어진다고 한다. 그런 가운데 성격적으로 집념과 성취 욕구가 강한 사람들이 다른 가수들에 비해 자신의 노래와 지명도를 위해 모든 것을 투자할 때, 비록 목적한 인기는 얻을지라도 극도의 허탈감과 두려움에 빠지게 된다. 자신이 애써 쌓은 인기는 어느 한 순간에 무너질 수 있는 신기루와 같은 것이기 때문이다. 그래서 가수나 연기자 같은 연예인들에게 많은 탈진자들이 발생하게 된다.[186]

이런 탈진 증상에 대하여 상담학계에서는 객관적으로 판별할 수 있는 공인된 검사방법 혹은 검사지가 아직 개발되고 있지 않다. 다만 필자가 오랜 기간을 현장에서 경험한 임상적 경험을 바탕으로 다음과 같은 기준을 세우고 탈진자들을 판별할 수 있을 것이다.

---

186) 한 유명 인기 가수(이*미)는 자신의 탈진 증상을 다음과 같이 말하고 있다. "잠시 머뭇거린 이*미는 '번아웃 신드롬'이라고 한다더라. 나도 그랬다. 음악밖에 모르고, 무대밖에 모르고 매진하면서 살다 보니깐 어느 순간에 다시 무대에 설 수 없는 것처럼, 호흡만 내뱉어도 내가 그 자리에서 바삭하고 부스러질 거 같았다"라고 말하면서 그녀는 탈진으로 인하여 5년 가까운 세월을 무대에서 떠나 고통을 경험했다고 자신의 경험을 한 언론사에 털어놓았다. 〈중앙일보〉 2015. 11. 5.

<탈진 증후군 판별 검사지>

■ 아침에 잠자리에서 눈을 뜰 때, 오늘 하루의 삶이 여느 때처럼 또 우울할 것이란 생각이 자주 드는가?
  → 그렇다( ) / 아니다( )

■ 기억력이 옛날과 같지 않아 자주 깜박거리며 후퇴하고 있다는 생각을 자주 하는가?
  → 그렇다( ) / 아니다( )

■ 전에는 그냥 넘길 수 있는 일이었는데, 요즘은 그렇지 않고 자주 짜증을 내거나 혹은 화를 내면서 마음속에 분노로 남아있는 일들이 많은가?
  → 그렇다( ) / 아니다( )

■ 요즘 와서 혼자서 멀리 훌쩍 떠나고 싶다는 생각이 자주 나는가?
  → 그렇다( ) / 아니다( )

■ 예전에는 즐겁고 보람 있었던 일들이 요즘에는 무미건조하게 보이고 오히려 나를 옥죄고 있다는 생각이 자주 드는가?
  → 그렇다( ) / 아니다( )

이들 5개의 질문 가운데 3개 이상에서 '그렇다'라는 답변이 나오면 그 사람은 탈진에 해당될 수 있다는 의심을 가져야 할 것이다. 우리는 이것을 통하여 탈진은 개인의 성격적 요인 및 작업환경과 밀접하게 관련을 맺으면서 특히 각 개인의 주관적 요인이 크게 작용하고 있다는 것을 알 수 있다.

2. 탈진의 증상

탈진에 대한 일반적인 증상은 다음과 같다.[187]

첫째로, 극도의 피로감을 상시적으로 느낀다. 일상적인 일들도 힘겹게 느껴진다. 자주 쉬고 싶다는 생각이 든다. 그리고 자신이 하는 일에 대한 회의감이 계속 들면서 일에 대한 보람이 사라진다. 이런 경우에는 피로감이 더욱 극심하게 나타난다. 그리고 다른 사람과의 접촉을 꺼리게 된다. 피로감은 자신만의 시간을 가지고 싶다는 생각으로 바뀌게 되며 사람들을 꺼리게 된다. 친밀하게 지냈던 사람들의 전화도 꺼리게 된다. 흔히 '잠수 탄다'라고 표현을 하며, 장시간 다른 사람과의 접촉을 끊고 지내게 된다.

둘째로, 권태감과 냉소주의에 빠지게 된다. 탈진에 빠진 경우에 자신의 일에 대한 권태감이 생긴다. 변함없이 하는 일에 대한 어떤 호기심도 사라진다. 과정과 결과가 뻔한 것이기에 싫증을 느낀다. 그러나 중단할 수 없기에 억지로 일을 하게 되며 이런 경우에 권태감이 따른다. 그러면서 자신의 일에 대한 보람이나 의미를 상실했기 때문에 냉소주의에 빠지게 된다. 자신의 일을 하찮게 보며

---

187) Minirth Frank, *Burn Out*, 김은철 역, 《탈진된 마음의 치유》 (서울: 규장문화사, 1996), 25-28.

누구나 할 수 있는 일을 평생 자신이 붙들고 있어야 한다는 생각에 우울증에 빠지기도 한다.

셋째로, 탈진현상이 지속되면 건강에 적신호가 오게 된다. 탈진현상과 함께 소화불량에 걸리고 만성적인 두통에 시달린다. 병원에서 진단을 받으면 그 결과는 아무 이상이 없다고 나오나, 본인은 항상 속이 더부룩하고 또한 머리가 지끈지끈 아파온다. 그러나 약을 먹어도 커다란 효과를 볼 수 없다. 이런 신체적, 정신적 이상현상이 지속되면 극심한 우울증에 빠질 수도 있고 때로는 자살충동에 빠지기도 한다.

3. 탈진의 예방 및 대책

탈진은 말 그대로 연료가 다 소진되어 재만 남아있는 상태를 말한다. 따라서 탈진을 예방하기 위해서는 항상 재충전의 방법을 알아야 하며, 시간을 자기 나름대로 확보하고 있어야 한다. 일 중독자는 탈진에 빠진 경우가 많으므로 일 중독 치유과정의 일환으로 탈진에 대한 대책도 세워야 할 것이다. 그러나 여기에서는 일 중독자가 아닌 보통의 평범한 사람들이 탈진을 경험하는 경우, 이를 어떻게 대처할 것이냐의 문제를 취급하도록 한다.

대체로 재충전을 위하여 자신의 취미생활을 정기적으로 가지는 것이 중요하다. 탈진에 빠졌을 때 최고의 대책은 바로 일을 중단하는 것이다. 그리고 다시 연료를 충전하는 것이다. 그러나 탈진이 일어났을 때는 오히려 일을 중단하기가 어려워진다. 많은 직장인들이 일을 중단하는 것에 대하여 주위 사람들에게 두려움 혹은 미안함을 가지고 있기 때문이다. 그러나 휴식은 게으름과는 엄연히 구분되어야 한다. 게으름은 항상 아무 일도 안 하는 것이지만, 휴식은 열심히 일한 사람이 당연히 가져야 할 특권이다. 여행이나 독서 등을 통하여 일에서 벗어나 휴식을 취하는 것은 탈진의 최고의 예방이자 대책이 된다.

그리고 탈진의 예방을 위해서는 지지망을 구축해야 한다. 탈진은 자신이 혼자라는 고독감에 빠졌을 때 더욱 심하게 일어난다. 또한 탈진의 정도가 심해질수록 혼자 있으려고 하는 경향이 강하게 나타난다. 그래서 자신의 방에서 두문불출하는 경우가 많이 있다. 그러나 그렇게 혼자 있게 되면 오히려 탈진 증상이 더욱 가속화된다. 가족이나 친지들과 함께 있는 시간을 의도적으로 확보해야 한다. 가족이나 친구를 통하여 자신이 하는 일에 대하여 인정을 받고 격려를 받는 것은 탈진을 예방할 수 있는 좋은 수단이 된다. 따스한 인간관계의 유지는 꺼져가는 장작불을 다시 태우는 장작이 될 수 있다. 평소에 원만한 인간관계와 지지망을 구축하는 것이 무엇보다도 필요하다.

한편으로는 자신이 하고 있는 일에 대한 의미를 재평가하고 인식해야 한다. 사람에게 가장 고역인 것은 아무 의미 없는 일을 매일 반복하는 것이다. 그러나 사람에게 있어 전혀 가치 없고 무의미하기만 한 일은 없다. 자신이 하고 있는 일에 타성이 생겨 그 의미와 가치를 스스로 잃어버렸을 뿐이다. 자신이 하는 일로 인하여 어떤 긍정적인 일들이 발생하는가를 생각해 보는 것도 좋은 방안이다. 혹은 자신이 하는 일로 주위 사람들에게 좋은 일들이 발생하게 되는 것을 상상해 보는 것도 탈진을 예방할 수 있는 방안이 된다. 이를 위한 구체적인 방법으로 특히 긍정적인 사고를 가지는 것이 중요하다.

탈진은 성취 욕구가 강한 사람이 애써 이룩한 성과에 대하여 부정적인 평가를 할 때 생기기 쉽다. 많은 가정주부들이 젊은 시절에 집안을 위하고 남편과 자녀를 위하여 혼신의 노력을 다한다. 자신의 삶을 포기하고 남편을 뒷바라지하고 자녀들을 양육하면서 가정을 위하여 즐거운 마음으로 헌신하게 된다. 그런데 중년에 들어서서 남편이 사회적으로 인정을 받고 자녀가 성장하여 분가를 하게 되면 그때서야 자신을 뒤돌아보게 된다. 남편과 비교했을 때 자신의 현재 모습이 너무나 초라해 보이고, 또한 자녀들의 삶의 모습에서 자신의 자리를 찾지 못했을 때 그동안 자신의 노력과 희생이 물거품처럼 사라진다는 느낌을 가질 수 있다. 그때 극심한 우울증과 탈진을 경험하게 된다.

이때 가장 좋은 치료는 자신의 마음을 스스로 다스리며, 자신의 땀과 헌신의 결과를 부정적이 아닌 긍정적으로 평가하며 감사하는 마음을 가지는 것이다. 성경에 "마음의 즐거움은 얼굴을 빛나게 하여도 마음의 근심은 심령을 상하게 하느니라"(잠 15:13)고 말씀하고 있다. 자신의 현재의 삶에 대하여 긍정적으로 평가하며 즐거워하는 것이 마음의 병인 우울증과 탈진을 예방할 수 있는 좋은 치료약이 된다.

6장

일 중독의 진단

1. 일 중독에 대한 진단 기준

일 중독에 대한 중독자의 자각은 매우 주관적이기 때문에 객관적으로 확정하기가 쉽지 않다. 알코올 중독이나 마약 중독 같은 경우에는 특정 물질에 대한 흡입량과 의존도 그리고 그에 따른 증상 등을 참고하여 어느 정도 객관적으로 수치화할 수 있다. 그러나 일 중독이나 쇼핑 중독과 같은 과정 중독은 이런 객관적 수치화가 쉽지 않다. 그러나 일선 상담현장에서 유의미하게 사용할 수 있는 일 중독에 대한 진단 검사지의 개발과 활용의 필요성 때문에 이에 대한 요구가 꾸준히 이루어지고 있다. 이런 필요에 부응하여 여러 가지 일 중독에 대한 진단지 개발이 이루어지고 있다. 이때 진단지 개발에 있어 가장 중요한 것은 일 중독에 대한 기준을 어떻게 설정할 것인가이다.

먼저 일 중독에 대한 진단의 기준은 다음과 같은 세 가지 요소를 고려하여 다양한 진단 검사지 제시 혹은 개발이 가능할 것이다.

첫째로, 일 중독자들에게 공통적으로 나타나는 특정한 일에 대한 집착도를 측정할 수 있는 요소들이 반영되어야 할 것이다. 일 중독은 일에 대한 과도한 집착을 특징으로 한다. 어떤 일들이 다른 사람에게는 하찮은 일일지라도 일 중독자에게는 매우 중요한 의미를 가질 수 있다. 그 결과 다른 모든 것을 포기하고서라도 자신이 수행하는 일을 달성하려고 하며 그로 인해 일에 대한 집착을 보이게 된다.

이들은 일을 하면서 '나는 그 일이 정말 하고 싶다'라는 심리를 가지기보다 '내가 이 일을 하지 않으면 정말 큰일이 난다'라는 강박성을 가지고 일에 임한다. 예를 들어 보자. 목회자에게는 목회 사역에 있어 여러 다양한 분야와 일들이 있다. 심방, 전도, 교육, 봉사, 설교 준비, 다른 목회자와의 교류 등 많은 일들이 목회자 앞에 놓여있다. 그러나 어떤 목회자가 이런 다양한 사역들 가운데 오직 교회 성장만을 유일한 목적으로 삼고 전도에만 몰두한다면, 그래서 쉬지 않고 전도에만 집중한다면 그것은 문제가 된다. 나아가 교회 부흥이 하나님의 영광과는 상관없이 자신의 개인적 성향이나 명예욕 혹은 주변 목회자와의 과도한 경쟁에서 비롯되었다면, 그래서 목회자 자신의 모든 역량을 전도에만 집중한다면 그것은 분명 일 중독적 성격을 지니는 것이다.

따라서 일 중독을 진단할 때는 어떤 특정한 분야나 일에 대한 집착도를 측정할 수 있는 요소들이 포함되어야 하며, 이런 집착이 공동체 혹은 회사의 공동 목적을 위한 것인가 아니면 자신의 개인적 명예 또는 이기심의 발로인가를 측정할 수 있어야 한다.

둘째로, 일 중독으로 인한 특정한 일에 대한 압박감을 진단할 수 있어야 한다. 일 중독자는 일에 대한 과도한 집착과 아울러 강력한 압력을 받게 된다. 일반적인 근로자들은 비록 열정적으로 자신의 업무를 수행할지라도 과도한 압박감을 받지 않는다. 일을 하면서 때로는 동료와 커피를 마시거나 산책을 하면서 일로 인한 스트레스를 적절하게 해소한다.

그러나 일 중독자들은 외면적으로는 열정적으로 업무를 수행하는 것 같으나 내면적으로는 무언가에 쫓기는 것 같은 모습을 보이면서 업무를 수행한다. 항상 허둥대면서 다른 사람과의 짧은 대화도 건성으로 나눈다. 잠시의 틈도 허락하지 않는다. 자기 내면에 일을 수행할 때 가져야 할 기준을 이미 설정하고 있다. 이런 기준은 보통 사람들의 기준과는 달리 과도하게 설정된다. 정상적인 방식으로는 도저히 채울 수 없는 지나친 기준을 설정하고 이를 이루기 위해 늘 일에 쫓기듯이 업무를 수행한다. 그 결과 일로 인하여 과도한 압력을 받으면서 만성적인 피로감을 가지게 된다. 일 중독자들의 내면세계에서 발생하는 일로 인한 압박감과 이로 인한 피로도, 허탈감 등을 적절하게 끄집어 낼 수 있는 검사방식이 필요하다.

셋째로, 일 중독자들이 여가에 대하여 어떤 태도를 가지고 있으며 또한 실제 생활에서 일과 여가생활을 어떻게 배분하고 있는가를 측정할 수 있어야 한다. 일 중독자들은 공통적으로 여가생활에 대하여 부정적인 인식을 가지고 있다. 일을 하면서 틈틈이 취미생활을 하는 것 혹은 가정에서 자녀와 함께 보내는 생활을 낭비적인 것으로 생각하는 경향이 있다. 때로는 가족과 함께 주말에 영화구경을 가는 것을 불필요한 사치로 여기기도 한다. 일 중독자들은 일이 아닌 다른 활동들은 가치가 없고 불필요하며 때로는 게으름의 표현이라고 생각한다. 그래서 자신과 가정의 여가생활에 대하여 매우 인색하다.

그러나 여가생활은 단순한 게으름이 아닌 자신의 업무를 더욱 생동감 있게 해 주는 활력소이다. 여가생활이 없는 일상생활은 윤활유를 넣지 않고 작동하는 엔진을 장착한 자동차와 같다. 따라서 여가생활에 대한 내담자의 태도와 여가생활에 실제 배분하는 시간 등을 측정하면 그 사람의 일 중독 여부를 판단할 수 있다.

이런 세 가지 요소를 적절하게 고려하여 내담자에 대한 검사 혹은 상담을 진행한다면 우리는 보다 효과적으로 일 중독 여부를 판단할 수 있다. 이를 고려하면서 기존의 일 중독 검사지를 살펴보면 다음과 같다.

먼저 일 중독에 대한 깊은 연구를 진행하고 있는 브라이언 로빈슨은 다음과 같이 10가지 기준을 세워놓고 일 중독 여부를 판별하고 있다.[188] 아래 사항에 대하여 최소한도 10가지 중 5가지 이상에 자신이 해당된다면 그 사람은 일 중독자라고 의심해 보아야 할 것이다.

① **항상 서두르며 매우 바쁘다.**

일 중독자들은 항상 2~3가지 일을 동시에 하려고 하며 이럴 때 자기만족과 충족감을 가진다. 하여야 할 일이 남아있을 때는 항상 불안하며 이를 회피하기 위하여 손에서 일을 움켜쥐고 있다. 직원

---

[188] Bryan E. Robinson, *Chained to the Desk*, 박정숙 역, 《워커홀리즘》 (서울: 북스넛, 2009), 97-105.

들과 식사를 함께할 때도 주된 관심사는 회사에서 진행되고 있는 프로젝트이며 이런 프로젝트로 대화를 이어간다. 또한 퇴근한 후에도 집에서 컴퓨터를 켜놓고 회사에서 가져온 일에 집중한다. 가정은 직장이 연장된 직장 부속실에 불과하다. 집에서나 직장에서나 일 중독자의 머리에서는 일이 떠나지 않고 있으며 또한 항상 일에 쫓겨 서두른다. 일에 열중하는 자신의 모습을 능력 있게 생각하고 흡족해하기도 한다. 때로는 직원의 일 속도가 느리거나 자신의 뜻과 맞지 않으면 무능력자 취급을 하며 불같이 화를 내기도 한다. 이들은 일이란 단어에 매달릴 때만 뇌 속에서 아드레날린이 샘솟는 쾌감을 가진다.

② 일 중독자는 항상 모든 일을 혼자서 하려고 한다.

일 중독자는 모든 일을 혼자서 처리하여야 마음을 놓으며 따라서 자신이 하는 일의 일부를 떼어 타인에게 위임하지 못한다. 위임한다 할지라도 끊임없이 제대로 하고 있는지 점검을 한다. 일 중독자들은 다른 사람들과 협동으로 일하는 것을 짜증스러워한다. 자신의 의도대로 일을 진행시키기 어렵고, 또한 다른 사람들은 자신의 페이스에 맞출 수 없는 저능력자라는 생각이 머릿속에 자리 잡고 있기 때문이다. 또한 자신의 일을 함에 있어서 항상 치밀한 계획을 세워놓고 그에 따르도록 하며 이런 때에 자신의 유능함이 돋보인다고 생각을 한다. 자기 외에는 자신의 일을 완벽하게 할 수 있는 사람이 없다는 것에 쾌감을 느낀다.

③ 그러나 어느 것도 만족스러울 정도로 완벽하게 하지 못

한다.

  일 중독자는 다른 사람이 하는 일에 항상 불만을 표시한다. 자신이 정한 완벽함에 미달하면 게으르거나 무능력자로 간주한다. 자기 자신 외에는 다른 사람들이 일을 처리하는 방식에 만족하지 못하며 의문을 제기한다. 철저한 완벽주의자로 살아가는 것이 일 중독자의 특징이다.

④ 일을 해야 한다는 이유로 인간관계를 소홀히 한다.

  일 중독자의 머리에는 온갖 일에 대한 생각들로 가득 차 있다. 따라서 가족이나 친지 혹은 동료들의 행사에 참석하는 것을 부차적인 일로 여긴다. 우선순위에서 주변 사람의 일상사에 참석하거나 관심을 갖는 것이 부족하기 때문에 자연스럽게 사람 간의 관계가 소홀해진다. 이들은 혼자서 일을 하는 것을 좋아하며, 휴식 중에도 다른 사람과 어울려 할 수 있는 것들은 좋아하지 않는다. 혼자서 휴식하거나 즐길 수 있는 소일거리를 갖는 것을 좋아한다. 휴식 중이거나 취미생활을 할 때에도 마음속에는 항상 일에 대한 계획과 점검과정을 가지고 있다. 따라서 이들은 주위에서 결코 사람들을 가까이하지 않으며 점차로 인간관계가 무너지면서 외톨이로 살아가게 된다. 그리고 이런 삶을 오히려 더 편안해한다.

⑤ 요란법석을 떨며 일하기를 좋아한다.

  일을 할 때에 떠벌리며 일을 하는 것을 좋아한다. 자신의 현재 일에 대하여 지나치게 자랑을 하며, 또한 회사에서 자신의 일이 얼마나 중요한지를 떠벌리기를 좋아한다. 때로는 인터넷과 같은 가상공간에서 자신의 일을 과시하는 것을 매우 좋아한다.

⑥ 끊임없이 일을 추구하면서 삶에 대한 진정한 의미와 기쁨을 잘 느끼지 못한다.

이들은 오직 일만이 삶에서 진정한 가치가 있다고 믿는 사람들이다. 일이 끝난 다음에 당연히 가져야 할 휴식을 불필요하게 여기거나 사치로 생각한다. 휴식시간에도 다음에 추진해야 할 프로젝트를 구상하는 것을 당연하게 여긴다. 일을 제외한 가족 간의 여행이나 쇼핑 혹은 독서 같은 일에 부정적인 반응을 보인다.

⑦ 때때로 기억 끊김 현상을 경험한다.

중증 알코올 중독자들은 기억 끊김 현상을 경험한다. 일 중독자들도 일에 너무 전념한 나머지 자신의 종전의 일에 대하여 기억을 못하는 경우가 많다. 오직 현재의 일에만 집중하기 때문에 과거의 일에 대하여 때로는 캄캄할 정도로 기억을 못할 때가 많다.

⑧ 참을성이 없고 신경질을 잘낸다.

일 중독자들은 시간을 생명처럼 여긴다. 시간이 곧 일로 연결되며, 돈으로 결과가 나타난다고 생각한다. 곧 시간을 일과 돈이란 개념만을 연관하여 생각한다. 따라서 여유롭게 일을 하거나 혹은 일이 지연되거나 또는 기다리는 것을 참지 못한다. 식당에서 느긋하게 음식이 나오는 것을 기다리지 못하고 때로는 주인에게 짜증을 내기도 한다. 모든 일에 조급증을 내며 동시에 짜증을 잘 부린다.

⑨ 오직 일을 통해서만 자기의 가치를 증명할 수 있다고 생각한다.

이들은 일을 할 때에만 마음이 안정된다. 일만이 삶의 유일한 목적이 된다. 일 중독자들은 실행과 업적을 통하여 자신의 능력을 증명해 보이려 한다.

⑩ 자신을 돌볼 시간이 없다.

이들은 자신의 건강조차 돌볼 마음의 여유조차 가지지 못한다. 자신의 신체에 중대한 문제가 발생했다는 신호를 느끼고 있음에도 불구하고 일 때문에 병원에 가는 것을 다음으로 미루기가 일쑤다. 때로 일을 위해서는 자신의 희생조차 당연하다는 생각을 가지고 있기 때문에 자신을 돌보는 시간적 여유를 가지는 것조차 죄스러워한다. 그 결과 일 중독자들은 신체적으로 성인병 등 다양한 질병에 걸릴 위험성을 항상 가지고 있다.[189]

2. 브라이언 로빈슨의 검사지

브라이언 로빈슨은 정상적인 근로자와 일 중독자를 구분하기

---

[189] 로빈슨은 일 중독자에게 나타나는 신체적, 행동적 위험신호를 다음과 같이 말하고 있다. 두통, 피로, 알레르기, 소화불량, 위통, 궤양, 가슴 통증, 숨가쁨, 신경성 틱, 어지러움(신체적 신호)-감정 폭발, 안절부절 못함, 불면, 긴장, 과잉운동, 짜증과 신경질, 건망증, 집중하기 어려움, 지루함, 급격한 감정변화(행동적 신호). Bryan E. Robinson, *Chained to the Desk*, 박정숙 역, 《워커홀리즘》 (서울: 북스넛, 2009), 105.

위하여 보다 객관화된 검사지를 제공하고 있다. 열심히 일을 하는 사람을 모두 중독자라고 할 수는 없다. 오히려 이런 사람이 건강한 사고를 가지고 열정적인 일을 하는 가운데 사회를 건설적으로 이끌어갈 수 있다. 그러나 일 중독자는 이런 건강한 근로자와 구분되는 '질병'적인 근로자를 의미한다. 그는 일 중독 위험 테스트(Work Addiction Risk Test)를 위한 구체적인 방안을 제시한다. 25개의 항목을 제시하고 여기에 '절대 그렇지 않다'고 하는 경우에는 1점을 부여한다. '가끔 그렇다'고 하는 경우에는 2점을 부여한다. '종종 그렇다'고 하는 경우에는 3점을 부여하고 '항상 그렇다'에 해당하는 경우에는 4점을 부여한다. 아래 검사지에 각각 자신에게 해당하는 점수를 부여하여 합산을 한다. 검사 대상자들은 최고점수 100점과 최저점수 25점 사이에서 결정될 것이다. 점수가 높을수록 일 중독자일 가능성이 높고 낮을수록 그렇지 않을 가능성이 높다.

브라이언은 임상적 실험을 통하여 3개 부류로 구분하고 있다. 67점 이상은 심각한 일 중독자로 간주를 한다. 57점에서 66점은 중간부류로 가벼운 일 중독자로 판단한다. 가장 낮은 부류는 25점에서 56점 사이로 이들은 일 중독자가 아니다. 혹여나 이들이 과도하게 일을 하는 것처럼 보여 외견상으로 일 중독자로 보일지라도 일 중독자가 아니다. 이들은 일에 종속되어 일에 지배를 받는 '일벌레'가 아니기 때문이다. 브라이언이 제시하는 검사지는 다음과 같다.[190]

---

190) 위의 책, 32-35.

일 중독 위험 테스트(Work Addiction Risk Test)

1. 나는 동료나 주변 사람들에게 도움을 요청하기보다는 대부분의 업무를 혼자 처리하기를 좋아한다.( )
2. 나는 다른 사람을 기다려야 할 때나 어떤 일이 너무 오래 걸릴 때 조급해진다.( )
3. 나는 항상 서두르며 시간에 쫓기는 것 같다.( )
4. 일을 하고 있는 도중에 방해받으면 짜증이 난다.( )
5. 나는 항상 바쁘고 한꺼번에 여러 가지 일에 손을 댄다.( )
6. 밥을 먹으면서 전화 통화를 하거나 메모하는 것처럼 한 번에 2-3가지 일을 하는 경우가 있다.
7. 내가 감당할 수 있는 양보다 더 많은 업무를 맡아 고생할 때가 있다.( )
8. 일을 하고 있지 않으면 죄책감을 느낀다.( )
9. 내가 하는 일의 구체적인 결과를 확인해야 직성이 풀린다.( )
10. 나는 일하는 과정보다는 최종 결과에 더 관심을 가진다.( )
11. 다른 사람들이 일하는 것을 보면 너무 굼뜨고 업무 속도가 느린 것처럼 느껴진다.( )
12. 일이 내 뜻대로 되지 않거나 마음에 들지 않으면 화를 낸다.( )
13. 나는 이미 대답을 한 번 들었는데도 그 사실을 깨닫지 못하거나 다시 확인을 하기 위하여 동일한 질문을 자꾸 던진다.( )

14. 나는 현재 내가 있는 장소에 관심을 두지 않고 머릿속으로 미래 업무를 계획하고 생각한다.(   )
15. 동료들이 일을 끝낸 후에도 나는 계속 일을 한다.(   )
16. 내가 생각하는 완벽함의 기준에 사람들이 맞추지 못할 때 나는 화가 난다.(   )
17. 나는 내가 통제할 수 없는 상황에 있을 때 당황한다.(   )
18. 나는 일할 때 스스로 마감 시간을 부여하고 나 자신에게 압력을 가하는 경향이 있다.(   )
19. 일하고 있지 않을 때 긴장을 풀고 편하게 쉬기 어렵다.(   )
20. 친구들을 만나거나 취미 또는 여가활동을 하는 시간보다 일하는 시간이 더 많다.(   )
21. 나는 기선을 제압하고 유리한 고지에 오르기 위해 최종 결정이 나기도 전에 프로젝트에 뛰어든다.(   )
22. 나는 나 자신의 아주 작은 실수도 용납할 수 없다.(   )
23. 사랑하는 사람들, 친구들과의 관계보다 나의 일을 더 많이 생각하고 일에 더 많은 시간과 에너지를 쏟는다.(   )
24. 생일, 가족모임, 기념일이나 휴일 같은 축하행사들을 잊거나 무시하거나 과소 평가할 때가 많다.(   )
25. 나는 정확한 사실들을 파악하여 신중하게 생각할 기회를 갖기도 전에 서둘러 중요한 결정을 내릴 때가 많다.(   )

3. 프랭크 미너스(Frank Minirth)의 검사지

다음은 미너스가 제시하는 일 중독에 대한 검사지이다. 다음의 항목들을 상담현장에서 적절하게 활용한다면 일 중독자에 대한 효과적인 정보를 얻을 수 있다.[191]

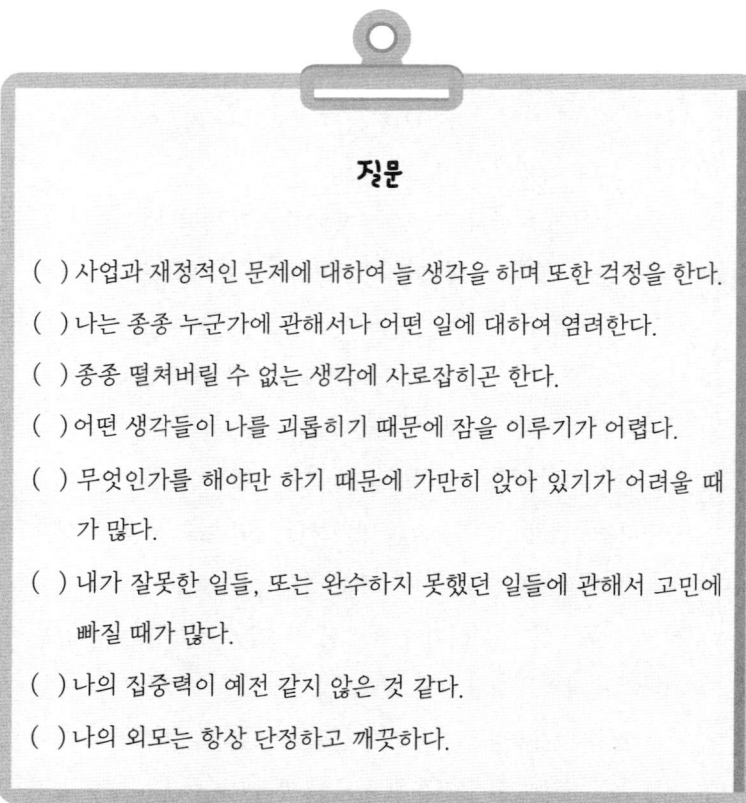

질문

( ) 사업과 재정적인 문제에 대하여 늘 생각을 하며 또한 걱정을 한다.
( ) 나는 종종 누군가에 관해서나 어떤 일에 대하여 염려한다.
( ) 종종 떨쳐버릴 수 없는 생각에 사로잡히곤 한다.
( ) 어떤 생각들이 나를 괴롭히기 때문에 잠을 이루기가 어렵다.
( ) 무엇인가를 해야만 하기 때문에 가만히 앉아 있기가 어려울 때가 많다.
( ) 내가 잘못한 일들, 또는 완수하지 못했던 일들에 관해서 고민에 빠질 때가 많다.
( ) 나의 집중력이 예전 같지 않은 것 같다.
( ) 나의 외모는 항상 단정하고 깨끗하다.

---

191) Frank Minirth외 3인 공저, *Burn out*, 김은철 역, 《탈진된 마음의 치유》 (서울: 규장문화사, 1996), 87-90.

(　) 정돈이 되어 있지 않은 방에 들어가면 견딜 수 없다.
(　) 깨끗하고 정돈이 잘된 방에 들어갈 때 마음이 편하다.
(　) 계획 없이 하루를 보낼 수 없다.
(　) 가장 열심히 일하는 사람이 승진할 자격이 있다고 생각한다.
(　) 내가 맡은 일에 더 많은 시간을 요구하는 것이라면 일상적인 즐거움을 단호히 끊을 수 있다.
(　) 과거에 저질렀던 일로 인하여 종종 마음이 괴롭다.
(　) 여러 사람들에게 알려지면 부끄러울 일들이 있다.
(　) 학창시절 동안 성적이 좋지 않았을 때 마음이 편치 못했다.
(　) 대부분의 사람들이 당황하거나 혼동에 빠지는 이유는 다름이 아니라 객관적인 사실에 신경 쓰려고 하지 않기 때문이라고 생각한다.
(　) 누가 나를 괴롭히고 있는지 알지 못할 때 마음이 불편하다.
(　) 수입과 지출이 균형을 이루지 못할 때 마음이 불편하다.
(　) 남에게 내 감정을 털어놓는 것은 시간낭비다.
(　) 손을 씻거나 무엇인가를 세척하는 일에 몰두할 때가 있다.
(　) 항상 나 자신을 통제하기 원한다. 그리고 가급적이면 내 주변에 있는 것들에 관해 많은 지식을 갖기를 원한다.
(　) 마음을 터놓고 나와 이야기할 가까운 친구가 거의 없거나 아주 없다.
(　) 미래에 대해 더 많이 알수록 훗날 성공할 것이다.
(　) 오랜 기간에 걸쳐 해결해야 할 죄가 있다.

( ) 약속장소에 늦는다든지, 약속을 어기는 일을 싫어하는 경향이 강하다.
( ) 일이 끝날 때까지는 거의 포기하지 않는다.
( ) 종종 아무도 예상할 수 없는 그런 것을 기대한다.
( ) 때때로 내가 잘못한 것이 없는지 아니면 실수한 일은 없는지를 염려한다.
( ) 사람들이 나 자신을 결점이 없는 인간으로 봐 주기를 원한다.
( ) 내가 가입하거나 참여하고 있는 기관은 비교적 엄격한 규칙을 준수하는 곳이다.
( ) 하나님께서는 우리에게 살아가면서 지켜 나가야 할 것들을 주셨다. 그대로 살지 않으면 우리는 실패할 것이라고 생각한다.

평가

위에서 질문한 사항에 대하여 자신에게 해당하는 것이 10개 이하면 다소 마음의 여유가 있는 사람이고, 11-20개이면 보통의 평범한 사람이다. 그러나 질문 항목에서 21개 이상이 해당된다면 일 중독에 빠진 사람이라고 할 수 있다.

4. 스펜스와 로빈스(Spence & Robbins)의 진단 검사지

일 중독 검사 진단에 많이 활용되는 것 중에 하나가 스펜스와 로빈스의 체크 검사지이다. 이 검사지는 업무에 대한 몰입도의 강도와 업무에 대한 강박관념 그리고 일에 몰입할 때 오는 쾌감도를 유형화하여 이를 검사지로 활용하고 있다. 5문항 척도로 구성되어 있어 변별력이 높으며 일 중독에 대한 전반적인 사항을 체크할 수 있을 정도로 항목의 다양성이 확보되어 있다.

다만, 치유적 관점에서 일 중독에 대한 접근과 분석을 하는 점이 취약하며 또한 일에 대한 가치관이나 동기를 묻는 항목과 일 중독과 이에 따른 신체 증상을 질문하는 항목이 없어 일 중독의 발생 원인과 신체적 관련성에 대한 분석이 취약한 것이 약점이다. 이런 한계를 인식하고 본 검사지를 활용한다면 일 중독에 대한 전반적인 진단지로 사용함에 손색이 없을 것이다. 이에 대한 검사지는 다음과 같다.

<Spence와 Robbins의 체크 검사지>[192]

a. 업무에 대한 관여도(일 몰입)

- 다음 문항 중 귀하의 생각과 가장 일치한다고 생각하는 곳이나 가장 유사하다고 생각하는 곳에 V를 해 주십시오.

설문 항목	전혀 아니다	그렇지 않다	보통이다	그런 편이다	매우 그렇다
① 나는 휴가기간에도 일을 하지 않으면 지루함을 느끼거나 불안해한다.	①	②	③	④	⑤
② 나는 여유시간에도 일을 하거나 일과 관련된 일을 한다.	①	②	③	④	⑤
③ 나는 여유가 없어서 나의 일 외에 다른 일에는 신경 쓸 겨를이 없다.	①	②	③	④	⑤
④ 나는 나의 여유시간을 일과 관련이 있든 없든 건설적인 일에 사용하고 싶다.	①	②	③	④	⑤
⑤ 나는 가능한 한 자주 즐겁게 쉬거나 편히 쉬고 싶다.	①	②	③	④	⑤
⑥ 나는 일을 하지 않고 완전히 즐기기 위하여 주말을 기다린다.	①	②	③	④	⑤

---

[192] 남종훈, "조직 구성원의 일 중독이 조직 유효성에 미치는 영향"(미간행 경영학 석사학위 논문, 서강대학교, 2006)에서 재인용.

b. 업무에 대한 강박관념

- 다음 문항에서 귀하의 생각과 가장 일치한다고 생각하는 곳이나 가장 유사하다고 생각하는 곳에 V를 해 주십시오.

설문 항목	전혀 아니다	그렇지 않다	보통이다	그런 편이다	매우 그렇다
① 나는 원하든 원하지 않든 항상 열심히 일해야 한다는 생각을 가지고 있다.	①	②	③	④	⑤
② 나는 내 마음속에 일을 열심히 하도록 만드는 무엇인가가 있다고 느낀다.	①	②	③	④	⑤
③ 나는 현재 내가 하는 일이 즐겁지 않더라도 열심히 해야 한다고 생각한다.	①	②	③	④	⑤
④ 나는 잠시 일에서 벗어나고 싶은 때에도 종종 일에 대하여 생각한다.	①	②	③	④	⑤
⑤ 나는 일에서 벗어나 쉴 때에는 죄책감을 느낀다.	①	②	③	④	⑤
⑥ 나는 일이 즐겁지 않지만 그래도 일을 열심히 해야 한다는 책임감을 느낀다.	①	②	③	④	⑤
⑦ 나는 종종 내가 하는 일에 너무 깊이 빠지지 말아야겠다는 생각을 한다.	①	②	③	④	⑤

c. 일에 대한 향유감

- 다음 항목 중 귀하의 생각과 가장 일치한다고 생각하는 곳이나 가장 유사하다고 생각하는 곳에 V를 해 주십시오.

설문 항목	전혀 아니다	그렇지 않다	보통이다	그런 편이다	매우 그렇다
① 내 일이 너무 재미있어서 가끔 일이 아닌 것처럼 느껴진다.	①	②	③	④	⑤
② 나는 흥미로운 프로젝트에 참여할 때 느끼는 기쁨이 매우 크다.	①	②	③	④	⑤
③ 나는 시간 가는 줄 모르고 일을 한다.	①	②	③	④	⑤
④ 나는 일이 재미있다는 이유로 더 많은 일을 한다.	①	②	③	④	⑤
⑤ 나는 일하는 시간 대부분이 즐겁다.	①	②	③	④	⑤
⑥ 나는 다른 사람들보다 내 일을 더욱 좋아한다.	①	②	③	④	⑤
⑦ 나는 내 일에서 어떤 즐거움도 느끼지 못한다.	①	②	③	④	⑤

제III부

일 중독과 치유

7장

일 중독과 가정의 치유

일 중독은 개인적인 문제에 해당한다. 그러나 일 중독을 치유하려고 할 때에는 이런 개인적인 차원을 뛰어넘어 입체적으로 보는 시각이 필요하다. 일 중독자의 중독이라는 '질병'은 개인적인 차원을 뛰어넘어 일차적으로는 가족의 문제요, 직장과 사회적 문제이기 때문이다. 일반적으로 일 중독자가 중독에 이르는 과정에는 여러 요인들이 있지만, 그 가운데 가정의 역기능적 환경이 주요 요인으로 작용하는 것으로 알려져 있다.

부모나 혹은 부모의 어느 일방이 일 중독에 걸린 경우에 이런 부모 밑에서 성장한 아이는 그렇지 않은 아이들보다 더 많이 일 중독에 걸릴 위험성이 있는 것으로 알려져 있다. 물질 중독의 대표적인 예인 알코올 중독의 경우 알코올 중독의 가정에서 양육된 아이들은 그렇지 않은 아이들보다 알코올 중독에 걸릴 위험성이 통계적으로 몇 배 더 높은 것으로 알려져 있다. 알코올 중독자의 아들 가운데 약 33%가 그리고 딸들 가운데 약 15%가 알코올 중독에 걸린다는 것이다.[193] 물질 중독과 과정 중독 사이에는 유사성이 매우 높다는 사실을 인식할 때 우리는 일 중독 역시 가족력이 자녀들의 일 중독 여부에 매우 중요한 요인이 된다는 것을 쉽게 유추할 수 있다. 암이 없는 가족력에서 자란 아이들은 암이라는 가족력을 지닌 자녀들보다 더 암에 걸리지 않는다는 사실과 매우 유사하다고 하겠다. 이것은 일 중독자로서의 부모의 잘못된 가치관, 생활태도, 양육방식 등이 자녀들에게 그대로 이전되어 자녀들 역시 일 중독에 걸린다고 할 수 있다. 바로 일 중독의 대물림이 이루어진다는 것이다. 이런 일 중독의 대물림은 어떻게 일어나는가를 이해하는 것이 일 중독자를 위한 치유과정에서 반드시 고려해야 할 중요 요인이 된다.

1. 일 중독과 가족 안에서의 동반 의존

중독자가 있는 가정에서는 가족들 간에 서로가 의존관계에 있으며, 이들은 중독자에게 일정 부분 영향을 미치고 또한 영향을 받는다. 일 중독자가 있는 가정에서는 가족들 상호간에 일 중독에 대한 동반 의존 관계에 있다고 하겠다. 동반 의존이란 '중독자가 필요로 하는 사람이 되고자 하는 욕구'를 의미한다.[194] 그 예로, 알코올 중독자가 있는 가정에서는 알코올 중독자를 중심으로 가족들이 갈등관계 속에서도 중독자에게 도움을 줄 수 있는 필요한 사

---

193) Craig Nakken, *The Addictive Personality*, 오혜경 역, 《중독의 심리학》 (서울: 웅진지식하우스, 2008), 194-197.
194) Archibald D. Hart, *Healing Life's Hidden Addictions*, 온누리 회복사역본부 역, 《참을 수 없는 중독》 (서울: 두란노, 2009), 142.

람이 되고자 한다. 아버지가 알코올 중독자인 경우 부인과 자녀들은 일차적으로 아버지의 알코올 중독으로 인하여 가정의 파탄을 경험하게 된다. 그리고 이로 인하여 갈등관계에 있게 된다.

그러나 남편과 아버지를 도와주고 알코올 중독에서 해방시켜야 한다는 의무감도 있지만, 가정의 파탄을 피하기 위하여 때로는 알코올 중독에 대하여 동조현상을 보이기도 한다. 알코올 중독을 치유하기 위해서는 필요하다면 단호한 조치를 취해야 한다. 가령, 알코올 중독자를 중독 치유기관에 의탁하는 과감한 결정을 내려야 한다. 그러나 이런 결정이 알코올 중독자에게 너무 지나치게 가혹하다는 생각 아래 주저하게 된다. 그리고 알코올 중독자의 심리상태를 오히려 이해하려고 하면서 그런 중독현상에 동조하게 된다.

가족들의 '잘못된 사랑'이 알코올 중독자에 대한 이해와 동조현상을 보이는 것이다. 알코올 중독자가 금단현상으로 극심하게 고통을 호소할 때, 이런 모습에서 동정심을 느끼고 술을 자발적으로 제공하는 경우가 많다. 가족들의 이런 동조현상은 그 이면에 '사랑'이라는 잘못된 이해에서 출발하는 것이다. 그래서 알코올 중독자를 보호하려고 하며 때로는 중독자의 처지를 이해하고 오히려 알코올 중독이라는 사실을 수용하기도 한다.

일 중독자의 경우에도 가족 내에서 동반 의존이 존재한다. 가장이 일 중독에 걸린 경우 가족 구성원들은 가장의 일 중독이 결과적으로 개인과 가정의 파탄을 가져 온다는 사실을 인식하지 못한다. 오히려 가정의 안락과 번영을 위하여 가장의 희생적인 자세라고 치부를 하게 된다. 그래서 일 중독자들의 가정은 일 중독자를 중심으로 일 중독자의 가치관, 사고체계, 삶의 방식에 동조하면서 가족 모두가 일 중독자와 유사한 행동방식과 가치관을 공유하는 경우가 많다.

특별히 일 중독자의 자녀의 경우에는 부모의 일 중독으로 인하여 자녀에게 일 중독이 대물림될 가능성이 매우 높다. 그것은 중독자의 가정은 자녀들에게 적절한 보호와 양육을 하지 못하기 때문이다. 이런 상황에서 자녀들은 항상 사랑과 인정에 목말라 있다. 또한 가정의 혼란스런 상황으로 인하여 아이들은 스스로 모든 것을 결정하고 처리해야 할 성인의 역할을 요구받는다. 준비되어 있지 않은 상태에서 그들은 독립적으로 해결하도록 요구받는 것이다.

이런 상황에서 자녀들은 자연스럽게 모방을 통하여 부모의 가치관과 삶의 방식을 이어받으면서 어릴 때부터 자신의 능력으로 모든 것을 처리하려는 욕구를 가지게 된다. 이에 따라 과도한 과업에 일찍부터 뛰어든 경우가 많다. 또한 중독자인 부모의 사랑과 인정을 받기 위해서도 자발적으로 부모의 일 중독적 행태를 따라 하는 경향이 농후하다.

일 중독에 걸린 부모 아래서 성장한 아이들에게 보이는 일 중독적 성향은 다음과 같다.[195]

- 노는 시간보다 학업에 매진하는 시간이 더 많다.
- 친구가 거의 없고 또래 아이보다 어른들과 함께하기를 좋아한다.

---

195) Bryan E. Robinson, *Chained to the Desk*, 박정숙 역,《워커홀리즘》(서울: 북스넛, 2009), 215.

- 만성피로, 두통 또는 복통 같은 스트레스와 관련된 건강 이상 징후를 보인다.
- 집안일, 청소 또는 어린 동생 돌보기같이 어른들이 해야 할 책임을 떠맡는다.
- 항상 심각한 표정을 짓고 대개 어른들이나 할 만한 걱정을 한다.
- 긴장 풀기, 놀기, 공상에 빠지기, 장난치기 등 어린 시절의 즐기기에 거의 시간을 투자하지 않는다.
- 교실이나 운동장에서 조숙한 리더십을 보이기를 좋아한다.
- 착한 아이가 되려고 노력함으로써 어른들로부터 사회적으로 인정받고 싶어한다.
- 교회일, 학교일, 스포츠, 또는 다른 과외 활동에서 강박적으로 기대 이상의 성과를 낸다.
- 아주 사소한 실수에도 스스로에게 화를 내거나 쉽게 조바심을 낸다.
- 과정보다는 최종 결과에 더 많은 관심을 보인다.
- 본인이 스스로를 압박한다.
- 한꺼번에 2-3가지 일을 한다.
- 타인에게 도움을 청하거나 도움을 받는 일이 어렵다.

이런 예를 통하여 우리는 일 중독이 가정에서 부모를 통하여 자녀들에게 대물림된다는 것을 알 수 있다. 이것은 일 중독이라는 잘못된 가치관을 가진 가정은 결국 모든 구성원들에게 심각한 악영향을 미친다는 것을 의미한다. 우리 주위에서 쉽게 볼 수 있는 예로 일 중독 부모의 자녀에 대한 높은 기대감이다. 일 중독자들은 과정보다는 결과에 집착을 한다. 자녀들의 성적에 대하여 월등히 높은 향상을 요구한다. 그것이 능력 있는 사람의 자세라고 부모들은 자녀들에게 가치 이입을 한다. 따라서 좋은 성적은 좋은 자녀요 능력 있는 자녀가 되는 지름길이라는 사고방식을 가지고 있다.

그러나 아무리 열심히 공부하였다고 할지라도 성적이 좋지 못하면 자녀는 무능력한 아이로 부모로부터 자리 매김 당한다. 자녀들은 이런 부모의 기대에 부응하기 위해 엄청난 공부량을 감당하려고 한다. 그러나 만족은 없다. 부모의 예에 따라 이미 일 중독이라는 그물에 걸렸기 때문이다.

따라서 일 중독에 대한 치유는 중독자 본인에게만 해당되는 것이 아니다. 부모와 자녀 모두가 함께 치유를 받아야 한다. 중독자 본인이 일 중독에 대한 치유를 받았다고 할지라도 가정으로 복귀하여 예전처럼 일 중독에 함몰된 가정 분위기에 휩싸인다면 다시 일 중독에 걸릴 수밖에 없다. 따라서 일 중독이라는 역기능적 역할을 하는 가정을 일 중독자 본인에 대한 치유와 함께 병행하는 것이 필요하다.

2. 일 중독자 가정의 치유

가정은 모든 사회조직의 최소단위이며 또한 가장 핵심적인 장소이다. 가정에서 협동과 위로와 휴식과 미래에 대한 약속이 이루어져간다. 따라서 건강한 가정은 건강한 사람으로 생활하기 위한 필요조건이 된다. 그러나 가족이 심각한 병리현상을 보이고 있다.

가족 붕괴의 객관적 수치인 이혼율에 대하여 한국은 이미 OECD 국가에서 수위권을 차지하고 있다. 설사 가정이 이혼이라는 붕괴 과정을 거치지 않았다고 할지라도 명목상의 부부로 살아가는 가정이 너무나 많다. 이렇게 현대 국가가 가정의 붕괴와 병리현상을 경험하는 가장 큰 이유는 관계의 단절이라고 할 수 있다. 가정은 관계망의 또 다른 이름이다. 부부간의 관계 그리고 부부와 자녀간의 건강한 관계가 계속 유지될 때 건강한 가정이 될 수 있다. 그러나 이런 관계망이 급속도로 붕괴되고 있다.

예전의 대가족에서 소가족으로 분화되면서 원천적으로 관계망의 축소를 가져왔다. 가정에서 다양한 관계가 유지되었으나 부부와 자녀들의 관계로 축소를 가져왔다. 또한 컴퓨터와 휴대폰과 같은 전자기기는 더 이상 가정에서 관계망의 유지가 필요치 않게 되었다. 나와 다른 사람과의 관계망이 대면관계가 아닌 전자기기를 통한 간접방식으로 전환되었기 때문이다. 전자기기를 통한 사람과의 관계는 직접 사람을 접촉할 때 오는 긴장감을 없애버렸다. 자녀들은 더 이상 부모와의 대화가 필요치 않게 되었고, 부부간의 대화도 급속도로 축소되었다. 대화가 상실되고 관계망이 무너진 가정에서 각종 병리현상을 보이는 것은 당연한 일이다.

현대 가정의 붕괴에 있어서 중요한 원인은 바로 전통적인 가치관의 붕괴이다. 가정이라고 하면 전통적으로 아버지와 어머니, 그리고 아들과 딸로 이루어진 남자와 여자의 결합이다. 그러나 이미 미국에서는 동성혼이 합법화되었다. 미국에서는 남자인 아버지와 여자인 어머니의 역할이 더 이상 통용되지 않는다. 남자 역할을 하는 여자와 여자 역할을 하는 여자 그리고 입양한 자녀로 구성되어 있다. 이런 가정에서는 이전의 가정에서 볼 수 있는 가치관이 더 이상 존치될 수 없다. 가치관의 붕괴는 이런 가족 구성원의 변화에서뿐 아니라 산업 전반에 걸친 급격한 산업구조의 변화로 인해서도 발생하고 있다.

전통적인 농업국가에서의 가정의 가치관과 고도 자본주의 국가에서의 가정의 가치관은 다를 수밖에 없다. 급격한 사회변동을 경험하는 한국 사회에서 가치관의 붕괴는 가정의 건강을 유지하는 데 가장 심각한 위협이 되고 있다. 이렇게 붕괴된 가정으로 중독이라는 병리현상이 침투되면, 그것은 곧 전 가족의 확산으로 이어질 수 있다. 관계망의 붕괴와 가정의 소중함에 대한 가치관의 몰락은 더 이상 가정의 자가 면역기능을 허용하지 않기 때문이다. 따라서 가족 치료는 건강한 가정을 회복하여 가정의 면역기능을 회복하는 것이라고 하겠다. 가정 치유를 위해서는 건강한 가정을 유지하는 데 방해가 되는 제반 요소를 종합적으로 고려해야 한다.

가족에 대한 통합적인 시각을 가지고 접근해야 한다는 관점은 제2차 세계대전 이후에 서구에서 먼저 시작되었다. 1950년대 미국을 위시한 서구 사회에서는 각종 문제아를 상담하는 가운데, 이들 문제아의 문제는 결국 가정에서 시작한다는 것을 일선 상담자들이 발견하게 되었다. 자녀의 문제는 부모의 문제에서 비롯되었으며, 따라서 자녀의 문제는 자녀만의 문제가 아닌 부모와 자녀의 공동의 문제라는 인식을 하게 되었다.

더 나아가 자녀가 가정에서 격리되어 전문적인 상담치료를 받고 치유가 이루어져 가정으로 복귀한다고 할지라도 자녀들은 다시 예전의 문제아의 모습으로 돌아간다는 것을 발견하게 되었다.

이것은 이전까지 가정을 개인의 자유와 발전을 위하여 극복해야 할 어떤 속박으로 보던 시각에서 탈피한 것을 의미한다. 특별히 1960년대부터 미국에서 일어나기 시작한 여성 해방운동은 가정을 남성을 위한 여성의 억압기구 정도로 인식하는 경향을 보이고 있었다.

서구 근대사회의 개인주의적 경향과 가정과 사회와 국가의 모든 억압으로부터 여성의 해방을 부르짖는 일종의 흐름은 가정의 가치와 존립 이유에 대한 질문을 제기하였다. 따라서 가정은 개인의 필요 유무에 따라 존재 여부가 결정될 수 있는 가변적인 것으로 이해를 하게 되었다. 그러나 폰 베르탈란피(Ludwig von Bertalanffy)는 가정의 개인과 사회의 존속을 위한 필수적인 기능에 주의하기 시작한다. 건강하지 못한 가정에서 양육된 자녀들은 각종 병리적인 증상을 보일 수밖에 없다는 것에 주목하게 된 것이다. 가정을 개별적인 자아들의 양적인 집합이 아닌 일종의 유기체적 관점에서 이해하기 시작한 것이다.

부부와 자녀는 일종의 나무와 가지처럼 서로 밀접하게 관련이 되어 있다는 것이다. 나뭇가지는 나무에서 분리가 되면 더 이상 살아있는 나뭇가지라고 할 수 없다. 나뭇가지는 나무에 붙어있을 때 비로소 생존과 성장을 할 수 있는 것이다. 가정은 바로 나무와 같은 것이다. 나뭇가지와 잎들은 개별적으로 존재하는 것이 아닌, 생존이 서로 밀접하게 연결된 유기체적 관점에서 보아야 한다는 것이다. 이것은 기존의 가정에 대한 개인주의적 시각과 가정을 단순히 남자의 여자를 위한 억압기구 정도로 보는 것에서 탈피한 것을 의미한다.

베르탈란피는 더 나아가 건강한 가정과 역기능적인 가정을 분리하였다. 역기능적 가정에서 살아가고 있는 부부나 자녀들은 각종 병리현상을 보일 수밖에 없는 것이다. 외부체계와 서로 밀접하게 상호 연관된 가정을 건강한 가족으로 보고, 단절된 폐쇄적인 가정을 역기능적인 가정으로 본 것이다. 베르탈란피는 역기능은 폐쇄적인 가정체계에서 발생하는 것으로 보아 가정 전체를 개방적인 가정으로 만드는 것이 바로 가족 구성원들의 건강성을 확보하는 것이라고 보았다. 베르탈란피에 의하면 1950년대부터 가족 전체의 치유라는 개념이 시작되어 1960년대와 1970년대를 거쳐 가족 치유가 전성기를 맞이하면서 활발하게 진행되고 있다고 한다.[196]

일 중독자의 치유도 중독자 본인에 대한 치유만 진행해서는 효과를 보기 어렵다. 일 중독이라는 현상이 가족 상호간의 영향과 전이에 의해 발생하고 강화되기 때문이다. 남편의 일 중독적 성향은 가장의 책임을 지나치게 주장하는 아내에 대한 반응의 결과일 수 있다. 남편의 유능과 무능의 구분을 사회에서 얼마나 성공을 거두었는가에 초점을 맞추고 아내는 출세와 성공만을 요구한다면, 남편은 그런 능력 있는 가장이 되기 위하여 일에 집중할 수밖에 없다. 이런 현상이 지속적으로 가정 내에서 진행된다면 결국 아내의 원인 제공에 의하여 남편이 일 중독에 걸렸다고 할 수 있다.

따라서 일 중독자의 치유는 중독자 개인에 대한 치유와 함께 가족 전체에 대한 치유와 상담이 이루어져야 한다. 이런 치유는 세

---

[196] 유영권, 《기독 목회 상담학》 (서울: 학지사, 2014), 117-122.

가지 관점에서 진행되어야 한다.

첫째로, 일 중독자와 그 가족에게 가정에 대한 바른 인식을 심어주는 것에서 시작해야 한다. 일 중독자들은 가정을 자신의 목적 달성을 위한 수단으로 보는 경향이 많다. 자신의 성공을 위해서는 가정보다는 직장과 일을 우선시한다. 아침 일찍 출근하고 저녁 늦게 퇴근하며 또한 공휴일에도 직장에 출근하는 것을 당연시 여기게 된다. 혹여나 이런 남편에 대하여 아내가 불평을 한다고 하여도 귀를 기울이지 않는다. 자신의 출세와 성공이 곧 가정을 위한 것이라는 명분 아래 가족 구성원들의 불평을 눌러버린다.

가정은 단순히 잠을 자고 밥을 먹는 그런 장소에 불과하다. 이것은 가정을 자신의 일을 수행하기 위한 수단으로 보는 것이다. 집안에서 대화가 상실된 지 오래이다. 각자의 기대가 충족되지 않으며 또한 그런 가족 상호간의 기대도 불일치한다. 가정에는 냉랭함과 무시와 무거운 분위기가 가득 차 있다. 이런 상황에서 일 중독자 개인에게 치유를 집중한다고 할지라도 온전한 치유가 이루어질 수 없다. 무엇보다도 일 중독의 한 원인이 되고 있는 가정을 치유하는 것이 중요하다.

그러기 위해서는 먼저 서로에 대한 기대를 먼저 파악하고 이런 기대들이 서로 간에 얼마나 어긋나고 있는가를 이해시키는 것이 중요하다. 남편은 아내에게 무엇을 원하고 있으며, 아내는 남편에게 어떤 남편을 원하고 있는가를 서로가 파악하도록 하는 것이 중요하다. 그리고 서로간의 기대를 종합적으로 파악하여 일 중독자의 가정이 전체적으로 무엇이 문제인지를 도출하는 것이 중요하다. 이런 가정 치유를 위해서는 '해결 중심적 입장'이 많이 이용된다. 상담자가 미리 준비한 질문지를 통하여 문제의 핵심을 도출하고 질문과 답변을 통하여 해답을 찾아나가는 과정을 의미한다.[197]

결국은 건강한 가정이란 무엇인가라는 질문에 해답을 찾아가는 것을 의미한다. 건강한 가정이란 질문에 모범적인 가정 모델을 상담자는 미리 설정하는 것이 필요하다. 그리고 일 중독자에게 이들의 가정과 규범적인 가정 모델간의 격차를 발견토록 하는 것이다. 상담을 통하여 일 중독자의 가정이 얼마나 멀어졌는가를 이해하도록 하여, 그 간격을 줄이도록 모든 가족 구성원이 견해를 일치하도록 하는 것이 가족 치유에서 무엇보다도 필요하다.

둘째로, 건강한 가정이 되기 위해서 먼저 외부환경과 건강하게 관련을 맺는 것이 필요하다. 폐쇄적인 가정은 반드시 병들 수밖에 없다. 외부환경에 적응하지 못하고 단절된 가정은 병든 가정이 된다. 가정이라는 하나의 구조는 보다 큰 지역사회와 국가라는 구조속에 통합되어 있다. 그런데 이런 지역사회나 외부환경에 적응과 소통이 없는 가정은 곧 병리현상을 보일 수밖에 없는 것이다. 그래서 가족 치료를 함에 있어 상담자는 일 중독자의 가정이 외부환경과 원활한 소통을 하고 있는지 그렇지 않은지를 먼저 파악해야 한다. 사회라는 커다란 체계에서 가정은 배우자 하위체계, 자녀 하위체계, 부모 하위체계, 형제 하위체계로 나눌 수 있다. 이런 하위체계가 상위체계와의 관계에서 연결과 힘의 균형을 이루지 못한다면 먼저 이런 병리적인 가정부터 치유를 해야 하는 것이다.[198]

대부분의 일 중독자들은 이런 소통과 연결이 단절된 경우가 많

---

197) 위의 책, 137-139.
198) 위의 책, 131.

다. 친척이라는 보다 큰 체계에서 외톨이로 살아갈 때가 많다. 친척의 각종 행사에 불참하는 것이 다반사다. 지역사회와의 관계도 단절되어 있다. 각종 애경사에도 거의 참석을 하지 않는다. 관계 단절의 이유는 피상적으로는 '일' 때문이다. 그러나 사실 일 중독자들은 주변 환경으로부터의 소외를 경험하고 있기 때문에 더욱 일에 매달리는 경우가 많다. 본인은 일 때문에 혼자일 수밖에 없다고 하지만, 사실은 고독과 소외가 일 중독자로 만드는 것이다. 따라서 일 중독자를 치유함에 있어 가족 전체의 소통을 촉진토록 하고, 친족과 직장과 지역사회와의 유대관계 회복을 다시 시작할 수 있도록 하여야 한다.

셋째로, 가족 치료에 있어 건강한 측면을 발견하고 이를 극대화하는 전략으로 나가야 한다는 것이다. 아무리 문제를 가진 가정이라도 모두가 병리적이지 않다는 점을 유의해야 한다. 가족 구성원 중에는 아직도 건강한 가족이 있을 수 있다. 가족 치료의 전략 중 하나는 이런 건강한 가족을 찾아내는 것이다. 그런 건강한 가족이 자녀일 수도 있다. 부모는 모두 일 중독자이나 자녀들은 그렇지 않다면 상담자는 자녀들을 치료의 중간 매개로 적극적으로 활용하여야 한다.

이를 위해서 가족 전체를 상담하면서 가족 간의 구성과 연결 관계를 정밀하게 파악해야 한다. 그리고 자녀들의 건강한 가치관을 중독자인 부모들에게 제시하면서 반응을 체크하는 것이다. 그래서 건강한 가족의 영향력이 병리적인 가족들에게 효과적으로 침투하도록 하는 것이다.

마지막으로, 가족 치료는 많은 인내가 필요하다는 것이다. 일 중독을 포함한 모든 중독에 대한 치유는, 외과적 질병처럼 처치를 한다고 해서 곧바로 효과를 보는 경우가 거의 없다. 알코올 중독의 경우에는 최소한 수년간의 치유를 필요로 한다. 또한 알코올 중독에서 벗어났다고 할지라도 다시 어떤 고도의 긴장을 일으키는 환경에 있게 되면 다시 술을 손에 대는 경우가 많다. 일 중독자의 치유도 그 치유 효과가 매우 더디게 나타난다고 할 수 있다. 일 중독과 같이 과정 중독의 경우 물질 중독의 치유보다 더 어렵고 더디게 나타난다고 할 수 있다.

더욱이 중독자 가족 전체를 대상으로 하는 가족 치유는 그만큼 고려요소도 많고 또한 효과도 매우 더디게 나타난다고 할 수 있다. 아내에 대한 치유가 끝났으나 아직도 남편에 대한 치유 효과가 나타나지 않아서 아내가 심한 고통에 빠진 경우도 많다. 따라서 일 중독자 가족에 대한 치유과정은 많은 시간과 인내가 필요하다는 것을 인식하는 것이 치유에 임하는 상담자에게 무엇보다도 필요하다.

8장

일 중독과 휴식

1. 위협받는 현대인의 일과 여가

사람은 사회적 동물이다. 자신이 속해있는 사회와 불가분의 관계를 맺으면서 살아간다. 어느 한 사회의 문화적 환경은 사람의 가치관을 형성하는 데 결정적 영향을 미친다. 따라서 어느 한 사회적 현상을 이해하기 위해서는 그런 현상을 만들어내는 사회와 문화를 먼저 파악해야 한다. 일 중독은 일에 대한 지나친 몰입의 결과이다. 사람이 일의 주인이 아니라 노예가 되어 그 일에 매여 살아가는 것을 의미한다. 그런데 이런 일 중독은 어느 시대에나 있었다. 특별히 타고난 본성으로 인하여 일에 과도한 집착을 보이는 사람들이 있게 마련이다.

그러나 한편으로는 현대사회가 또한 일 중독을 양산하는 특징을 가지고 있다. 현대사회의 문화적 특징이 일에 대한 과도한 집중을 요구하고, 이런 사회에서 살아가는 사람들 가운데 가정적 요인이나 성격적 요인 등이 함께 병합하여 일 중독으로 나타날 수 있기 때문이다. 따라서 현대사회의 어느 측면이 일 중독을 일으킬 수 있는지를 알아보는 것이 무엇보다도 필요하다.

먼저 현대사회는 과거와 비교하여 보았을 때 너무나 많은 일들을 사람들에게 요구한다. 대부분의 사람들이 부딪히는 가장 큰 문제는 너무나 많은 과업들이 항상 앞에 쌓여있다는 점이다. 전업주부는 나름대로 해야 할 일들이 많다. 과거의 전통적인 의미에서의 주부들이 해야 할 일들은 자녀 양육과 남편의 뒷바라지 그리고 살림을 하는 정도였다. 그러나 지금은 많은 주부들에게 이런 전통적인 과업 외에도 직장이란 일터에서의 과업이 기다리고 있다. 무엇보다도 한국 사회에서 주부에게 가장 큰 과업은 자녀 교육 문제라고 할 수 있다.

전업주부는 겸업주부보다 시간이 더욱 많다는 이유로 남편들로부터 자녀 교육에 더 치중할 것을 요구받는다. 또한 자기 계발을 위한 투자를 요구받는다. 한편으로는 봉사활동도 자의적이든 타의적이든 요구받고 있다. 여기에 겸업주부가 되면 그 노동의 종류와 강도는 더욱 많아지고 세어진다. 살림과 직장을 동시에 하도록 요구받고 그것도 아주 능숙하게 하도록 요구받는다. 한편, 남편은 남편대로 더욱 많은 일에 매여 있다.

한국 근로자들의 주당 평균 근로시간이 OECD 국가 중 가장 높은 수준에 있다는 것은 공지의 사실이다. 한국은 연간 2,163시간을 일함으로써 OECD 34개국 중 2위를 차지했다. 그러나 노동생산성은 이에 비해 아시아에서 일본, 대만, 홍콩, 싱가포르와 같은 경쟁국보다 더 낮은 것으로 조사되었다. 한국의 근로자 1인당 노동생산성은 58,700달러로 싱가포르의 64%에 불과한 것으로 알려져 있다.[199] 한국의 근로자는 더 많은 일을 하지만 오히려 효율성은 크게 떨어진다는 것은 그만큼 불필요하게 해야 할 일들이 너무 많다는 것과 함께 피로증후군에 시달리고 있다는 의미가 된다. 이렇게 과도하게 해야 할 일들이 많아지고, 이것을 효과적으로 처리하지 못하고 지연시킬 때 일 중독이 나타날 수 있다. 일 중독자는 필요한 시기에 필요한 일들을 효과적으로 처리하지 못하면서, 또한 되는 일도 없고 안 되는 일도 없는 업무 지연성의 특징을 보인다.

한편으로 현대사회는 해야 할 일들이 과거에 비해 많아졌음에도 불구하고, 일에 대한 사람들의 만족도는 많이 떨어졌다는 사실이다. 일례로 학교 교사들이 자신들의 과업에 대한 만족도가 상당히 낮은 것으로 알려져 있다. 교사라는 직업에 대한 사회적 선호도는 다른 어느 직업보다 높다. 그러나 실제 교사가 되어 과업을 수행할 때, 기대와는 다르게 교사를 신뢰하며 자율권을 주지 않아 이로 인하여 만족도가 낮다는 것이다. 또 다른 이유는 교사들이 수업에 집중하여야 하나 실제로는 수업 준비 외에 다른 잡다한 많은 일들로 인하여 만족도가 낮다고 알려져 있다.[200] 이렇게 일에 대하여 만족하지 못하는 이유는 여러 가지가 있을 것이다. 과도한 노동시간, 낮은 자율성과 신뢰성, 주위 환경과의 갈등 관계 등은 교사를 포함한 많은 근로자들이 자부심을 가지고 자신이 하는 일에 몰두할 수 없게 한다.

그러나 직무 만족도가 낮은 또 다른 이유는 일에 대한 분명한 윤리, 즉 직업윤리를 확보하지 못한 결과일 수 있다. 건전한 직업

---

199) 〈조선일보〉 2014. 11. 17.
200) 〈조선일보〉 2015. 5. 15.

윤리를 가지는 것은 일에 대한 만족도를 높이는 데 반드시 필요하다. 자신이 하는 일에 대하여 분명한 의미를 갖지 못하고 단순히 돈벌이로만 여긴다면, 그래서 직업을 자신의 출세의 한 수단으로 여긴다면 직무에 대하여 애착을 가질 수도 없고 또한 자부심을 가지기도 어렵다. 이렇게 자신이 하는 일에 대한 그릇된 인식은 만족도를 낮추고 또한 일 중독에 빠지게 할 수 있다. 일 중독은 일을 자신의 성취를 위한 수단으로 보는 것에서 시작하기 때문이다.

한편으로 현대인들은 항상 실직에 대한 두려움에 휩싸여 있다. 과거 농업사회에서는 실직에 대한 두려움이 있을 수 없었다. 많은 손들이 필요했고 그래서 자손을 많이 가지려는 이유 중에 하나가 노동력을 확보하기 위한 것이었다. 그러나 현대사회는 실직에 대한 공포가 직장인들을 두려움에 떨게 한다. 해고와 권고사직과 명예퇴직이 일상화되어 있다. 자영업자들 역시 이익을 내지 못할 경우 사업을 접어야 한다는 두려움에 싸여 있다. 이렇게 과도한 실직과 사업 실패에 대한 두려움이 현대인들을 압박하고 있다. 이런 공포감 속에서 많은 사람들은 생존을 위하여 더 많은 일을 하도록 내몰리고 있다. 이런 상황에서는 일 중독자들이 양산될 수밖에 없는 것이다.

우리는 현대사회가 과거와 비교해 보았을 때 과도한 일을 하도록 요구하고, 그럼에도 불구하고 일에 대한 만족도는 낮으며 또한 실업에 대한 공포감이 더욱 일 중독으로 내몰 수 있는 환경으로 작용한다는 것을 알았다. 따라서 일 중독의 치유를 다룰 때도 이런 사회적 환경을 유의하면서 상담에 임하여야 한다. 일 중독자의 삶의 환경이 항상 너무나 많은 일들을 해야 하는 상황임을 인식하지 못하고 일 중독자에게 보다 적은 일을 하도록 기계적으로 상담한다면 효과적인 치유를 할 수가 없게 된다.

2. 노동관에 대한 역사적 변천 과정

인간은 하나님의 지배를 받으면서도 한편으로는 시간과 공간의 지배를 받는 문화적 동물이다. 어느 한 시기의 특정한 지역의 문화적 환경에 예민하게 반응을 하고 또한 영향을 미치는 것이 인간이라고 할 수 있다. 그런 면에서 일에 대한 온전한 고찰을 위해서는 먼저 역사 속에서 노동에 대한 사람의 태도가 어떻게 변화를 경험했는지를 살펴보고, 성경에서 말씀하시는 기독교적 노동관을 살펴보는 것이 필요하다.

현대사회에 지대한 영향력을 미치는 서구문화는 그 시원이 그리스 시대로 올라간다. 헬레니즘은 헤브라이즘과 더불어 서구사회를 지탱하는 양대 축의 하나가 된다. 헬레니즘의 본산인 고대 그리스에서는 일에 대하여 영적인 활동을 우선시하고 육체적 노동을 천시하는 경향이 농후하였다. 고대 그리스에서 자유인들에게 가치가 있는 것이란 철학이나 예술 혹은 정치에 전념하는 것이며, 노동이란 미천한 계급의 사람들이 종사하는 것으로 생각하였다.

그리스 시민들은, 육체적 노동은 노예들에게 맡기고 자유를 즐기면서 토론과 미와 진리에 대한 탐구를 추구해야 할 진정한 일이라고 생각하였다. 그들은 육체적인 노동을 천시하고 영적이면서 지혜를 추구하는 삶이 진정한 그리스 시민의 의무이자 특권이라고 생각하였다. 아리스토텔레스 같은 경우는 이런 자유와 토론과 지혜를 추구하는 데 육체적 노동은 장애물에 불과하다고 생각하였을 정도였다. 고대 그리스 사회에서는 육체적 노동에 대한 과소평가와 천시가 특징이라고 하겠다.

그리스 로마시대를 거치면서 중세사회로 넘어오면서 노동에 대한 개념도 분화되기 시작하였다. 중세사회는 교회가 사회를 지배한 시대라는 특징이 있다. 중세사회는 교회와 세상을 날카롭게 이분법적 시각으로 조망하였다. 이런 시각으로 일에 대해서도 거룩한 종교적인 일과 세속적인 미천한 일로 양분하여 생각하였다. 즉 일을 신성한 일과 세속적인 일로 양분화하였다. 이런 경향은 고대 그리스 사회에서 인간을 자유인과 노예로 구분하고, 자유인이 추구해야 할 일과 노예가 추구해야 할 일이 구분된다는 이분법적 사고의 영향이기도 하다. 그래서 중세사회는 교회와 하나님과 관련된 일들이 거룩하면서도 가치 있는 일이며, 그렇지 못한 농업이나 수공업 그리고 상업과 같은 것은 세속적인 것으로 천시하는 경향이 있었다.

르네상스와 종교개혁은 고대에서 시작되어 중세까지 계속되었던 일에 대한 자세를 근본적으로 바꾸어놓는 계기가 되었다. 교회와 종교는 더 이상 인간에게 매력적인 요소로 다가오지 않았다. 이전까지 세속적이라고 천시하였던 상업이나 수공업 같은 것이 오히려 사람들에게 인기 있는 직업으로 자리를 잡아나갔다. 이런 경향은 신대륙의 발견과 산업혁명으로 더욱 촉진되어 나갔다. 이전까지 세속적으로 가치를 절하하였던 돈에 대한 귀중함이 이제 새롭게 사람들에게 다가왔다. 물질적 풍요와 돈의 추구는 사람들에게 자신들의 삶을 더욱 풍요롭게 해 주는 매력적인 요소로 자리를 잡아나갔다.

이런 태도의 변화는 종교개혁자들이 노동에 대한 성경적 해석을 제공함으로써 가능하였다. 루터나 칼빈은 노동의 신성함을 주장하였다. 일이라는 것은 하나님이 자신에게 주신 재능을 활용하여 최대한 열매를 거두게 됨으로써 하나님께 영광이 된다는 것이다. 종교개혁자들은 일을 거룩한 일과 세속적인 일로 구분하던 중세기의 태도를 거부하였다. 이들은 각자가 종사하는 일에 '소명'(calling)이란 개념을 부여하였다. 하나님께서 이 세상에서 당신의 뜻을 펼쳐가기 위해 인간을 부르셨다는 것이다. 그 결과 자신이 종사하는 일이 어떤 종류이든 하나님의 영광을 드러내는 일이면 그것이 바로 거룩한 일이라는 것이다.

이들 종교개혁자들은 고대와 중세에 이르기까지 유지되던 일에 대한 동기와 윤리를 혁명적으로 바꾸는 신학적 작업을 시도하였던 것이다. 종교개혁자들의 노동관은 청교도 정신으로 이어져 직업에 대한 고귀성, 근면성, 절약적 태도 등을 더욱 확고히 하여 오늘의 자본주의 사회를 형성하는 데 결정적인 역할을 하게 된다.[201]

그러나 19세기 이후에 들어서면서 노동에 대한 대변화가 다시 한 번 나타나게 된다. 19세기 영국에서 시작된 산업혁명은 기계를

---

[201] 막스 베버는 《프로테스탄트 윤리와 자본주의 정신》(*The Protestant Ethic and the Spirit of Capitalism, 1902*)에서 오늘의 서구 자본주의가 탄생하고 발전하는 데는 개신교의 직업윤리가 토대가 되었다고 주장하고 있다. 개신교의 노동에 대한 소명과 헌신성, 그리고 축적한 돈에 대한 절약과 투자, 근면한 근로정신 등이 자본주의의 사상적 배경의 한 축이 되었다고 말한다.

사용한 생산 활동의 구축과 노동의 전문화 및 단순화를 시도하였다. 더 많은 이익을 내기 위한 방편으로 많은 기계와 공장들이 들어서고 생산성 향상을 위하여 근로자들에게 단순화와 분업화가 진행되었다. 이로써 이전까지 근로자들이 자신들의 일에 대한 통제권을 가지고 일의 시작과 마지막까지 전 과정을 자신이 직접 참여하면서 노동을 통한 자신의 생각을 구체화하던 것이 더 이상 가능하지 않게 되었다. 근로자들은 노동의 어느 한 부분에만 참여할 뿐이었다. 따라서 일에 대한 만족도가 급격히 저하되고 또한 일에 대한 주인이 아닌 노예화가 가속화되었다. 이런 산업화는 노동에 의한 인간의 소외라는 결과를 낳게 되었다. 일의 주인에서 일의 노예화가 진행된 것이다.

오늘날의 현대사회에서 나타나는 인간과 노동의 분리와 소외, 그리고 그로 인한 인간의 노예화는 산업혁명의 결과로 발생하기 시작한 부작용의 연장선상에 있다고 하겠다. 한편 19세기와 20세기로 이어지는 시기에는 일에 대한 목적이 오직 이윤추구에 있게 된다. 일을 통한 자기 삶의 의미를 찾고 인간됨의 실현이라는 고차원적인 관념은 사라지게 되었다. 좀 더 풍요로운 삶을 살기 위하여 그 수단으로써 일을 할 뿐이다. 이런 노동에 대한 태도는 현대에 와서 자본주의가 고도로 발전하면서 더욱 첨예하게 나타나게 되었다.

현대의 인간은 정해진 시각에 출근하여 정해진 시각에 퇴근하며 일하는 존재에 불과할 뿐이다. 일이란 생존을 위하여 어쩔 수 없이 해야 하는 필요악 정도로 간주할 뿐이다. 현대인들은 일을 해서 그 속에서 보람을 얻고 자신의 비전을 이루어가며 보람을 찾는 것이 아니라, 주말의 휴식을 기다리며 가정을 돌보거나 혹은 취미활동을 하면서 일에서 지친 심신을 달래는 생활에 몰두하고 있다. 결국 세상적인 가치관이나 문화는 일에 대한 바람직한 가치를 찾기 어렵다는 것을 보여준다고 하겠다. 성경에서 일에 대한 태도를 배울 때 우리는 하나님이 인간을 창조하시고 노동을 부여한 근본적인 취지와 의미를 발견하게 된다.

3. 일에 대한 기독교적 전망

성경에서 일은 하나님의 창조 역사와 함께 시작하고 있음을 보게 된다. 하나님의 창조과정에서의 일은 인간이 가지는 것과 같은 고역이 아니었다. 오히려 창조적인 예술가가 자신의 예술 활동에서 가지는 기쁨과 생동감이 충만한 것이었다. 하나님은 창조 과정에서 일과 휴식이란 과정을 거치셨음을 보게 된다. 성경은 6일의 창조과정에서 하나님께서 그 과정과 결과를 보시고 기뻐하셨다고 표현하고 있다.

하나님이 빛을 창조하시고 궁창을 만드시며 각종 식물과 동물과 또한 하늘의 해와 별과 마지막으로 인간을 만드신 후 "보시기에 좋았더라"고 표현하고 있다. 이것은 오늘의 인간이 자신의 노동의 결과에 대하여 무덤덤한 것과는 전혀 다른 것임을 의미한다. 하나님은 인간과 달리 하나님의 창조사역, 즉 하나님의 일에 대하여 탁월한 일꾼이심을 보여주고 있다.

이런 성경의 모습은 노동에 대한 고대 그리스인들의 태도와는 정반대의 모습을 보여주고 있다. 고대 그리스인들은 육체적인 노동을 천시하며 노예들이 감당해야 할 비천한 것으로 간주했다. 그러나 성경은 하나님의 창조사역을 통하여 노동이란 신성하며 즐거운 것임을 보여주고 있다. 하나님이 하시는 일은 인간이 하는 일에 대한 모형이기 때문이다. 하나님의 일은 창조적이며 질서가 있고 건설적이다. 또한 사람과 모든 피조물에게 반드시 필요하며 또 유익한 것이다. 성경은 하나님의 창조사역의 일부를 감당해야 할 인간의 일에 대하여 결코 고통이거나 비천한 것이나 무익한 것이라는 개념을 허용하고 있지 않다.

성경에서 일에 대한 두 번째 사고는, '일하시는' 하나님의 형상을 따라 인간을 지으셨다는 것이다(창 1:26-27). 하나님과 인간의 닮은 모습은 성경의 곳곳에서 나타난다. 하나님과 인간의 일을 통한 공통점을 보여주고 있는 것은 십계명의 네 번째 계명에서 분명히 드러난다.

> "안식일을 기억하여 거룩하게 지키라 엿새 동안은 힘써 네 모든 일을 행할 것이나 일곱째 날은 네 하나님 여호와의 안식일인즉 너나 네 아들이나 네 딸이나 네 종이나 네 여종이나 네 가축이나 네 문안에 머무는 객이라도 아무 일도 하지 말라 이는 엿새 동안에 나 여호와가 하늘과 땅과 바다와 그 가운데 모든 것을 만들고 일곱째 날에 쉬었음이라 그러므로 나 여호와가 안식일을 복되게 하여 그날을 거룩하게 하였느니라"(출 20:8-11).

사람들은 자기의 형상으로 사람을 창조하신 하나님께서 일하시기 때문에 일한다. 인간의 일이 부분적이나마 의미가 있는 것은, 그것이 하나님의 백성 가운데 있는 신적 형상의 표현이기 때문이다. 인간의 일이 하나님께서 하시는 일의 속성을 내포하고 있다는 것은, 하나님께서 의무감 때문이 아니라 필연과 기쁨 때문에 일을 하시듯이 인간도 사명과 보람과 기쁨 때문에 일을 해야 함을 의미한다. 하나님은 인간을 하나님의 형상대로 창조하시고, 한편으로는 더욱 구체적인 사명을 주셨다. 성경은 이에 대하여 다음과 같이 말씀하고 있다.

> "하나님이 이르시되 우리의 형상을 따라 우리의 모양대로 우리가 사람을 만들고 그들로 바다의 물고기와 하늘의 새와 가축과 온 땅과 땅에 기는 모든 것을 다스리게 하자 하시고 하나님이 자기 형상 곧 하나님의 형상대로 사람을 창조하시되 남자와 여자를 창조하시고 하나님이 그들에게 복을 주시며 하나님이 그들에게 이르시되 생육하고 번성하여 땅에 충만하라, 땅을 정복하라, 바다의 물고기와 하늘의 새와 땅에 움직이는 모든 생물을 다스리라 하시니라"(창 1:26-28).

하나님이 인간을 향하여 땅 위에 있는 모든 것을 다스리라는 말씀에는 당연히 인간의 일이 포함된다. 이는 하나님이 세상을 창조하시고 세상을 다스려가는 운영의 과정에서 인간을 포함시켰다는 것을 의미한다. 하나님은 세상에 대한 직접 개입을 통해 온 세상을 통치하시기도 하지만, 또한 인간의 노동을 통하여 간접적으로 세상을 다스리시는 것이다. 따라서 일이라는 것은 하나님이 인간에게 부여하신 권세요, 한편으로는 의무가 되는 것이다. 이것은 인간의 일에 대한 신성한 동기와 목적을 부여하는 결정적 근거가 된다.

인간의 노동은 자신의 이기적인 동기와 목적만을 위한 것이 아닌, 세상 모든 것에 유익이 되기 위한 것이며 나아가서 이런 과정을 통하여 하나님의 영광을 드러내야 함을 의미한다. 하나님께서 인간의 창조 목적을 "이 백성은 내가 나를 위하여 지었나니 나를 찬송하게 하려 함이니라"(사 43:21)고 선언하시기 때문이다. 이것은 인간의 모든 활동이 바로 하나님의 영광을 위한 것이며, 인간의 노동 역시 하나님의 영광을 위하여 하나님이 부여하신 거룩한 것이라는 의미를 가진다.

그러나 현실에서 노동은 인간에게 유쾌하지도, 보람 있는 것도 아니다. 인간에게 일은 어쩔 수 없이 지고 가야 하는 무거운 짐으로 변해 버렸다. 이것은 하나님이 인간에게 부여하신 거룩한 모습으로서의 일이 변질되었다는 것을 의미한다. 바로 인간의 타락으로 인하여 당초에 가졌던 일에 대한 모습에 심각한 왜곡이 일어났다는 것을 의미한다. 인간의 타락으로 인하여 축복이 되어야 할 일이 저주가 되었다. 성경은 이를 다음과 같이 말씀하고 있다.

> "아담에게 이르시되 네가 네 아내의 말을 듣고 내가 네게 먹지 말라 한 나무의 열매를 먹었은즉 땅은 너로 말미암아 저주를 받고 너는 네 평생에 수고하여야 그 소산을 먹으리라 땅이 네게 가시덤불과 엉겅퀴를 낼 것이라 네가 먹을 것은 밭의 채소인즉 네가 흙으로 돌아갈 때까지 얼굴에 땀을 흘려야 먹을 것을 먹으리니 네가 그것에서 취함을 입었음이라 너는 흙이니 흙으로 돌아갈 것이니라 하시니라"(창 3:17-19).

우리는 이 말씀을 통하여 일에 대한 중요한 의미를 발견할 수 있다. 무엇보다도 인간의 타락은 일을 변질시켰지만, 그렇다고 하여 하나님께서 인간에게 부과한 임무와 일이 취소된 것은 아니다. 하나님께서는 여전히 아담과 그 후손들에게 일하도록 명령하셨다.

둘째로, 타락의 결과가 세상에 일을 끌어들인 것이 아니다. 일은 이미 축복으로 존재하고 있었다. 변한 것은 축복으로 주어진 일이 저주가 되었다는 것이다. 그리고 그런 일이 인간에게 평생을 감당해야 할 형벌이 되었다는 것이다. 본래 선하게 주어졌던 노동이 저주와 형벌로 완전히 변질된 것이다. 이제는 적대적인 환경과 힘겹게 싸워가며 일을 완성해야 한다는 것이다. 일은 본래 하나님의 선하신 목적을 이루어가기 위하여, 또한 이런 영광스런 사역에 인간을 초청함으로써 이루어진 축복이었으나 이제는 좌절의 뿌리가 되었다. 죄악의 뿌리가 된 것이다.

4. 여가에 대한 기독교의 가르침

기독교인의 여가에 대한 태도는 세상과 구별되어야 한다. 세상에서의 여가는 단순히 쉬는 것, 아무것도 하지 않는 것, 자기가 하고 싶은 것을 하는 것 이상의 의미를 가지고 있지 않다. 여가는 단순히 휴식에 불과하며 일에서 떠나는 것이란 정도의 의미를 가진다. 그러나 성경에서는 일을 창조질서의 한 부분으로 간주하듯이 휴식 역시 하나님의 창조질서의 한 부분으로 간주한다.

창세기 1장에서 보면, 하나님께서는 일을 하셨을 뿐 아니라 안식도 취하셨다. 하루하루를 창조하신 후, 그 결과물에 대하여 '좋다'고 선언하신 후에 안식을 하셨다. 하루의 일과를 하신 후에 반드시 '안식' 즉 '휴식'을 취하셨음을 말씀하고 있다. 이것은 바로 일과 안식은 결코 분리된 전혀 다른 속성을 가진 이질적인 것이 아니라 한 쌍으로 보아야 함을 의미한다. 여기에 세상적인 여가와 성경적인 휴식인 여가와의 근본적인 차이점이 있다. 즉 일과 여가는 동전의 앞뒷면과 같이 하나의 쌍으로 구성되어 있다는 것이다. 따라서 여가가 빠진 일은 불완전한 것이다. 또 일이 없는 여가는 하나님의 뜻과 어긋나는 것이다. 특별히 하나님이 모든 일을 창조하신 후에 마지막 칠 일째를 구별하여 안식일로 정하셨다. 성경은 다음과 같이 선언하고 있다.

> "천지와 만물이 다 이루어지니라 하나님이 그가 하시던 일을 일곱째 날에 마치시니 그가 하시던 모든 일을 그치고 일곱째 날에 안식하시니라 하나님이 그 일곱째 날을 복되게 하사 거룩하게 하셨으니 이는 하나님이 그 창조하시며 만드시던 모든 일을 마치시고 그날에 안식하셨음이니라"(창 2-1-3).

이 말씀은 안식이 일과 함께 한 쌍이 된다는 의미를 뛰어넘고 있다. 일의 궁극적인 목적이 무엇인지를 말씀하고 있다. 그것은 바로 모든 일을 마친 후에 안식을 하기 위한 것이다. 따라서 일의 최종 목적은 안식, 곧 여가를 누리기 위한 것이다. 사람의 일은 이득을 얻기 위한 것도, 자신과 가정의 삶을 유지하기 위한 것만이 아닌 여가를 위한 것이다. 그런데 여기서 7일째의 여가의 목적이 무엇인가를 파악해야 한다. 그것은 모든 창조물의 궁극적 목적인 하나님을 예배하기 위하여 안식을 하는 것이다. 이것은 여가에 대한 현대적인 공리주의적 사고를 배격한다. 공리주의적 사고는 바로 자기에게 보다 많은 이익을 주는 쪽으로 선택하고 행하는 것이 '선'이라는 입장이다. 이런 관점에서 보면, 여가생활은 자신과 가정에 최대한의 이익을 가져오는 쪽으로 선택하는 것이 현명한 것이라고 여겨질 것이다.

그러나 성경적 입장에서는 일을 하는 목적도 하나님의 영광을 위한 것이요, 모든 일의 과정을 마친 후에 휴식을 취하면서 온전히 예배를 통하여 하나님을 찬양하는 것이 안식의 근본적인 목적이라는 것이다.

여가생활을 하나님의 영광을 위해 예배드리기 위한 과정으로 이해한다면, 우리는 여가에 대한 새로운 자세를 정립할 필요가 있다. 여가생활에도 윤리적 자세가 필요하다는 것이다. 단순히 즐거움을 증진시키기 위해 혹은 마음껏 놀기 위해 여가생활을 하는 것이 아니다. 여가에도 하나님의 선하신 뜻이 내포되어 있어야 하며 또한 도덕적 태도가 들어있어야 한다는 것이다. 그러면 여가에 대한 윤리적 태도란 무엇을 말하는가?

첫째로, 도덕적 선택의 무대로서의 여가생활이 되어야 한다는 것이다. 여가는 우리가 취할 수도 있고 혹은 포기하고 계속 일을 할 수도 있는 그런 것이 아니다. 여가는 반드시 취해야 한다. 그것이 안식을 창조의 한 과정으로 구분하신 하나님의 뜻과 일치하는 것이다. 따라서 여가는 필수가 된다. 그러나 우리는 여가생활을 누림에 있어서도 도덕적 책임이 따른다는 것을 유의해야 한다. 왜냐하면 여가에 포함되는 '시간'은 우리의 것이 아닌 하나님의 시간이기 때문이다. 따라서 하나님의 시간을 우리가 '은혜'로써, 어떤 대가도 없이 사용한다는 자세를 먼저 가져야 한다. 그런 자세에는 여가생활의 내용에도 청지기적 자세가 요구된다는 것이다. 그리스도인들은 세속적인 놀이문화에 빠질 것이 아니다. 참으로 도덕적인 여가를 위하여 여가에 가치를 부여해야 하며 이에 합당한 여가생활을 하도록 해야 한다.

둘째로, 여가에 대한 개인적인 책임이 따른다는 것이다. 여가생활이 도덕적 선택의 한 부분이라는 것은 자신의 선택에 대한 개인적인 책임을 진다는 것을 의미한다. 여가생활에 개인적인 책임이 따른다는 것은 하나님의 관점에서 여가생활을 즐겨야 한다는 것이다. 나의 여가생활도 언젠가는 하나님의 심판대 앞에서 하나님의 판단을 받는다는 것을 생각한다면, 우리는 선택에 대한 막중한 책임감을 갖지 않을 수 없다.

이것은 휴식 중에도 강압이나 부담감을 가지라는 의미가 아니다. 나의 여가생활이 나뿐 아니라 주변 사람에게도 유익을 가져오는 방향으로 이루어져야 한다는 것이다. 오늘의 세계에서 가장 큰 문제점의 하나로 거론되는 개인주의적이며 이기적인 여가생활은 기독교인들에게 해당될 수 없는 것이다. 나의 여가생활이 나와 주변의 기쁨과 생명을 더욱 증진시키는 가운데 하나님의 영광이 더불어 드러나는 신중하고 책임 있는 것이라면 파편적인 개인주의적 사고로 물든 이 사회에 대한 좋은 도전이 될 것이다.

셋째로, 여가에는 축제가 포함되어 있어야 한다는 점이다. 구약의 유대인들에게 안식은 충분한 휴식과 더불어 축제를 의미했다. 레위기 23장에서 하나님은 이스라엘에게 매년 6번의 종교적 행사를 시행할 것을 말씀하고 있다. 그런 행사들을 '성회'와 '절기'라고 불렀다. 그런데 이런 행사들에는 노동이 금지되었다. 그런 행사들은 추수감사절과 같은 축제적인 성격을 가지고 있었을 것이다. 온 공동체가 함께 충분한 안식을 누리는 가운데 하나님께 예배를 드리며 축제를 마음껏 즐겼을 것이다.

느헤미야서를 보면, 귀환한 유대 포로들이 예루살렘에서 칠월 절기에 하나님의 명령대로 초막을 짓고 초막절을 지키는 것을 볼 수 있다. 그 결과 그들에게는 큰 즐거움이 임하였다고 증언하고 있다.[202] 이것이 바로 성경에서 보여주는 참된 여가생활이다. 하나님의 약속에 따라 열심히 일하고, 한편으로 참된 예배 속에서 여가생활을 하는 가운데 나와 공동체가 더불어 즐거워하는 것이 진정한 여가에 대한 태도이다. 이런 여가생활에는 공동체에 대한 책임, 하나님에 대한 감사, 충분한 휴식을 통한 기력의 회복, 새로운 일에 대한 기대가 함께 구현되는 것이다. 따라서 여가에 대한 분명한 성경적 윤리는 여가생활의 본질을 회복하게 하고, 나와 주변과 사회를 회복하는 데 일조를 하며, 하나님을 찬양하는 복된 도구가 된다.

---

202) "사로잡혔다가 돌아온 회중이 다 초막을 짓고 그 안에서 거하니 눈의 아들 여호수아 때로부터 그날까지 이스라엘 자손이 이같이 행한 일이 없었으므로 이에 크게 기뻐하며 에스라는 첫날부터 끝날까지 날마다 하나님의 율법책을 낭독하고 무리가 이레 동안 절기를 지키고 여덟째 날에 규례를 따라 성회를 열었느니라"(느 8:17-18).

9장

일 중독과 AA 12단계를 활용한 치유

1. AA 12단계의 적용

AA 12단계는 처음에는 알코올 중독자를 치유하기 위하여 개발된 프로그램이었다. 또한 AA 12단계는 이를 응용한 여타 중독에 대한 효과도 뛰어나다는 것이 알려지게 되었다. 1950년대에는 AA가 알코올 중독자뿐 아니라 다른 약물 중독에도 효과가 있다는 것이 알려졌으며, 특히 마약 중독자에게 큰 효과를 발휘하였다. 그래서 마약 중독자들의 치유를 위하여 NA(익명의 마약 중독자 모임)라는 기관이 설립되었고, 그곳에서는 AA 12단계에서 제시한 프로그램에 따라 마약 중독자들을 치유하고 있다.

이렇게 AA 12단계가 그 효과가 입증되어 여타 중독에도 영역을 확장함에 있어서 주변으로부터 불필요한 오해를 극복해야 했다. 먼저 AA 12단계는 지나치게 종교적인 경향을 보이는 집단이라는 질시 어린 시선이었다. 또한 그 치유과정도 과학적 근거가 없는 민간요법에 불과하며, 설사 알코올 중독에서 해방되었다고 할지라도 또 다른 중독에 빠질 위험성이 있다는 오해였다. 이에 대하여 채플(Chappel)은 AA 12단계는 영적 프로그램이지 종교적 행사가 아니며, 또한 자신보다 더 큰 능력에 내적으로 항복한다는 것은 정신분석적 관점에서도 타당하다고 주장한다. 그리고 AA 12단계는 알코올 중독자가 다른 중독에 빠지지 않으면서 알코올에서 벗어나는 것이 가능하다는 것을 보여준다고 주장하였다.[203] 따라서 우리는 AA 12단계를 활용하여 어떻게 하면 효과적으로 일 중독자에 대한 치유책을 마련할 것인가를 모색할 가치가 있다고 보아야 할 것이다. 그렇다고 한다면 일 중독자에 대하여 AA 12단계를 적용할 때 무엇을 먼저 고려해야 하는가를 먼저 살펴보아야 할 것이다. 이에 대하여 채플은 3가지를 중요한 고려요소로 설정해야 한다고 말한다.[204]

첫째로, 모임 자체가 가장 중요한 의미를 가져야 한다는 것이다. AA 12단계에 참석하는 사람들은 익명성이 보장되어야 하며, 이런 익명성은 중독자들이 참석할 수 있는 용기를 부여한다. 따라서 새로운 참석자들의 진입을 언제나 도와야 하며 기존 참석자들에게는 상호간에, 그리고 새로운 참석자들에게 정직한 수용을 최대한 요구해야 한다는 것이다. 특별히 AA 12단계는 최초 3개월이 가장 중요하며, 초기단계에 매일 모임에 참석하도록 강력한 유인책을 마련해야 한다는 것이다. 왜냐하면 처음 3개월이 중독에 대한 집착과 금단현상에 시달리는 시기이기 때문이다. 그래서 처음

---

203) John N. Chappel, "Long-term Recovery from Alcoholism," *Psychiatric Clinics of North America*, 16(1).
204) John N. Chappel, "Effective Use of Alcoholics Anonymous and Narcotics Anonymous in Treating Patients," Psychiatric Annals 22:8 (August 1992), 411-415.

3개월이 중독에서 해방되느냐 그렇지 않느냐를 결정짓는 시금석이라는 것을 인식하고, 일 중독자들이 3개월 동안 매일 모임에 참석하도록 강력하게 권유해야 할 것이다.

둘째로, 교제이다. 중독의 치유는 참석자들 간의 교제에서 발생한다. 교제에서 중독자들은 자신과 같은 중독의 고통을 경험하는 또 다른 사람들을 발견하고 위로를 얻을 수 있다. 또한 AA 12단계를 활용하여 성공적으로 중독에서 벗어난 사람들의 경험담을 듣고 교제를 나누는 것은 중독자들에게 강력한 자신감을 부여한다. 따라서 일 중독자들을 위한 12단계에서는 참석자들과 한편으로 이미 일 중독에서 벗어난 사람들 간에 활발한 교제가 일어나도록 프로그램을 만들어야 할 것이다. 여기에 일 중독자들을 도와줄 후원자를 미리 확보하는 것도 필수적으로 요청된다.

마지막으로, AA 12단계가 치유과정에서 단계별 과정을 통한 점진적인 회복을 시도하듯이, 일 중독도 단계별 치유과정을 마련해야 한다는 것이다. 그리고 각 단계별 구체적인 문제와 치유과정을 미리 세밀하게 마련하는 것이 필요하다. 이런 과정을 고려하면서 일 중독자에 대한 AA 12단계를 마련하는 것이 필요하다.

2. 일 중독자들을 위한 12단계 방안

이제 우리가 AA 12단계를 고려하면서 일 중독자들을 위한 12단계를 마련한다면 다음과 같다.[205]

---

205) Bryan E. Robinson, *Chained to the Desk*, 박정숙 역, 《워커홀리즘》 (서울: 북스넛, 2009), 364-367.

1단계는, 내가 일 중독에 걸렸음을 인정하는 것이다. 자신이 중독에 걸렸으며 이런 중독에서 자력으로 벗어날 방법이 없다는 것을 인정하는 것은 모든 중독 치유에서 첫걸음이 된다. 이렇게 자신의 무능력을 고백하면서 동시에 12단계를 통하여 '나는 중독에서 해방되어 건강한 사람으로 돌아올 수 있다'는 자신감을 확보할 수 있게 되는 것이다.

　　2단계는, 중독과의 투쟁에서 자신의 무기력을 고백하면서 우리 자신보다 더 위대한 힘이 우리를 도와서 건전한 정신으로 돌아오게 할 수 있다는 확신이 필요하다는 것이다. 그리고 이러한 더 위대한 힘에 우리가 전적으로 굴복할 자세를 가질 때 효과를 볼 수 있다. 여기에서 더 위대하신 분은 하나님을 의미한다.

　　3단계는, 우리가 보다 더 위대한 힘에 굴복한다는 것이 우리의 의지와 삶을 이제는 내가 아닌 보다 위대한 분에게 맡기겠다는 결단의 표시가 되어야 한다는 것이다. 더 위대한 분의 능력이 침투하기 위해서는 우리의 순종과 의탁이 필요하다.

　　4단계는, 그동안 일 중독에 빠져 생활하던 자신의 모습을 글로 표현해 보는 것이다. 구체적으로 자신의 삶의 여러 아픈 모습을 기술함으로써 자신에게 무엇이 문제이며, 나는 더 높으신 분에게 무엇을 의지해야 하는가를 구체적으로 표현해 보는 것은 자신의 중독상태를 객관화하는 과정에서 필수적으로 필요하다.

　　5단계는, 이렇게 자신의 과거의 삶을 되돌아보면서 특별히 자신의 행동으로 인하여 상처를 받은 사람에게 자신의 과오를 인정하고 용서를 구하는 것이다. 자신의 잘못을 인정한다는 것은 죄에서의 탈출에 있어서 절대적으로 필요한 요소이다. 중독도 결국은 죄의 결과라는 것을 인정한다는 점에서, 다른 사람에게 끼쳤던 손해를 기꺼이 보상하겠다는 자세는 죄에서 벗어나기 위한 전제과정이 된다. 자신의 일 중독으로 인하여 가장 힘들어했을 가족의 모습을 그려가면서 그들의 상처를 글로 표현해 보는 것도 좋은 방안이다.

6단계에서 10단계까지는, 자신의 과오에 대하여 어떻게 인정을 하며 그런 과오를 어떻게 구체적으로 실행할 것인가에 대한 기술이다. 자신의 잘못을 더욱 구체적으로 인정하고 이를 보상하기 위한 행동을 세밀하게 진행하는 것은 중독에서 벗어나는 첩경이 된다. 10단계에서는 4단계에서 시작한 과정을 계속한다.

11단계는, 기도와 명상 등 영적 활동을 통하여 2단계에서 시작한 보다 높은 분을 향하여 의식적인 접촉을 강화하는 것이다.

12단계는, 지금까지의 과정을 통하여 얻었던 영적 깨달음을 유지하고 이를 확장할 수 있다는 자신감과 용기를 자신에게 주는 단계이다. 이를 도표화하면 다음과 같다.

<변화를 위한 12단계>[206]

1단계: 나는 일 조절에 무력했으며 스스로의 생활 관리에 미숙했음을 깨닫고 시인했다.

2단계: 나보다 위대한 '힘'이 나를 건강한 마음으로 돌아오게 해 줄 것이라고 믿는다.

---

206) 위의 책, 368-369.

3단계: 내가 믿게 된 위대한 힘에 나의 의지와 삶을 완전히 맡기기로 결정했다.

4단계: 철저하고 대담하게 나는 균형 잡힌 삶을 추구하겠다.

5단계: 솔직하고 정확하게 내가 잘못했던 점을 나 자신에게, 그리고 다른 사람들에게 시인했다.

6단계: 나의 이러한 모든 과오가 제거되도록 나는 완전한 준비를 마쳤다.

7단계: 겸손한 마음으로 나의 과오가 없어지기를 간청한다.

8단계: 내가 해를 끼친 모든 사람의 명단을 만들어 그들에게 기꺼이 보상할 준비가 되어 있다.

9단계: 남들에게 피해를 주지 않는 한, 나 때문에 상처받은 사람들에게 할 수 있는 데까지 보상하겠다.

10단계: 계속해서 반성하고 잘못이 있을 때마다 즉시 수정하겠다.

11단계: 기도와 명상을 통해 내가 믿는 위대한 힘과 의식적인 접촉을 하도록 노력하겠다.

12단계: 나는 영적으로 깨달음을 얻었고, 이 메시지를 전하려고 노력하겠으며, 내 생활의 다른 모든 면에서도 이러한 원칙을 실천하겠다.

3. 현장에서 12단계를 활용하여 일 중독을 치유할 때의 고려사항

이제 우리는 일 중독자들을 상대로 12단계를 활용하여 치유를 할 때 현장에서 유의할 사항을 알아보도록 하겠다.

첫째로, 12단계의 성공 여부는 이를 선도적으로 이끌어가는 탁월한 상담자의 전략 여부에 달려 있다. 물론 12단계는 일 중독자들 간의 상호지원을 특징으로 한다. 그러나 이런 상호지원이 효과적으로 일어나기 위해서는 효과적인 전략 수립과 인력 충원을 할 수 있는 리더십과 현장 경험이 풍부한 상담자가 필수적이다. 대부분 상담이 실패하는 경우는 상담자의 숙련되지 못한 리더십 발휘와 상담기법의 결여에서 오는 경우가 많다.

둘째로, 탁월한 상담자와 함께 일 중독자들을 지지해 줄 후원자들을 확보하는 것이다. 12단계에서 직접적인 치유 효과는 일 중독자들 간의 상호 고백과 지원에 의하여 가장 왕성하게 일어난다. 그러나 아울러 이들 일 중독자들을 이해하고 지지하며, 때로는 생활의 소소한 것들을 지원해 줄 후원자들과 좋은 접촉이 있을 때 일 중독의 치유가 더욱 촉진된다.

후원자들이 일 중독자들의 롤 모델(role-model)이 될 수 있다면 더욱 효과적인 치유가 가능하다. 이런 후원자들을 교회에서 자원봉사자들을 통하여 확보할 수 있으면 더욱 효과적이다. 그러나 교회에서 12단계를 직접 운영하거나 혹은 후원자들을 교회에서 확보한다 할지라도 처음에는 기독교적 시각을 너무 드러내지 않는 것이 중요하다. 일 중독자들은 대부분 마음의 상처를 가지고 있으며 그 내용도 다양하다. 이들 가운데는 특히 교회에 대한 좋지 않은 인식을 가지고 있는 사람들이 많다. 따라서 교회에서는 이들이 자발적으로 다가올 때까지 인내심을 가지고 편안하고 익숙한 분위기를 유도하면서 접근하는 것이 중요하다.

셋째로, 12단계를 통하여 효과적인 치유를 보기 위해서는 적정한 인원과 참여 목적에 대한 뚜렷한 목적의식을 가진 사람들을 참여시켜야 한다. 참여 인원은 상담자 1인이 이끌어갈 수 있는 인원을 적정인원으로 삼고 설정한다. 보통 10명 안팎을 적정인원으로 본다. 그리고 이 프로그램에 참여하는 일 중독자들이 자신의 중독을 프로그램의 참여를 통하여 치유하겠다는 분명한 목적을 가지고 있어야 프로그램이 원활하게 운영되고 또한 치유 효과를 기대할 수 있다.

간혹 일 중독자 본인은 치유 프로그램에 참여할 의사가 없음에도 불구하고 가족들의 성화로 참여하는 경우가 있다. 가족들의 입장에서는 참여하면서 의욕도 생기려니 생각을 하지만, 오히려 중간에 탈락하는 경우가 많다. 이런 경우에 일 중독자는 다음에는 치유 프로그램에 참여할 용기를 잃게 된다. 또 비자발적으로 참여하는 사람들로 인하여 전체 분위기가 산만할 수도 있다. 따라서 일 중독자 본인이 충분히 결단하고 자발적으로 참여하겠다는 의사를 표시하기 전까지는 가족들이 기다려주어야 한다.

10장

일 중독과 영적 회복을 통한 치유

1. 일 중독과 영적 회복(영성 회복)의 관계

일 중독의 치유에 있어서 유의해야 할 점은 일 중독의 영적 측면을 이해하는 것이다. 모든 중독은 일차적으로 물질적 측면과 육체적 측면이 결합되어 있다는 것을 고려하여 접근하여야 한다. 알코올 중독의 경우에는 알코올이라는 물질과 이를 흡수하여 쾌감을 유지하려는 육체적 욕구가 결합되어 있다. 그러나 알코올 중독을 온전히 치유하기 위해서는, 겉으로 드러난 물질적 측면만을 고려하면서 만든 치유책으로는 제대로 효과를 거둘 수 없다. 인간은 동물과는 달리 영적 존재이기 때문이다. 동물은 물질로만 이루어졌지만 인간은 육체 안에 정서적 측면과 함께 영적 측면을 함께 가지고 있다. 그래서 성경은 인간을 육체와 영혼이 함께 결합된 존재로 이해하고 있다.[207]

---

[207] 이와 관련해서는 성경에 무수히 많은 구절들이 있다. 대표적인 구절은 히브리서 4장 12절의 "하나님의 말씀은 살아 있고 활력이 있어 좌우에 날선 어떤 검보다도 예리하여

따라서 중독에 있어서도 인간의 육체적, 신체적 요소를 고려함과 동시에 영적인 측면을 함께 고려해야 한다. 그래서 아치볼드 하트는 중독의 영적 측면을 다음과 같이 말하고 있다.

> 모든 중독은 영적인 문제에서 비롯된다. 인간의 본성은 본래 죄성이 있고 또 이기적이어서 자기를 과장하고 늘 만족을 원한다. 중독도 우리 안의 죄성에서 비롯되어 다시 또 다른 죄로 남은 것이다. 그래서 중독은 영적인 원인뿐 아니라 영적인 결과를 갖고 있다.[208]

아치볼드는 중독을 영적 우상의 한 형태로 본 것이다. 영적 우상은 하나님과의 관계를 멀어지게 하고 자신의 능력을 과신하는 한편 우상의 포로가 되어 끊임없는 쾌락을 추구하는 특징이 있다. 따라서 중독은 영적인 문제이기에 치유과정도 영적으로 이루어져야 하는 것이다.

학자들에 따라서는 중독의 영적 측면의 중요성을 인정하지 않는 사람도 있다. 그러나 탁월한 효과를 보이는 AA 12단계의 핵심은 더 높은 존재에 대한 의존, 즉 영적 회복이 얼마나 중독에서 효과를 보이는가를 보여주는 예이다. AA 12단계를 창안한 빌 윌슨은 무신론자들이나 교회에 대하여 부정적 시각을 가지고 있는 사람들을 의식해서 '위대한 힘'으로 표현하였지만, '위대한 힘'이 하

혼과 영과 및 관절과 골수를 찔러 쪼개기까지 하며 또 마음의 생각과 뜻을 판단하나니"와 요한삼서 1장 2절의 "사랑하는 자여 네 영혼이 잘됨같이 네가 범사에 잘되고 강건하기를 내가 간구하노라"를 들 수 있다. 성경에서는 인간의 존재와 행복을 위해서는 인간의 육체적 건강과 함께 영혼의 건강함이 함께 마련될 때 가능하다고 말씀하고 있다.
208) Archibald D. Hart, *Healing Life's Hidden Addictions*, 온누리 회복사역본부 역, 《참을 수 없는 중독》 (서울: 두란노, 2009), 281.

나님을 의미함은 물론이다. AA 12단계는 하나님의 전능하심과 사랑에 의지하여 자신의 무능함을 먼저 실토하도록 하고 있다. 그리고 자신의 과거 중독으로 인하여 실패하였던 삶을 들춰내어서 이를 하나님 앞에 드러내도록 하는 것이 치유의 핵심이다. 이것은 중독에 있어 영적 측면의 중요성을 인식하고 이를 적절하게 활용한 예라고 할 수 있다.

그러나 엘리스(Ellis)는 중독에 있어 영적인 측면의 중요성을 부인한다. 그는 AA 12단계 안에 있는 영적 의미들은 별로 가치가 없으며 따라서 더 높은 능력이신 하나님에 대한 기술은 삭제해야 한다고 주장한다.[209] 이런 견해에 동조하는 심리학자나 정신의학자들도 많은 것이 현실이다.

그러나 이런 주장들은 영적 세계에 대한 체험의 부족에서 나온 결과이기도 하다. 현실 세계는 겉으로 보이는 물질적인 세계로만 이루어진 것이 아니요, 또한 합리적 이성으로 눈에 보이는 현상을 모두 설명할 수 있는 것도 아니다. 중독자들을 대상으로 펼쳐지는 상담의 세계에서는 이성적이라기보다는 감성적인 부분이 때로는 중독자를 상담함에 있어 중독의 모습을 설명함에 더 적절할 때가 많다. 또한 중독자들의 심리상태에 대하여 이성적인 합리성으로는 설명할 수 없는 영적인 측면이 분명히 존재한다. 중독에는 육체적, 정신적인 부분뿐 아니라 영적 요소까지도 분명하게 관련이 되어 있다.

브리셋(Brissette)은 중독의 본질을 '머리가 세 개인 용'으로 설명

---

209) A. Ellis, "Why Alcoholics Anonymous is Prpbably Doing More Harm Than Good by its insistence on a Higher Power," *Employee Assistance Quarterly*, Vol. 1(1)(1985), 95-97.

한다. 그 머리들은 육과 지성, 감정과 의지로 정의되는 혼과 또한 내적 존재로 정의되는 영으로 구성되어 있다고 본다. 브리셋은 이 세 요소가 동등하게 얽혀 있는 것을 인간이라고 하며, 따라서 인간을 영적 존재로 규정한다.[210] AA 12단계가 설립단계에서부터 많은 사람들에게 관심의 대상이 되고 또한 중독 치유에 상당한 성과를 내면서 이런 치유 원리가 마약 중독, 일 중독 등 여타 중독에도 적용되는 것은 중독이 중독자의 단순한 육체적 측면에서만 기인하는 것이 아니고 영적 측면에서 기인하는 것이 많다는 것을 인식하고, 이런 영적 측면의 원리를 알코올 중독의 치유에 적용하였기 때문이다.

일 중독은 과정 중독의 하나이다. 과정 중독은 물질 중독과 유사한 측면이 많다. 그러나 치유에 있어 물질 중독보다 더욱 어려운 것이 사실이다. 과정 중독은 물질 중독처럼 명백하게 외부적으로 드러나는 것이 아니다. 대부분의 과정 중독은 중독자의 내면의 세계에서 어떤 결함의 원인으로 나타나는 것이 많다. 내면적인 문제를 심리학적 혹은 정신의학적 방식으로 접근하는 것은 한계가 있으며, 또한 치유 효과도 거두기가 어려운 것이 사실이다.

많은 상담사들이 섹스 중독과 일 중독과 같은 과정 중독자를 상담할 때 끝없는 터널을 통과하는 것과 같은 답답함과 절망감을 느끼는 이유는 과정 중독을 단순히 심리적, 정신적인 질병으로 접근할 때, 과정 중독에 대한 실체적 접근이 곧 한계를 보이기 때문이

---

210) Millicent. E. Buxton & David. E. Smith & Richard. B. Seymour, "Spiritually and Other Points of Resistance to the 12 Step Recovery Process," *Journal of Psychoactive Drugs*, Vol.19(3), (Jul-Sep, 1987), 280.

다. 일 중독은 분명한 영적 질병의 결과이다. 일 중독에 대한 이해는 단순히 일에 대한 욕심이나 집중의 결과로 자신의 삶과 가정이 피폐해지는 그런 외적 결과만을 취급해서는 온전히 이해할 수 없다. 일에 대한 과도한 집착을 가져오는 원인을 파악하는 것이 중요하다. 일 중독은 인간의 내면에 숨어 있는 영원에 대한 갈망을 일에서 찾는 영적 우상의 결과이다. 하나님은 우리 인간의 내면에 '영원', 즉 하나님에 대한 갈망을 심어주셨다.[211]

인간은 천성적으로 영원히 존재하는 절대적, 초월적 신이신 하나님을 찾고 관계를 맺으려는 갈망을 본성적으로 가지고 있다. 이런 갈망이 때로는 우상 숭배의 결과로 나타나기도 한다. 우상 숭배의 핵심은 마땅히 영광과 사랑을 받으실 하나님의 자리에 다른 것을 위치시키고 그런 대체물을 하나님처럼 숭배하는 것을 말한다. 우상 숭배의 결과는 영적 죽음이다. 영적 죽음은 우리가 영적으로 하나님과 단절된 것의 결과이기 때문이다. 참된 기쁨과 만족은 하나님과의 결합에서 나타난다.

성경은 이런 하나님과의 결합을 우리 안에 계시는 성령 하나님으로 묘사하고 있다.[212] 성령 하나님과 결합된 사람은 사랑이 충만하고 이기적이지 않고 다른 사람과 화평을 이루며 인내심이 뛰어나며 다른 사람에 대하여 자애로우며 배려에 또한 탁월하다. 그리고 모든 것에서 절제의 미를 거두게 된다.[213] 그러나 하나님을 섬기

---

211) "하나님이 모든 것을 지으시되 때를 따라 아름답게 하셨고 또 사람들에게는 영원을 사모하는 마음을 주셨느니라 그러나 하나님이 하시는 일의 시종을 사람으로 측량할 수 없게 하셨도다"(전 3:11).
212) "너희는 너희가 하나님의 성전인 것과 하나님의 성령이 너희 안에 계시는 것을 알지 못하느냐"(고전 3:16).
213) "오직 성령의 열매는 사랑과 희락과 화평과 오래 참음과 자비와 양선과 충성과 온유와 절제니 이 같은 것을 금지할 법이 없느니라"(갈 5:22-23).

지 않고 우상을 자신의 내면에 위치시키고 섬기는 자들은 다른 사람을 자신의 욕망을 위한 수단으로 삼으며, 다른 사람과 지속적인 관계를 기피하고 내면의 우상에게 집착하면서 자신과 가족의 삶을 파괴한다. 또한 절제력이 부족하고 자신이 좋아하는 것에 대한 과도한 집착을 일으킨다.

일 중독자는 자신이 하고 있는 일을 우상으로 섬기는 자들이다. 일 중독자는 우상 숭배자들에게 나타나는 공통된 특징인 일에 대한 과도한 집중이 있다. 그리고 자신이 섬기는 일이라는 우상을 위해서는 자신과 가족의 모든 것을 희생할 수 있다는 잘못된 가치관을 가진 사람들이다. 중독적 물질이나 과정에 사로잡힌 사람들은 이런 것들에 대한 과도한 집착을 보이는 특징이 있다. 그것은 하나님이 인간의 내면에 심어주시는 영원을 향한 갈망을 하나님이 아닌 중독 물질이 중독과정으로 대체하는 것이며 이것은 영적 우상 숭배에 해당한다.

AA 12단계를 창시한 빌 윌슨은 "AA에 가담하기 전에 우리는 술병에서 하나님을 발견하려고 노력했다"라고 고백하고 있다.[214] 윌슨은 자신의 내면에서 하나님처럼 존재하며 자신을 노예로 삼는 술이라는 우상을 제거하지 않는 이상 알코올에서 해방된다는 것은 불가능하다고 말한다. 그는 술병이란 우상 대신 더 높은 존재이신 하나님을 회복함으로써 알코올과의 내면의 전쟁에서 결국 승리할 수 있었던 것이다. 따라서 일 중독에서 해방되기 위해서 단순한 중독에 대한 상담적 요법이나 집단 상담을 통해 접근하는

---

[214] Gerald May, *Addiction and Grace*, 이지영 역,《중독과 은혜》(서울: 한국기독학생회 출판부, 2005), 92.

것은 효과적인 접근이 아니다. 일 중독에 대한 영적 이해와 접근이 효과적인 치유를 위한 필수적 요소이다.

일 중독에 있어 영적인 접근은 무엇인가? 그것은 영성 회복을 통한 일 중독에 대한 극복을 의미한다. 인간은 하나님의 형상대로 지음 받은 존재이다. 하나님의 형상대로 지음을 받았다는 것은 인간이 하나님과의 영적 교제를 통하여 존재하게 되고, 또한 행복과 생명의 삶이 가능한 것을 의미한다. 즉 영성 회복은 하나님의 형상대로 지음 받은 인간의 내면적, 외면적 삶의 건강한 모습을 위하여 필수적이다. 여기에서 영성은 예수 그리스도의 영이시자 하나님의 영이신 성령 안에서 자신의 삶을 조명하는 것을 의미한다. 자신의 내면에 뿌리 깊게 자리 잡고 있는 죄악된 본성을 말씀 묵상과 기도와 영적 독서를 통하여 영적인 체험을 이루어가는 과정을 말하는 것이다.

일 중독이라는 영적 질병의 치유를 위해서는 단순히 기술적 치료가 아니라 삶의 전인적 치유(holistic healing)가 일어나는 것을 의미한다. 바로 겉사람을 벗어버리고 속사람이 날로 강건해 가는 것이다. 매일의 지속적인 영적 생활을 통하여 "그의 영광의 풍성함을 따라 그의 성령으로 말미암아 너희 속사람을 능력으로 강건하게"(엡 3:16) 하는 영성의 회복을 의미한다. 이런 삶을 통하여 일 중독자의 내면을 장악하고 있는 일이라는 우상 숭배를 척결하고 성령의 사람으로 변화되어가는 것이 일 중독에 대한 영적 치유에 해당한다.

2. 영적 회복을 통한 일 중독의 치유과정

성경에서 과정 중독의 하나인 섹스 중독에 걸린 사람의 예로 삼손을 들 수 있다. 우리는 삼손의 예에서 과정 중독자의 중독과 치유의 진행 과정을 통하여 일 중독의 영적 치유과정을 이해할 수 있는 단서를 확보할 수 있다.

먼저 삼손은 태어날 때부터 하나님으로부터 구별된 특별한 사람이었다. 그는 또한 하나님으로부터 특별한 임무를 부여받은 사람이었다. 삼손은 하나님으로부터 사명을 부여받고 이를 위하여 구별된 사람이며, 또한 사명을 감당하기 위해 필요한 탁월한 육체적 능력을 부여받은 사람으로 이해할 수 있다. 그런데 이렇게 구별된 사람이 자신에게 주어진 특별한 능력을 하나님을 위해 사용하지 않고, 여성이란 우상에 집중함으로써 결국 파멸이라는 과정을 걷게 되는 것을 보게 된다.

삼손의 삶은 여성에 대한 과도한 집착과 이로 인한 파멸, 그리고 다시 회복의 과정으로 구분할 수 있다. 즉 삼손의 회복 과정은 섹스 중독(집착) → 중독으로 인한 파멸 → 중독으로 인한 죄의 자각과 회복, 그리고 사명 감당의 과정으로 나눌 수 있다.

1) 삼손의 섹스 중독

삼손은 뛰어난 장사였다. 당시 사회에서 남자의 가장 큰 무기는 육체적 힘이었다. 고대사회에서 남성이 다른 남성에 비해 탁월한 육체적 능력을 가지고 있다는 것은 그가 바로 다른 남성을 지배하는 지도자요, 엘리트 반열에 오를 수 있는 자격이 있다는 것을 의미한다. 삼손의 육체적 능력의 탁월성은 삼손이 맨손으로 젊은 사자를 갈가리 찢어 죽인 것에서 잘 나타난다(삿 14:6). 그 탁월성이 당시 블레셋에 의하여 핍박을 받고 있던 이스라엘 공동체에 주목을 받게 되자 그가 자연스럽게 지도자의 반열에 오를 수 있었을 것이다.

그러나 그의 관심사는 공동체를 위하여 헌신하며 지도자에게 필요한 절제된 삶과는 거리가 먼 것이었다. 그는 자신의 지위와 육체적 능력을 여자와의 성적 쾌감을 위하여 사용했다. 그는 딤나에 있는 이방 여자에서 가사에 있는 기생, 그리고 소렉 골짜기의 들릴라라고 하는 여인에게까지 대상을 바꾸어가며 과도하게 집착하게 된다. 여기에서 우리가 알 수 있는 것은 삼손의 비정상적인 여성관이다.

당시 이스라엘은 이방 여인과의 접촉과 결혼을 엄격히 금지하였다. 그것은 이스라엘 공동체의 순결을 깨트리는 것이며, 이방인과의 혼인은 자칫 이방인이 섬기는 우상을 이스라엘 공동체로 유입시키는 것이 될 수 있었기 때문이다. 그러므로 삼손은 자신의 배우자를 이스라엘 공동체에서 찾아야 했으나, 오히려 사람들이 금기시하던 이방 여인에게서 찾으려고 했다. 이것은 과정 중독의 특징의 하나로, 유별난 행동을 통하여 다른 사람들의 관심을 받으면서 자신의 존재감을 과시하려는 경향이 있음을 의미한다. 삼손은 이방 여인에게 빠져듦으로써 유별난 행동을 보였으며, 이를 통하여 자신의 존재감을 드러내고자 하였다.

일 중독자들 역시 일을 추진함에 있어 다른 사람들이 시도하지 않은 색다른 일을 하면서 남과 다르다는 우월의식을 가지려고 한다. 그런 과정을 통하여 자신은 다른 사람과 구별된 특별한 사람이라는 것을 자신과 주위 사람들에게 인식시키려 한다. 그러나 일 중독자들의 이런 모습은 건강한 사람들의 관점에서 보면 쓸모없는 헛된 시도로 보여지는 경우가 많다. 직장에서 일 중독자들의 과도한 행동은 종종 정상적인 사람들로부터 빈축을 사는 경우가 많다.

또한 삼손은 한 여인에게서 만족을 찾지 못한다. 그는 상대를 끊임없이 바꾸어가며 자신의 욕망을 채우려 한다. 과정 중독은 그 과정 자체에 의미를 두는 것이 아니라 자신의 욕망을 충족시키는 수단이기에 그런 욕망이 충족된 후에는 더 이상 미련을 두지 않는다는 것을 의미한다. 일 중독자는 끊임없이 일의 대상을 교체한다. 때로는 자신이 집착하고 있는 일이 완성되어 그다음 일을 찾기도 하지만, 자신이 하던 일에 대한 싫증을 느껴서 다른 일을 대신 찾아나서는 경우가 많다. 일 중독의 특징은 끊임없이 새로운 일을 발굴하고 교체하는 과정을 통하여 자신의 욕망을 충족시키려 한다는 것이다. 그러나 이런 대상의 교체는 오히려 더욱 일에 대한 집착을 나타내고 그런 일에 노예로 심화될 뿐이다.

삼손은 또한 여자에 대한 과도한 집착이 파멸을 일으킬 수 있다는 것을 알 수 있음에도 불구하고 단호하게 끊지 못하고, 여인에게 환심을 사기 위해 더욱 몰두하는 어리석음을 저지르게 된다. 들릴라라고 하는 여인이 삼손의 힘의 원천을 알기 위하여 삼손에게 직접적으로 여러 번 힘의 원천을 물었을 때, 삼손은 그 여자의 의도를 충분히 간파했을 것이다. 자신을 무능력자로 만들어 블레셋에게 넘기기 위한 술책이라는 것은 당시 모든 사람이 알고 있었을 것이다. 삼손을 제거하는 것이 당시 블레셋의 최고 관심사였고, 이것을 이루기 위해 막대한 현상금을 걸었기 때문이다(삿 16:2).

들릴라가 현상금을 얻기 위해 삼손에게 그의 힘의 원천을 물었을 때 삼손은 과감하게 그 여인을 물리치지 못했다. 오히려 들릴라의 마음이 자신에게서 떠날 것을 두려워하였다. 그리고 거짓으로 자신의 힘의 원천을 알려주면서 자신을 떠나지 못하게 하였다. 그러나 번번이 속은 들릴라가 화를 내자 그는 들릴라를 잃을지도 모른다는 두려움 때문에 자신의 힘의 비밀을 털어놓게 된다. 그 결과 결국 탁월한 육체적 능력이 제거되고 블레셋에게 포로가 되어 두 눈이 뽑힌 상태에서 감옥에서 쇠줄에 매여 맷돌을 돌리는 신세로 전락하게 된다(삿 16:21).

한 여인으로 인하여 인생의 완벽한 파멸을 맛보고 있는 것이다. 이것은 섹스라는 과정 중독을 통하여 어떻게 한 사람의 인생이 파멸에 이르는지를 극명하게 보여준다. 과정 중독에 몰두할수록 그런 중독이 자신의 인생을 파멸시킬 수 있다는 사실을 알게 된다. 그러나 파멸에 대한 두려움보다는 과정 중독의 개개의 과정, 그 예로 섹스, 쇼핑, 일 자체를 하지 못하는 현실이 더욱 두려움으로 다가온다는 것이다. 일 중독자들의 내면에는, 자신이 현재 하고 있는 일에서 배제되는 것에 대한 두려움이 자리 잡고 있기 때문이다. 따라서 일을 하기 위해서는 어떤 희생도 감수하려고 한다. 일이 자신을 떠날지도 모른다는 두려움 때문에 자신과 가정이 더욱 파멸에 이르게 되는 것을 알면서도 일에서 벗어나지를 못하고 있는 것이다.

결국 일이라는 괴물이 한 인간을 노예로 삼고 끊임없는 두려움을 심어주면서 한 인간과 가정을 완벽하게 파멸시켜나가는 것이다. 그리고 그 끝은 파멸이라는 끝자락에서 멈추게 된다. 중간에 자신의 의지로 중지하는 것은 불가능하다. 파멸에 이르고, 모든 것을 잃었을 때에야 중단이 되는 것이다.

2) 삼손의 파멸과 회복의 과정

섹스 중독의 결과는 삼손에게 모든 것의 상실을 가져다 주었다. 섹스 중독이나 일 중독과 같은 과정 중독뿐 아니라 물질 중독에 이르기까지 모든 중독의 결과는 '파멸'이다. 자신과 가족의 철저한 파멸에 이르러서야 종말에 이른다. 삼손은 블레셋이란 적에 의하여 두 눈이 뽑히고 맷돌을 돌리는 노예 신세로 전락하였다. 그것은 섹스란 우상에게 자신의 영혼을 팔고 그곳에서 하나님 대신 절대자를 찾으려 한 죄의 결과이다. 그래서 성경에서 사망의 원인은 죄라고 규정하고 있다.[215]

남성과 여성의 성관계는 결코 그 자체가 죄악이 될 수 없다. 그러나 하나님이 규정한 방식과 그 범위를 벗어나게 되면 그것이 죄악이 되는 것이다. 삼손은 하나님이 규정한 울타리를 벗어나 성을 자신의 쾌락의 도구로 사용하였기에, 그리고 더 나아가 그것이 하나님의 자리를 대치했기에 죄가 되었으며, 그 결과 그는 사망에 이르는 파멸을 경험하게 된 것이다. 그리고 이런 파멸에서 스스로가 벗어날 방법은 전혀 없다. 자신의 능력으로는 결코 벗어날 수

---

215) "죄의 삯은 사망이요 하나님의 은사는 그리스도 예수 우리 주 안에 있는 영생이니라"(롬 6:23).

없는 쇠사슬에 매여 있기 때문이다.

그러면 삼손의 회복 과정은 어떻게 이루어지는가. 먼저 자신의 실패에 대한 인정에서 시작한다. 그리고 하나님에 대한 진실한 의지를 고백할 때 회복이 시작된다. 삼손은 사사기 16장 28절에서 "여호와께 부르짖어 이르되 주 여호와여 구하옵나니 나를 생각하옵소서"라고 외치고 있다. 삼손의 일생에서 이처럼 하나님을 간절히 찾았던 적은 없었다. 그러나 그가 원수들의 쇠사슬에 매여 자신의 삶의 비참함을 경험했을 때 비로소 하나님의 전능함을 의지할 수 있었던 것이다.

그가 이렇게 외칠 수 있었던 것은 하나님의 사랑과 기대를 발견하였기 때문이다. 삼손은 들릴라에 의해 자신의 머리카락이 전부 잘렸을 때 자신의 무능함을 발견하였다. 그러나 이런 실패한 인생에게 다시 하나님의 사랑이 임하고 있다는 것을 깨달았다. 자신의 잘린 머리가 다시 자라는 것을 그는 알았기 때문이다.[216] 자신의 타락으로 인하여 잘린 머리카락이 결코 자라지 않을 것이라 여겼을 것이다. 그러나 밀린 머리카락이 다시 자라는 것을 보고 그는 여전히 하나님이 자신을 버리지 않으셨다는 것을 깨달았다.

모든 중독의 치유는 자신의 중독의 고백에서 시작된다. 먼저 자신이 중독의 포로가 되어 삶이 비참하게 실패하였다는 것을 인정해야 한다. 그러나 곧이어 자신의 힘으로는 이런 포박에서 결코 벗어날 수 없다는 것을 깨닫고 '전능하신' 하나님이 결코 자신을 포기하지 않으셨다는 것을 깨달을 때 진정한 회복의 과정에 돌입

---

[216] "그의 머리털이 밀린 후에 다시 자라기 시작하니라"(삿 16:22).

할 수 있다.

그래서 데일 라이언은 중독에 있어 성경적 치료의 핵심은 바로 하나님의 사랑에 대한 기대에서 시작한다고 말하고 있다. 잃어버린 양 한 마리를 위하여 수고를 아끼지 아니하시는 하나님의 사랑에 대한 자신의 '발견'에서 진정한 회복이 시작된다고 말하고 있다.[217] 삼손은 자신을 향한 하나님의 포기하지 않는 사랑을 그의 자라는 머리카락을 바라보면서 발견하였을 것이다. 자라나는 머리카락을 보면서 그가 가졌을 감격을 상상해 보라. 이런 감격을 그는 자신의 포박을 바라보면서 "여호와께 부르짖어"[218] 자유와 사명 회복을 구하는 데 활용한다. 성경은 어떤 죄인이라 할지라도 여호와를 부르는 자는 구원을 얻는다고 증언하고 있다.[219]

회복의 진정한 돌입은 바로 하나님이 자신에게 부여한 능력의 올바른 인식에서 시작된다. 삼손은 자신에게 부여된 육체적 힘이 결코 자신의 육신적 쾌락을 위한 것이 아닌 이스라엘 공동체를 위한 것임을 깨달았다. 그리하여 자신에게 부여된 권능을 하나님이 원하시는 방식으로 사용할 것을 하나님께 간구한 것이다. 그리고 그 힘의 권능을, 이방 신전에서 자신의 포로 됨을 보면서 즐기고 있는 블레셋 사람들에게 힘있게 행사할 수 있도록 하나님께 간구하고 있다.

그가 힘을 다하여 이방 신전의 기둥을 밀었을 때 그곳에서 3천 명의 블레셋인을 죽이는 은혜를 경험하게 된다. 삼손이 자신의 마

---

217) Dale Ryan, *Addiction and Recovery*, 정동섭 역, 《중독 그리고 회복》 (서울: 예찬사, 2008), 42.
218) 사사기 16:28.
219) "누구든지 주의 이름을 부르는 자는 구원을 받으리라"(롬 10:13).

지막 삶에서 자신에게 부여된 힘을 하나님의 목적을 위하여 사용하기 위하여 몸부림쳤을 때, 3천 명의 블레셋이 이방 신전의 붕괴로 죽었다. 이것은 그가 살았을 때에 블레셋인을 죽인 것보다 더 많은 적을 죽였다고 성경은 말씀하고 있다.[220] 그의 마지막 삶을 보았을 때 그는 결코 실패한 인생이 아니었다. 섹스 중독에 걸린 한 남자가 마지막에 자신의 죄와 실패를 인정하고 하나님 앞에 부르짖을 때, 그의 섹스 중독에서의 쇠사슬이 풀어지고 오히려 더 많은 위업을 남길 수 있었던 것이다.

일 중독에 대한 회복은 먼저 자신이 일이라는 괴물에게 쇠사슬로 묶여 있다는 것을 인정할 때 가능하다. 이것은 자신에게 정직해지는 것을 의미한다. 자신에 대하여 정직할 때 그리고 어떤 도피도 추구하지 않을 때, 일의 노예가 된 자신을 발견하게 된다. 그리고 이에 대하여 자신에게 정직할 때 회복이 가능하다. 지금까지 자신이 일에 열중해 온 것에 대한 핑계를 대지 않는 것이다. 일이 자신에게 우상이었음을 인정하는 것이다. 그리고 우상을 치우고 하나님께 부르짖는 것이다. 일의 목적이 이제는 자신의 이기적 욕심을 위한 것이 아닌 바로 하나님이 주신 목적에 부합되도록 사용할 것을 결단하는 것이다. 이것은 사명이다.

일 중독은 자신에게 부여된 노동의 근본 의미와 목적을 올바로 깨달을 때 회복이 가능하다. 일 중독의 치유는 단순히 과도한 노동의 양을 줄인다거나 혹은 일을 중단하고 휴식을 취하는 것만을

---

[220] "삼손이 이르되 블레셋 사람과 함께 죽기를 원하노라 하고 힘을 다하여 몸을 굽히매 그 집이 곧 무너져 그 안에 있는 모든 방백들과 온 백성에게 덮이니 삼손이 죽을 때에 죽인 자가 살았을 때에 죽인 자보다 더욱 많았더라"(삿 16:30).

의미하지 않는다. 오히려 적극적으로 일을 추진하되 일의 목적을 자신의 이기적 욕망을 충족하기 위한 수단이 아니라 하나님이 자신에게 주신 거룩한 사명을 이루기 위한 수단으로 쓰는 것이 적극적 치유에 속한다.

제IV부

일 중독과 상담

11장

일 중독과 상담

1. 상담에 대한 일반적 이해

상담(counseling)이란 용어의 어원은 라틴어 'consulere'에서 출발하고 있다. 이 단어의 뜻은 '고려하다', '반성하다', '숙고하다', '조언을 받는다' 등의 뜻을 가지고 있다. 여기에서 우리는 상담이란 일차적으로 어떤 문제에 대하여 나 외에 다른 사람으로부터 그 문제를 조명하고 숙고하면서 조언을 받는다는 의미를 가지고 있음을 알 수 있다. 이런 의미는 상담의 한자어인 '相談'에서 더욱 뚜렷이 알 수 있다. 즉 상담이란 어떤 문제에 대하여 서로가 마주보고 대화를 나누는 가운데 해결방법을 공동으로 모색하는 것이라고 할 수 있다.

이런 점에 착안하여 로저스(Rogers)는 상담을 훈련받은 상담자와 내담자 간의 상호작용을 통하여 내담자가 자신의 문제를 스스로 이해하고 더욱 발전적인 수준으로 나아가도록 도와주는 과정으로 이해하고 있다.[221] 여기에서 상담이란 먼저 언어적 수단에 의한 상호작용이란 점을 인식해야 한다는 것이다. 그리고 그런 상담은 상담자와 내담자 간의 개인 대 개인의 관계에서 진행된다는 것이다. 그리고 상담은 상담자가 문제를 직접 해결하고 제시하는 것이 아니라 내담자가 상담자의 조력을 받아가면서 본인이 직접 문제를 해결해야 하는 과정이라는 것을 이해해야 한다.[222]

여기에서 우리는 상담이란 무엇보다도 상담자의 조력을 통하여 문제를 소지한 내담자가 직접 해결해 가야 하는 과정이라는 것을 이해하면서 여기에서 상담의 한계를 인정할 필요가 있다. 왜냐하면 상담현장에서 상담자의 과도한 개입과 문제 해결에 대한 지나친 낙관은 자칫 상담자 본인과 내담자에게 커다란 상처와 부작용을 일으킬 수 있기 때문이다. 그 예로, 알코올 중독으로 내방한 중독자에 대하여 상담자는 자신의 이론과 경험을 통하여 완전한 치유를 도모하려고 한다. 그러나 그런 상담자의 개입과 노력은 중독자인 내담자의 적극적인 의지가 없으면 커다란 효과를 볼 수가 없다. 본인이 해결에 대한 강력한 의지를 가지고 있다 할지라도 그런 효과를 보기까지는 오랜 시간이 걸리기 때문이다.

따라서 상담은 적절한 개입과 상담을 통하여 내담자가 자력으로 문제를 해결하도록 조력하는 것임을 인식하고, 이런 한계를 상담자와 내담자가 시작에서부터 명확히 인식하는 것이 필요하다. 이것은 상담의 기본적인 목표를 명확하게 설정하는 것을 의미한다.

---

221) C. R. Rogers, *My Philosophy of Interpersonal Relationships and How It Grew* (Boston: Houghion Mifflin, 1980), 23.
222) 이현림,《상담이론과 실제》(서울: 양서원, 2009), 9.

크롬볼츠(Krumboltz)는 상담에 있어 기본적인 목적을 세우는 것이 앞으로의 상담의 성격과 방향을 규정짓는 중요한 요소라고 지적한다. 그는 상담의 기본 목적은 내담자가 제시하여야 하고, 상담자는 내담자의 이런 목표를 도와주는 조력자이어야 한다고 주장한다.[223] 상담과정을 통하여 내담자는 자신의 문제에 대한 새로운 정보를 얻고 상담자의 조력을 받아가면서 자신의 문제에 대한 평가를 할 수도 있다. 그리고 어떤 방향으로 나아갈 것을 상담받을 수 있다. 그 결과 한층 깊은 차원에서 자신과 자신이 처한 현실을 평가하고 이해하고 수용하고, 이런 일련의 과정을 통하여 자신의 문제를 해결할 수 있는 변화를 시도하게 되는 것이다. 따라서 상담자는 적절한 개입과 조력을 제공하는 것에 만족해야 하며, 상담으로 얻을 유익에 대해 자세히 설명하여야 한다. 그러나 이런 과정을 통하여 상담의 최종 목적은 상담자가 아닌 내담자의 몫이라는 것을 주지시켜야 한다.

상담자는 이런 상담의 한계와 효과적인 상담을 위한 목표 설정을 한 후에도 상담과정에서 일관된 원칙을 유지해야 한다. 상담에 대한 기본적인 원칙을 유지하는 것은 내담자의 과도한 기대를 억제하고, 한편으로 내담자가 자신의 문제를 해결해 가는 과정을 더욱 효과적으로 촉진하기 때문이다. 조지(George & Cristiani)는 상담의 기본원칙에 대하여 다음과 같이 말하고 있다.[224]

---

[223] J. D. Krumboltz, Integration career and personal counseling, *The Career Development Quarterly*, 42(2), 143-148.
[224] 이현림,《상담이론과 실제》(서울: 양서원, 2009), 12에서 재인용.

1) 개별화의 원리

상담자는 내담자의 개성과 차이점을 인정하면서 상담을 진행해야 한다. 사람들마다 각각의 특성과 차이점이 존재하기 마련이다. 모든 사람에게 적용되는 어떤 보편타당한 상담은 없다. 그렇기에 내담자 개인의 독특한 특성과 문제점을 개별적으로 파악해서 접근해야 한다.

2) 의도적 감정 표현의 원리

상담자는 내담자가 자신의 속마음을 자유롭게 표현하도록 화기애애한 분위기를 조성해야 한다. 내담자는 여러 이유로 인하여 자신의 속마음을 노출하는 것에 거부감과 두려움을 가지고 있다. 그래서 손쉽게 자신을 노출하려고 하지 않는다. 이런 내담자의 심리상태를 충분히 파악하면서 자신의 감정을 솔직히 드러내도록 이끌어가는 것이 상담의 필수적인 요건이 된다.

3) 통제된 정서 관여의 원리

상담자는 내담자의 정서 변화에 대하여 예민하게 점검할 수 있는 상담 능력을 갖추고 있어야 한다. 한마디의 단어 속에서 내담자의 미묘한 심리적 변화를 끄집어낼 수 있어야 한다. 그리고 이런 정서 변화에 대하여 내담자에게 부담이 되지 않도록 자연스럽게 접근하는 자세가 필요하다.

4) 수용의 원리

상담자는 내담자의 처지와 문제가 무엇이든 이를 따스하게 수용해야 하며, 또한 내담자를 인격체로서 존중하고 받아들여야 한다. 이런 상담자의 입장이 내담자에게 자연스럽게 전달되도록 해야 한다.

5) 비판단적 태도의 원리

상담자는 내담자와 상담과정에서 내담자의 행동, 언어, 태도 등에 대하여 전문적인 식견을 동원하여 평가해야 한다. 그러나 이런 평가는 내담자의 총체적 문제를 더욱 정확히 이해하고 내담자에게 조력을 주기 위한 과정으로 여겨야 한다. 상담자가 내담자를 판단하여 책임이나 선악을 평가하는 것은 바람직하지 않다.

6) 자기 결정의 원리

상담자는 내담자의 문제 해결 능력을 존중하고 신뢰하며 끝까지 내담자가 자신의 문제를 해결하도록 이끌어가야 한다. 내담자의 능력 부족 등을 이유로 상담자가 직접 문제에 대한 해결방법을 제시해서는 안 된다.

7) 비밀 보장의 원리

상담자는 내담자의 상담과정에서 취득하게 된 정보와 기타 사항에 대한 비밀을 엄격히 유지해야 한다. 그리고 이런 비밀 보장의 원칙을 내담자에게 충분히 인식시켜야 한다. 그래야 내담자가 자신의 문제에 대하여 보다 자유롭고 솔직하게 토로하는 가운데 상담이 진행될 수 있다.

상담자는 이런 원리들을 유지하면서 내담자를 상담하게 되는 데, 여기에서 다양한 상담기술을 적절하게 활용하여야 한다.[225] 그러나 무엇보다도 중요한 것은 다양한 상담기술을 확보하고 활용하는 것도 필요하지만, 실제 상담현장에서 다양한 상담사례를 직접 체험하며 현장감각을 길러가는 것이 중요하다. 상담에서는 모든 내담자들에게 공통되는 상담사례가 없다. 내담자마다 모두 고유의 독특한 문제들을 가지고 있기에, 다양한 접근방식을 활용해야 하는 경우가 많다. 따라서 상담현장에서 수많은 상담사례를 직접 접하고 내담자와 함께 이의 해결을 공동으로 노력하는 가운데 상담에 대한 보다 깊은 이해와 해법을 확보하게 된다.

2. 기독교 상담과 일 중독 치유

일반 상담과 기독교 상담은 유사한 점이 많이 있다. 우선은 상담의 본질을 경청과 조언에 두고 있다는 것이다. 상담자는 내담자의 문제에 대하여 본인이 직접 진술하도록 하며, 이에 대하여 경청과정을 통하여 내담자의 문제에 접근해 간다. 그리고 상담자는 문제의 해결을 직접 제시하는 것이 아닌, 조언자에 머문다는 것도 유사하다.

그러나 일반 상담과 기독교 상담은 본질적인 차이가 있다. 그것은 일반 상담은 상담자와 내담자의 역동적 상호작용의 과정으로 여기나, 기독교 상담은 여기에 절대자 하나님이 포함된다는 것

---

[225] 상담현장에서는 다양한 상담기술이 활용된다. 예컨대, 인간중심적 상담, 정신분석적 상담, 행동주의적 상담, 의사교류적 상담, 행태주의적 상담, 집단상담, 놀이상담, 인지행동주의 상담, 대상관계 상담, 가족체계 상담 등이 있다.

이다. 즉 기독교 상담은 상담자-내담자-하나님의 삼위적 상호작용의 과정을 상담의 모습으로 바라보는 것이다. 일반 상담은 상담의 근거를 심리학이나 정신분석 혹은 정신의학에 두고서 내담자의 가치관, 심리적 양태, 행동양식 등을 관찰하면서 문제를 파악하고 치유책을 마련한다. 그러나 기독교 상담학은 성경을 상담의 근거로 제시하면서 성령의 개입과 은혜를 강조한다는 점에서 커다란 차이가 있다.

더 나아가 일반 상담은 내담자의 신체적, 정신적 영역에서 상담의 객체를 파악한다. 그러나 기독교 상담은 이런 외적 대상보다는 영적 존재로서의 내담자를 관찰하게 된다. 다시 말하면 기독교 상담은 인간을 용서받아야 할 죄악된 존재로 규정하고, 여기에 하나님의 이해와 사랑을 문제 해결의 직접적 수단으로 본다는 것이다. 스탠튼(Stanton L. Jones)은 기독교 상담에 있어 하나님의 핵심적 역할을 다음과 네 가지로 제시하고 있다.[226]

- **지지의 역할**: 내담자는 상담을 통하여 하나님이 자신을 지지하고 격려하며 위로하시는 것을 경험하게 된다.

- **화해의 역할**: 내담자는 상담을 통하여 자신의 죄를 용서하시고 또한 자신과 화해하시기를 원하시는 하나님을 경험하게 된다.

---

226) Stanton L. Jones & Richard E. Butman, *Modern Psychotherapies: A Comprehensive Christian Appraisal* (IL: Inter Varsity Press, 1991), 406-407.

- **치유의 역할**: 내담자는 상담을 통하여 자신들의 문제를 해결하고 악을 제거하시며 또한 치유하시고 다시 새롭게 창조하시는 하나님을 경험하게 된다.

- **인도의 역할**: 내담자는 상담을 통하여 하나님이 자신들에게 지혜와 용기를 주시며, 현재의 어두운 터널에서 새로운 빛 된 길로 인도하시는 분이심을 경험하게 된다.

일반 상담은 상담자가 내담자의 내면적 심리상태와 외면적 생활양식에서 심리적, 정신 역동적 병리현상을 발견하고 상담을 통하여 치유하는 과정을 수단으로 하나, 기독교 상담은 내담자의 문제에는 하나님 앞에서 죄악된 삶이 가장 핵심적 요인으로 자리 잡고 있다는 것을 전제로 하고 접근한다는 것을 뜻한다. 그리고 이런 죄악된 삶을 상담을 통하여 드러내고, 그 죄를 고백하도록 하고 용서하시고 화해하시는 하나님을 경험함으로써 영적이며 내면적인 질병을 치유하도록 하는 데 있다는 것을 의미한다.

기독교 상담학자인 맥민(McMinn)은 기독교 상담의 본질을 인간의 죄악된 삶의 무게로 인한 내담자의 문제 발생과, 이를 해결하시기 원하는 하나님의 은혜를 상담 속에서 내담자가 발견하도록 하는 것이라고 말하고 있다.[227]

이런 관점에서 일 중독자에 대한 기독교적 상담은 다음의 세

---

227) Mark R. McMinn, *Sin and Grace in Christian Counseling*, 전요섭 외 1인 역,《죄와 은혜의 기독교 상담학》(서울: 기독교문서선교회, 2011), 45-47.

가지 측면에서 활동하는 것을 의미한다.[228] 첫째로, 일 중독자에 대한 전반적인 상담계획을 세운다. 둘째로, 일 중독자가 AA 12단계에 적극적으로 참여하도록 하고, 이를 실천하도록 지지와 격려 및 조언을 시도한다. 마지막으로, 일 중독자의 영적 상태를 점검하고 이에 대한 적절한 영적 치유책과 영적 성장을 도모한다. 이런 과정에서 무엇보다도 중요한 것은 일 중독자의 중독이 영적 죄악의 결과임을 내담자가 인식하도록 하는 것이다. 그리고 이에 대한 죄의 고백을 통하여 하나님의 치유와 은혜를 경험하도록 하는 것이다.

이런 과정은 AA 12단계에 참여하여 같은 아픔을 경험하고 있는 일 중독자들과의 교제를 통하여 더욱 효과적으로 일어날 수 있다. 일 중독자들은 중독의 인식과 그 원인에 대한 깨달음, 그리고 하나님의 은혜의 주입의 결과로 인한 치유과정으로 나눌 수 있다. 여기에서 기도와 영적 도서의 독서 그리고 묵상은 매우 중요한 치유수단이며, 따라서 상담자는 이런 수단들을 적절하게 제시해 주어야 한다.

결국 일 중독의 치유는 내담자의 영적 세계에서 하나님의 자리를 대신 차지하였던 '일'을 배제하고, 그 자리에 하나님을 다시 모시는 과정이라고 할 수 있다. 이런 과정을 통하여 일에 대한 태도 변화와 인생관의 변화, 그리고 본인과 가정의 회복이 이루어진다.

---

228) Sydney V. Jackson, "Pastoral Counseling of Recovering Alcoholics After," *Pastoral Psychology*, Vo, 38(2) (Winter, 1989), 118.

12장

일 중독과 상담의 실제

1. 일 중독자에 대한 상담전략

일 중독자에 대한 구체적인 상담전략은 먼저 중독자에 대한 치유계획을 수립하는 것에서 시작한다. 일 중독자들에게는 각각의 개별적인 상황과 특성이 있다. 이들에게 적합한 상담전략을 먼저 수립하는 것이 중요하다. 이런 상담전략에는 일 중독자의 성장과정, 일 중독에 이르게 된 경위, 일 중독으로 인한 개인과 가정의 피해 정도, 가장 효과적인 치유전략 등을 마련하는 것을 들 수 있다.

그런데 여기에서 상담자들이 유의할 것은 일 중독에 대한 치유의 주도권은 상담자에게만 있는 것이 아니라 내담자 그리고 나아가 하나님께 있다는 것을 유의하는 것이다. 상담은 내담자의 사정과 문제들을 경청하고 그런 문제에 대한 전문가적 조언을 하는 것에 집중해야 한다. 내담자인 일 중독자는 조언을 통하여 자신의 일 중독에 대한 전반적인 이해를 도모하면서 스스로 치유전략을 마련해야 하는 것이다. 이런 치유전략의 일환으로 AA 12단계 프로그램의 활용을 꼽을 수 있다. 이 프로그램의 탁월성은 바로 중독자들의 자발적인 모임이라는 것이다. 같은 문제를 경험하고 있는 사람들끼리 모여 의사소통을 통해 아픔을 공유하면서 중독의 문제는 자신만의 문제가 아닌, 이 시대 모든 사람들의 문제라는 것을 인식하게 되는 것이다. 또한 AA 12단계에는 반드시 중독으로 아픔을 경험했으나 이 프로그램을 활용해 치유를 받았던 사람을 참여시키기 때문에 그만큼 성공에 대한 확신을 가질 수 있다.

AA 12단계가 중독자들의 자발적인 치유모임이라고 할지라도 거기에는 후원자와 프로그램을 이끌 상담자를 필요로 한다. 따라서 상담자가 AA 12단계 프로그램의 기초 설계자로서, 인도자로서, 후원자로서 일 중독자와 함께 참여한다면 더욱 많은 효과를 거둘 수 있다. AA 12단계를 활용한 일 중독자의 치유는 초기단계와 본격 치유과정 단계 그리고 회복단계로 나눌 수 있다. 이들을 항목별로 살펴보면 다음과 같다.

1) 초기단계

일 중독자는 자신의 중독에 대한 심각한 문제점을 파악하고 이를 극복하려고 하나 내부의 부정이라는 심리적 방어기제 때문에 내적인 통제능력을 상실하고 자기혐오와 증오심에 빠지는 경우가 많다. 많은 일 중독자들은 중독이라는 사실을 인정하지 않고 있다. 설사 인정할지라도 '가정을 위한 것'이라는 자기 합리화를 세우거나 혹은 '나는 언제든지 지금 하고 있는 일을 중단할 수 있다'라고 하면서 자신이 중독자임을 인정하지 않으려는 경향이 있다. 이런 상황에서 기독교 상담자가 가장 먼저 해야 할 일은 일 중독자에게 자신의 중독상태를 인식시키고 이를 인정하도록 하는 것이다. 일 중독자들은 일 중독을 합리화시키는 자신만의 신념의 구조(structure beliefs)를 가지고 있다. 일 중독이라는 결과는 이런 신념의 구조의 결과이기 때문에 이런 신념의 구조를 먼저 허물어주는 것이 필요하다.

아치볼드 하트는 일에 대한 잘못된 신념의 결과로 생기는 일 중독자들의 회복을 위하여 자신이 일 중독이라는 것을 인정하고, 또한 일 중독을 축소하거나 변명하지 못하도록 만드는 것이 중요하다고 말한다. 상담자는 일 중독의 해로운 측면을 적절하게 제시하면서 내담자에게 자신의 처지를 정확히 판단할 것을 유도해야 한다.[229] 따라서 기독교 상담자는 일 중독자 자신의 입으로 중독을 시인하도록 하는 것이 중요하다. 중독의 시인은 그다음 단계인 '그러면 나는 어떻게 해야 하나요?'라는 물음으로 연결되기 때문이다. 이런 물음에 대하여 상담자는 AA 12단계에 자발적으로 참여할 것을 권유할 수 있다. 이 프로그램에 참여했을 때 얻게 되는 치유의 효과를 적절하게 설명하는 것이 중요하다.

2) 본격적인 치유과정

브라운(Brown)은 중독자의 정체성의 변화과정을 3단계로 나누고 있다.[230] 먼저 자신의 중독을 '부인'하는 단계이다. 이 단계에서는, 자신은 중독이 아니라는 강한 부정을 하거나 혹은 중독이라고

---

[229] Archibald D. Hart, *Healing Life's Hidden Addiction*, 윤귀남 역, 《숨겨진 중독》 (서울: 참미디어, 1997), 132-133.
[230] S. Brown, *Treating the Alcoholics: A Developmental Model of Recovery* (New York: John Wiley Press, 1985), 64.

할지라도 자신은 언제든지 중독에서 멈출 수 있다는 강한 확신단계에 있다. 이런 단계에 있는 일 중독자는 먼저 상담을 통하여 자신의 중독을 인정할 필요가 있다. 다양한 자료와 상담 사례를 제시하면서 내담자의 상태를 객관적으로 제시하고 이를 내담자가 평가하여 자신의 일 중독을 시인하게 하는 것이 치유에 있어 선결조건이다.

그러나 상담과정을 통하여 자신의 중독을 인정한다고 할지라도 이런 시인이 확고하게 자리 잡지 못하고 시인과 부인의 과도기적 단계를 거치게 된다. 때로는 자신의 중독을 시인하면서도 또 한편에서는 자신이 결코 일 중독자일 수 없다는 강한 부인을 하는 경우가 많다. 이것은 일 중독자의 정체성의 혼란 단계이다. 이런 혼란 단계에서 상담자의 효과적인 상담전략을 통하여 자신의 일 중독을 확실하게 고백하는 3단계로 나아가게 된다.

따라서 상담자는 일 중독자가 지금까지 가지고 있던 일에 대한 잘못된 태도와, 그로 인한 일 중독자의 오도된 정체성을 흔드는 작업부터 해야 한다. 이런 과정은 상담과정을 통하여 이루어지거나, 혹은 12단계 프로그램에 일 중독자를 참여시킴으로써 자신과 비슷한 처지에 있는 일 중독자들의 모습을 보고 자신의 중독을 시인하도록 하는 방법이 활용될 수 있다.

일 중독자가 AA 12단계에 참여하게 되면 본격적인 치유과정에 들어가게 된다. 상담자는 일 중독자들이 참여하는 AA 12단계가 지속적이면서 효율적으로 운영되어 효과적인 치유 효과가 나타나도록 기획하고 작동하도록 해야 한다. 이것을 위하여 다음 세 가지 사항을 필수적으로 점검하고 작동하게 해야 한다.

첫째로, 일 중독자별로 각각 한 명씩의 후원자를 확보하고 연결시켜야 한다. 이를 위해서 교회나 기독교 단체에서 확보하고 있는 자원봉사자를 유효하게 활용할 수 있다. 다만 여기에서 유의할 것은 이렇게 교회나 관련단체에서 후원자를 확보할 때에는 기독교적인 어떤 시각을 일 중독자에게 드러내서는 안 된다는 것이다. 일 중독자 가운데 교회에 대하여 낯설어하거나 부정적인 시각을 가진 사람들이 있기 때문이다. 따라서 치유과정이 지속적으로 이루어지고 중독자가 관심을 보이기 전까지는 교회에 대한 소개나 예배 참여 권유를 가급적 지양하는 것이 필요하다.

둘째로, 90일 동안 매일같이 한 번씩 참여하여 90회를 참여토록 일 중독자들을 격려하고 지원하는 것이다. 이렇게 매일같이 프로그램에 참여함으로써 치유의 효과가 지속적으로 나타날 수 있고, 또한 매일의 삶에서 실천해야 할 적절한 지침을 받을 수 있기 때문이다.

마지막으로 가능한 가정 내 AA 그룹을 활성화시키도록 해야 한다. 일 중독자의 문제는 개인의 문제가 아니다. 가정 내에서 배우자 간에 혹은 자녀들 간의 문제에서 출발하는 경우가 많기 때문이다. 따라서 가정도 함께 AA 12단계 프로그램에 참여하도록 하여 일 중독자 본인과 함께 모든 가정 구성원이 치유에 동참하면서 문제를 공유하고 일에 대한 바른 가치관을 이전받을 수 있다.

3) 회복단계

12단계에 적극적으로 참여할 때 가장 먼저 나타나는 것이 바로 친밀감의 증대이다. 일 중독자들은 처음에는 마지못해 프로그램에 참여했다 할지라도 계속된 참여와 지속적인 관계를 맺음으로써 이제는 AA 12단계가 친밀해지고 가족보다도 더 강한 유대감을 보이게 된다. 그러면서 더욱 많은 기대감을 가지게 된다. 이럴 때 상담자는 지금까지 의존하였던 일에 대한 과도한 집착에서 그 집착의 대상을 일이 아닌 사람으로 바꾸는 과정을 내담자가 자연스럽게 변경하도록 유도해야 한다. 그것은 12단계에 참여한 모든 사람들과 친밀한 관계를 유지하도록 하고, 특히 후원자와 더 좋은 관계를 형성함으로써 일 중독에 빠졌던 자신이 그 중독에서 빠져 나올 때 가지는 정신적 공허감을 메워야 하기 때문이다.

이런 과정이 순조롭게 이루어지지 않으면 치유과정에서 위기가 오게 된다. 특히 AA 12단계에서 일 중독자들이 가장 많은 고통과 어려움을 호소하는 것은 4, 5단계에서의 자신의 죄악된 삶에 대한 고백과 8, 9단계에서 자신이 손해를 입힌 사람들에게 사과하고 보상을 하는 것이다. 이럴 때 상담자는 일 중독자를 사람에 대한 관심에서 하나님에 대한 관심으로 자연스럽게 유도하도록 해야 한다. 결국 자신의 문제는 죄의 결과이며, 죄의 문제는 하나님과의 정상적인 관계를 마련함으로써 해결되기 때문이다.

AA 12단계의 핵심은 중독자들이 하나님과의 영적인 만남에서 중독문제가 해결된다는 데 있다. 상담자는 이런 사항을 유의하면서 일 중독자들에게 12단계에 지속적으로 참여할 것을 지도하면서 영적 삶을 위한 독서의 권유와 기도생활 등을 지도해 줄 필요가 있다.

일 중독자가 12단계에 효과적이면서 지속적으로 참여하게 되면서 사람과 하나님의 관계가 회복이 되면 로저스(Ronald L. Rogers)와 맥밀린(Chandler S. McMillin)은 중독자에게 순응과 변화, 그리고 참여와 자율성이 나타난다고 설명한다.[231] 이제 일 중독자는 AA 12단계의 모든 과정에 대한 자발적인 순응이 일어난다. 그러는 가운데 자신에 대한 새로운 정체성의 변화가 일어난다. 그리고 자신의 가정과 주변의 일들에 대한 참여와 자신의 인생에 대한 책임감 있는 결정을 하게 된다. 일 중독자가 이전에 가졌던 일에 대한 집착과 노예에서 벗어나 하나님과 사람에 대한 적극적인 관계 시도를 맺게 되면서 일에서 해방을 경험하게 된다. 그런 해방은 마음의 평정과 자유로 이어지게 된다.

이런 과정에 돌입하게 되면, 상담자는 이런 선순환이 일 중독자에게 지속적으로 일어나도록 세심한 배려를 하여야 한다. 일 중독은 언제든지 상황이 악화되면 다시 빠져들 가능성이 있기 때문이다. 이를 위해서 상담자는 다음 사항을 유의하면서 일 중독자들이 회복의 지속적인 선순환에 안착하도록 하여야 한다.[232]

첫째로, 자신의 일 가운데 반드시 해야 할 것과 그렇지 않은 일을 구분할 수 있는 능력을 내담자가 키우도록 도와주어야 한다. 이를 위하여 매일 자신이 하는 일을 리스트로 만들도록 하여 꼭 해야 할 일과 그렇지 않은 일로 구분하도록 하는 훈련을 지속적으로 하여야 한다.

둘째로, 시간이 자신을 지배하는 것이 아니라 자신이 시간을 지배하도록 해야 한다. 즉 자신이 일하는 한계를 정해서 그 범위 내에서 일하도록 하고 나머지 시간은 가족과의 관계, 자신의 취미 생활, 친구와의 교제 등에 효과적으로 배분하도록 해야 한다.

---

231) 김병오,《중독을 치유하는 영성》(서울: 이레서원, 2003), 203-204.
232) "일 중독, 휴일이 허전하고 불안하다",《가정과 상담》2001. 5. 통권 409호, 110-111.

셋째로, 가정의 소중함을 인식하고 이를 위해서 실천하도록 해야 한다. 일 중독자들은 대부분 가정에 소홀하다. 일이라는 명목 아래 가정을 희생시키는 것을 당연시한다. 그 결과로 가정이 파괴되거나 그 직전까지 가는 경우가 많다. 이런 가정에서 일 중독자들은 더욱 공허함을 느끼고 일에서 공허함을 메우려 한다. 따라서 일 중독자가 치유과정을 모두 마쳤을 때, 가정에 복귀하여 화목한 가정을 이끌어가도록 하는 것은 치유의 지속성을 유지하기 위해 반드시 필요하다.

넷째로, 일이 아닌 곳에서 자신의 삶의 의미와 즐거움을 찾을 수 있도록 도와주어야 한다. 일 중독자들은 일하는 것 외에 다른 즐거움을 찾지 못하는 경우가 많다. 따라서 일 외에 다른 곳에서 삶의 즐거움을 찾을 수 있도록 상담자가 도와주어야 한다. 내담자의 성향과 생활상태 등을 고려하여 운동, 독서, 여행, 영화감상 등을 적절하게 제시하는 것이 좋다.

마지막으로, 현재 하나님이 주신 부와 명예에 자족하는 비결을 배우도록 하여야 한다. 일 중독의 근원은 일을 통하여 더욱 많은 부와 명예를 누리려는 집착과 탐욕의 결과이다. 이에서 벗어나는 것은 '자족'의 비결을 배우는 것이다. 그것은 매일의 영적 경건생활의 실천을 통하여 자신의 삶에서 하나님의 위치를 확보하고 이로 인하여 즐거워하는 것이다.[233] 이것은 한편으로 삶의 속도를 약간 늦추는 것을 의미한다.

일 중독자들은 공통적으로 '강박적' 모습을 보인다. 어떤 정해

---

233) "마음이 부패하여지고 진리를 잃어 버려 경건을 이익의 방도로 생각하는 자들의 다툼이 일어나느니라 그러나 자족하는 마음이 있으면 경건은 큰 이익이 되느니라"(딤전 6:5-6).

진 목표를 달성하지 못했을 때는 초조감과 불안감을 보인다. 그리고 서둘러 일에 더욱 집착함으로써 자신과 주위를 힘들게 한다. 이런 강박증과 초조감을 보일 때, 먼저 인생이란 배의 키는 내가 쥔 것이 아니고 하나님이 쥐었다는 것을 인정하는 것이 필요하다.

성경은 "사람이 마음으로 자기의 길을 계획할지라도 그의 걸음을 인도하시는 이는 여호와시니라"(잠 16:9)고 말씀하며, 인생의 주도권을 자신이 아닌 하나님께 양도할 것을 말씀하고 있다. 때로는 정해진 일에서 약간은 늦어지거나 혹은 미달될 수도 있다. 그럴 때에 정해진 목표에 대한 달성이라는 강박에서 벗어나 다른 대안을 서두르지 않고 모색하면서 삶의 끈을 약간은 늦추는 자세가 필요하다. 이것은 일에 대한 지나친 강박관념에서 벗어나, 결국은 일이 자신의 삶의 중심이요 목적이 아니라 하나님이 삶의 중심이며 목적이 되도록 한다는 것을 의미한다. 이럴 때만이 진정한 일 중독에서의 해방을 맛볼 수 있다.

2. 일 중독자에 대한 구체적인 상담 적용

이제부터는 지금까지 논의한 일 중독자에 대한 상담전략을 바탕으로 현장에서 어떻게 실제적으로 적용할 것인가를 살펴보기로 하자. 본 상담과정은 필자가 섬기고 있는 대전의 한 중형교회에서 실제로 펼쳤던 상담과정의 일부이다.[234] 필자는 먼저 교회 안에서 일 중독에 대한 실제적인 모습을 살펴보고, 이에 대한 치유전략을

---

234) 일 중독자에 대한 상담을 구체적으로 펼쳤던 교회는 대전에 소재한 500명 규모의 장로교 통합 측 교회이다. 이 교회에서 필자는 담임목사 사모로서, 상담자로서 활동하고 있다.

마련하기 위해 다음과 같이 3단계 전략을 수립하였다.

- **1단계**: 교회에서 성도들 가운데 자원하는 집단을 선정하여 이들이 일 중독에 대한 세미나에 참석할 수 있게 한다. 참석 후 일 중독 여부에 대한 검사를 실시한다.

- **2단계**: 선정 집단 가운데 일 중독 여부 검사 결과 일 중독자로 의심되는 부류를 선정하여 AA 12단계를 활용하여 상담 및 치유전략을 확보한다.

- **3단계**: 일 중독자들 가운데 AA 12단계를 이수한 사람들에게 계속 치유전략을 제공하고 상담을 종료한다.

1) 1단계: 선정단계

필자는 2014년 2월부터 3월까지 총 8회에 걸쳐 "일 중독과 여가생활"이란 주제로 주일 오후 예배 후에 세미나를 실시하였다. 약 50여 명의 인원이 참석을 하였다. 대부분이 40대 이상으로 남성이 65%, 여성이 35%를 차지하였다. 세미나는 우리 삶에서 일이 차지하는 비중과 그 의미, 그리고 일 중독의 실상과 위험도, 건강한 신앙생활을 하기 위한 일과 여가의 균형적 사용 등을 강의식으로 진행하였다. 약 두 달에 걸친 세미나에서 대부분의 사람들이 적극적으로 세미나에 참여하였다.

이것은, 일과 신앙생활과 여가생활에 있어 많은 사람들이 혼란을 경험하고 있으며, 이럴 때에 세미나를 통해 이들의 상관관계와 특별히 과도한 일로 인한 가정과 신앙의 폐해를 해결하고자 하는 기본적인 요구(needs)가 개인들에게 있었다는 것을 의미한다.

강의를 종료하면서 대상자 전원을 대상으로 로빈슨(Bryan E. Robinson)의 '일 중독 위험 테스트'(WART/Work Addiction Risk Test)를 사용하여 일 중독 여부를 진단하였다.[235] 그 결과 대부분이 WART 67점 미만에 속한 사람들로 보통의 사람들에 속했다. 다만 이들은 보통 사람들에 비해 약간 과도하게 혹은 지나치게 열정적으로 일하는 것에 불과했다. 또한 55~66점대에 속한 사람들도 있었으나 이들은 일 열중자형에 속할 뿐 일 중독자는 아니었다. 처음에는 세미나에 50여 명이 신청하였으나 마지막까지 남은 사람은 35명 정도였다. 이들 가운데 8명을 제외하곤 66점 이하로 평범한 근로자에 불과했다. 그러나 8명은 모두 WART 67점 이상인 일 중독자에 해당되어 이들을 상대로 본격적인 상담 활동에 들어갔다.

2) 2단계: 상담 및 치유과정

일 중독자로 판명된 8명은 자신들의 검사결과에 매우 당황하는 모습을 보였다. 그러나 8회에 걸친 세미나를 통하여 일 중독의 폐해를 충분히 인식하였기 때문에 일 중독 치유과정에 들어오는 것에 대하여 거부반응을 보이지 않았다. 그래서 이들을 상대로 AA 12단계 프로그램을 2014년 4월부터 10월까지 진행하였다. 모임은 매주 토요일 오후 3시에 교회 상담실에서 하는 것으로 하였다. 진행자는

---

235) WART 검사지는 로빈슨이 개발한 것으로 25개의 문항을 활용하여 일 중독 여부를 판별한다. 로빈슨은 자신의 임상적 경험을 통하여 세 부류로 분류한다. 67점 이상은 심각한 일 중독자로 간주를 한다. 57점에서 66점은 중간부류로 가벼운 일 중독자로 판단한다. 가장 낮은 부류는 25점에서 56점 사이로 이들은 보통의 평범한 사람들에 속한다.

필자가 상담자의 자격으로 참여하였으나, 가능한 직접적인 개입은 억제하고 이들 참여자들이 AA 12단계의 각 단계에 맞추어 자율적으로 운영되도록 하였다. 이들 참여자의 현황은 다음과 같다.

AA 12단계 프로그램 참여자 현황(이름, 나이 가명임)

구 분	나이	성별	직 업	학 력	WART 점수	주당 노동시간	일 중독 유형	기타
홍길수	55	남	자영업	고졸	85	70시간 이상	계속형	
김대한	59	남	회사원	대졸	78	60시간 이상	주의력 결핍형	
나영일	48	남	전문직	대학원졸	81	70시간 이상	폭식형	
홍재순	52	여	주부	고졸	72	80시간 이상	감상형	
오광현	62	남	자영업	고졸	84	70시간 이상	주의력 결핍형	
한대희	45	남	회사원	대졸	69	60시간 이상	감상형	
이미숙	49	여	회사원	대졸	71	60시간 이상	폭식형	
박용한	65	남	자영업	고졸	91	80시간 이상	계속형	

※ 계속형, 폭식형, 주의력 결핍형, 감상형 일 중독자[236]

참여자들은 모임에 참여하면서 상담자의 지도에 따라 다음과 같은 과정을 거치면서 치유과정을 밟아나갔다.

---

236) 일 중독자에 대하여 로빈슨(Bryan E. Robinson)은 계속형, 폭식형, 주의력 결핍형, 감상형 일 중독자로 분류하고 있다. 자세한 내용은 이 책의 199-205쪽을 보라.

(1) 부정에서 수용으로 인식의 전환

AA 12단계 프로그램을 운용하여 일 중독자들을 치유하는 과정에서 가장 먼저 선행되어야 하고 또한 어려운 작업은 내담자들 자신이 일 중독에 빠졌음을 수용하는 단계였다. 그러나 초기에는 참여한 8명 모두가 자신이 일 중독에 빠졌음을 쉽게 인정하지 않았다. 이들은 자신들이 그 동안 일에 열중하였던 이유에 대한 자신들만의 합리적 신념체계를 형성하고 있었다. 이들은 대체로 다음과 같은 반응을 보였다.

> 나보고 일 중독자라고 하는데 잘 모르겠어요. 내가 왜 일 중독자인지……. 난 사실 일을 열심히 하는 편이기는 해요. 남들보다 부지런하고 근면한 편이에요. 가만히 있지를 못한 것은 사실이에요. 그런데 일 중독자라고는 생각하지 않습니다. 다른 사람보다 조금 더 열심히 일할 뿐이고, 또 내가 너무 부지런하다는 말에는 동의하지만 그것이 일 중독이라고는 생각하지 않습니다. 나를 왜 일 중독자라고 하는지 모르겠습니다.(오광현, 60대 자영업, WART 점수 84점)

> 아니, 그런 기준이라면 세상에 일 중독자 아닌 사람이 하나도 없지 않을까 싶어요. 다들 나만큼은 일하고 살지 않나요? 어쨌든 중독은 아닌 것 같고, 일을 많이 하는 것은 인정하는데 누가 시켜서 하는 게 아니고 내가 일을 찾아서 하는 것이라는 점입니다. 그리고 우리 집안이 이 정도나마 살게 된 것도 사실은 내가 부지런히 일한 덕분이거든요.(김대한, 50대 회사원, WART 점수 78점)

이들은 모두 자신이 일 중독자임을 부정하고, 때로는 그런 지칭에 대하여 불쾌감을 표시하였다. 그러나 WART 검사 결과지는 이들을 설득하는 데 유용한 자료였다. 검사에 참여한 사람들이 점수가 객관적으로 드러나자 처음에는 그런 점수에 상당히 당황하는 모습을 보였다. 상담자는 이들을 위한 개별 상담을 통하여 일 중독자에 대한 다양한 상담사례와 객관적 자료를 제시하였다. 그리고 이들이 AA 12단계의 첫 단계에서 3단계로 나아가도록 '인도의 역할'을 효과적으로 수행하자, 점차로 일 중독에 대하여 부인하던 입장에서 수용의 단계로 나아가게 되었다. 이런 수용에는 AA 12단계에 참여한 사람들이 서로가 허심탄회하게 가정생활을 이야기하면서, 그런 과정을 통하여 가정생활에서 자신들로 인한 역기능들을 공통적으로 발견하는 것이 커다란 역할을 하였다.

> 술 많이 먹는 사람한테 술 그만 먹으라고 하면 대부분 자기는 안 취했다고 하는데 다른 사람이 보면 취했잖아요. 꼭 내가 그 꼴 같아서 기분이 영 나쁘네요. 아니라고 하자니 검사지를 점검해 보니까 그렇다고 하고, 인정하자니 아닌 것 같고 이럴 때 어떻게 하는 게 맞는지 판단이 잘 안 됩니다. 하여튼 난 아니라고 생각하고 살았는데 이제 와서 일 중독자라고 하니 기분이 영 안 좋지만 검사 결과는 받아들여야 할 것 같습니다. 데이터는 언제나 정확하다고 생각하는 사람이니까요.(홍길수, 50대 자영업, WART 점수 85점)

내가 일 중독자라고……글쎄 난 아닌 것 같은데……, 종종 동료들이 나를 향하여 일 중독자 같다고 말할 때는 터무니없는 말이라고 생각했는데……, 내가 열심히 일하고 있는 것을 다른 사람들이 알아주는 것 정도로 좋게 해석을 했는데 말입니다. 그런데 검사 결과에 내가 일 중독자라는 결과가 나오니 기분이 묘하지만, 어느 정도 인정은 해요. 그러면서도 기분이 안 좋은 건 왜 그런지 모르겠네요. 어쨌든 약간 혼란스럽고 인정해야 할지 말아야 할지 판단이 잘 안서네요. 난 아닌 줄 알았는데 일 중독이라는 용어 자체가 생소하기도 하고요. 하지만 검사지로 점검한 것을 보니 일 중독자일 수도 있다는 생각이 들기는 합니다.(한대희, 40대 회사원, WART 점수 69점)

(2) 가해자에서 보상자로 삶의 전환

참여자들이 일단 자신들의 일의 모습에서 어떤 부정적인 모습이 일 중독이었음을 발견하게 되면, 그다음부터는 AA 12단계가 더욱 효과적으로 그 힘을 발휘하기 시작한다. 그들은 AA 12단계 모임에서 그동안 자신의 일 중독으로 인한 가정과 직장생활에서의 어려움을 토로하며 함께 공감대를 넓혀나갔다. 이들은 자신들이 다른 사람들에 비해 열정적으로 일을 한다는 자부심을 가지고 살았으나, 그것이 사실은 일의 노예가 되어 명예욕과 성취욕을 달성하기 위한 또 다른 표현임을 알게 되었다. 모임을 계속 할수록 과거 자신의 삶에 대한 회한을 표시하기 시작했다. 그리고 삶에서 가장 중요한 것이 무엇인가를 서로가 진지하게 논의하고 발표를 하게 되었다.

이런 과정을 통하여 자신들의 일 중독으로 인하여 우선적으로 가정이 피폐해지고, 직장과 사업장이 지나치게 경직되고 폐쇄적이었음을 발견하게 되었다. 또한 평생 동안 이런 일 중독에서 벗어나지 못할 것 같은 불안감을 보이기도 했다. 이럴 때 상담자는 사전에 약속된 후원자들을 모임에 참여시키기 시작했다. 이들은 교회에서 명망 있는 신앙인으로, 또한 사회에서도 모범적이고 균형적인 사회인으로 평가를 받는 사람들이었다. 이들과의 교제와 후원을 통하여 이들은 점차로 건강한 삶에 대한 인식을 새롭게 하는 계기를 마련하게 되었다. 특히 과거에 일 중독이었으나 상담을 통하여 일 중독에서 해방된 과거 경험자들을 프로그램에 참석시켜 자신들의 일 중독에 대한 경험을 발표하도록 한 것이 큰 효과를 발휘했다.

이런 과정을 바탕으로 이제 이들이 일 중독으로 인한 가해자에서 보상자로의 전환을 시도하였다. 이를 위하여 AA 12단계에서의 죄악된 삶에 대한 고백을 바탕으로 8, 9단계에서의 자신으로 인한 손해를 자발적으로 보충할 보상자로서 신분을 전환시키는 작업을 추진하였다. AA 8단계에서는 가정에서 자신으로 인하여 발생한 역기능적 모습을 스스로 작성하도록 하였다. 그리고 그런 역기능으로 가족들에게 가해졌을 아픔과 상처를 적도록 하였다. 9단계에서는 상처를 받은 가족들에게 자신이 할 수 있는 화해와 보상으로 어떤 것들이 있는가를 적고 실천하도록 하였다.

> 그동안 열심히 일한다는 핑계 아닌 핑계로 가족들한테 죄인 아닌 죄인이었죠. 너무 무관심했고 나 몰라라 해서 정말 미안하죠. 사실 일이 많았다는 것도 따지고 보면 핑계예요. 모처럼 가족들과 춘천으로 여행을 갔었어요. 짧은 2박 3일이었지만 즐거웠어요. 그런데 결국 여행 갔다 오면서 차 안에서 가족들과 함께 이야기하다가 일 이야기를

하면서 내가 갑자기 짜증을 내고 말았어요. 가족들은 저한테 좀 쉬면서 하라고 잔소리를 하는 거예요. 즐거웠던 여행이 짜증으로 끝나자 가족들이 저하고 다시는 여행을 안 가겠다고 선언을 하는 것입니다. 그 후로도 몇 번 가족들과 여행을 계획했지만, 번번이 제가 시간이 나지 않고, 제가 시간이 나면 아이들이 시간이 안 맞고 그래서 못했어요. 하지만 가족들과 함께 시간을 보내려고 나름대로 노력하고 있어요. 아무래도 일에서 벗어나는 방법은 그것이 최고 같아요.(나영일, 40대 전문직, WART 점수 81점)

가족들에게 왕따당한다고 투덜댔지만 생각해 보면 내 책임이 커요. 내가 가족들과의 시간을 피곤해하고 어쩌다 가족들이 요구하면 내가 피했거든요. 그러니 자연히 왕따당할 수밖에 없는 거죠. 이젠 가족들하고 잘 지내야겠다는 생각으로 제가 많이 양보하고 있어요. 전에는 내가 집에서 왕이었는데 이젠 아이들이 크니까 집사람의 권한이 대단해졌어요. 아이들도 예전처럼 고분고분하지 않고 그러니 이젠 내가 굽히고 들어가야죠. 가끔가다 제가 아이들한테 큰소리치면 전엔 무서워하고 꼼짝 못했는데 이젠 저더러 옛날 추억놀이 하느냐고 하면서 저를 꽉 붙잡으면 그냥 웃고 말아요. 열심히 일하면서 공허했던 마음을 가족들과 함께 보내면서 채우려고 노력했어요. 가족들이 많이 좋아졌다고 하는데 아직도 한 번씩 가족들한테 큰소리치고 짜증내고 해서 그동안 쌓아놓은 좋은 이미지가 한순간 무너질 때가 있어요. 그래도 계속 노력하려고 해요.(오광현, 60대 자영업, WART 점수 84점)

때때로 가족이 참 소중하다는 것을 깨닫는데도 그게 잘 안 되는 게

병인 것 같아요. 일속에 파묻혀 있으면서 너무 가족한테 소홀히 했다는 것이 뼈아프게 반성되고 또 마음이 아려요. 부질없는 짓인데 무엇 때문에 이렇게 살았나 하는 후회도 들고……. 내 딴에는 열심히 살았는데 결과는 뭔가 하는 생각이 들 때가 있어요. 아내와 아이들한테 정말 미안하고, 이제 잘해야 할 텐데 작심삼일이라고……그래도 나름대로 노력하고 있어요. 될 수 있으면 가족들과 함께 외식도 하고 아내와 쇼핑도 가고 해요. 자주는 아니지만 한 번씩 가족들과 함께할 때 저도 참 행복해요. 그땐 일하고 싶은 생각이 안 나고 계속 놀고 싶기도 해요.(박용한, 60대 자영업, WART 점수 91점)

이들은 AA 12단계를 거치면서 서서히 내면의 변화와 가치관의 변화를 수반하기 시작했다. 자기중심의 삶에서 자신과 타인이 함께 공존하는 '더불어' 가치관을 내재화하기 시작했다. 이것은 과거 일 중심과 자기과시적 삶에서 벗어나 타인과 함께 손잡고 걸어가는 삶이 보다 유익하다는 것을 깨달아가는 과정이었다.

(3) 노예에서 주인으로 삶의 전환

알코올 중독자들이 술의 노예가 된 것처럼 일 중독자들은 일의 노예 같아요. 알코올 중독자들은 자신들이 술을 조절하지 못해 먹고 또 먹고 조절이 안 되잖아요. 일 중독자들도 마찬가지예요. 일과 휴식이 조절이 안 돼요. 사람이 술을 먹고 나중에는 술이 사람을 먹듯이 사람이 일을 하고 나중에는 일이 사람을 지배하게 돼요. 그런데 이젠 일이 나를 지배하지 않고 내가 일의 주인이라는 생각을 갖게 된 것이 큰 성과이고, 전보다 더 많이 기도하면서 영적으로 충만해지려고 노력하고 있어요.(홍재순, 50대 주부, WART 점수 72점)

일이 없을 때보다는 그래도 일이 있어서 열심히 일할 때가 좋았고 더 행복하고 힘이 났었어요. 일에 의해 기분이 좌우되는 경우예요. 일이 주체가 된다고 할까요. 하지만 이젠 아내와 매일 산책하는 시간을 갖고 대화를 많이 나누다 보니까 그동안 아내가 나 때문에 얼마나 상처를 받았는지 알게 되었고 그래서 더 아내에게 잘해 주어야겠다고 생각하고 있어요.(김대한, 50대 회사원, WART 점수 78점)

회사와 가정 둘 다 하려니까 늘 시간에 기고 짜증도 많이 나고 했는데 지금은 멀리 가지는 못하지만 주위에 있는 작은 꽃, 음식, 사람들의 모습들을 사진 찍는데 참 재미있어요. 틈틈이 찍은 사진을 남편이나 아이들에게 보여주면서 대화를 하니까 까칠한 딸과 대화가 어느 정도 되는 것 같아 요샌 행복해요.(이미숙, 40대 회사원, WART 점수 71점)

일 중독자들은 철저히 목표 지향적이며 결과 최고주의의 삶을 살고 있는 사람들이다. 이들은 일이 우상이 되어 일을 통하여 자기과시, 자기 명예욕의 충족, 타인에 대한 우월감을 확보하며 살았던 사람들이다. 이들은 자신의 삶 자체가 아닌 일을 우상으로 삼고 살았던 사람들이다. 달리 표현하면 일의 노예가 된 사람들이다. 노예는 일에 대한 자유로운 설계와 일로 인한 기쁨과 일의 결과로 얻어지는 보람에서 배제된 사람들이다.

그러나 AA 12단계를 통하여 이들은 일의 노예에서 일에 대한 주인으로 의식과 신분이 전환하게 되었다. 특별히 AA 12단계의 마지막 단계는 영적인 깨달음을 통하여 얻은 자유와 기쁨을 나와 주변 사람과 함께 나누는 삶을 설계하고 실천하는 과정으로 이루어져 있다. 이것은 명백히 각자의 삶을 서로가 존중하며 나의 삶도 다른 사람의 삶과 직접적으로 연결되어 있다는 것을 깨닫고 실천하는 것을 뜻한다. 나의 행복이 좁게는 가족 그리고 회사 혹은 지역사회에서 구성원들의 행복을 통하여 달성될 수 있다는 것을 알고, 이를 위해 주변 사람들에 대한 헌신을 실천하는 것을 말한다. 일의 노예에서 일의 주인이 되어 일을 통하여 다른 사람들의 유익과 행복을 함께 추구하는 사람을 뜻한다.

3) 3단계: 계속 치유전략 제공 및 상담 종료

일 중독자들에 대한 치유는 공식적으로 AA 12단계의 1단계에서 12단계까지 진행하면 종료된다. 그러나 이후에도 일 중독자에 대한 계속적인 관심과 치유전략이 마련되어야 한다. 일 중독을 포함한 모든 중독은 어느 일정한 기간에 행해진 치유만으로는 결코 완전하지 않기 때문이다. 우리가 지금까지 살펴본 것처럼 중독은 개인적인 성격 내지 성향 혹은 가정적 분위기 내지 가정 요소가 중요한 영향을 미치면서 발생하기 때문이다. 따라서 공식적인 치유전략은 종료되었다고 할지라도 이들이 다시 일 중독으로 돌아가지 않도록 하기 위한 사후적인 관리와 돌봄전략이 필요하다. 이를 위해서는 다음의 세 가지 요소가 고려되어야 한다.

첫째로, 일 중독자가 중독에서 해방된 후에는 건강한 관계 형성을 위하여 상담자는 지속적인 관심과 지지를 보내야 한다. 일 중독은 관계 단절로 인한 소외의 결과이다. 모든 중독자들은 고독감과 왕따당했다는 상실감을 가진다. 이에서 도피하기 위해 각종 중독에 빠져드는 것이다. 따라서 일 중독이 치유된 후에는 이들이 주변 사람들과 건강한 관계를 형성하도록 상담자는 지속적으로 관심과 격려를 해 주어야 한다.

중독자들은 인간관계 형성에 매우 서투른 특징을 보인다. 따라서 자신들이 먼저 나서서 다른 사람들과 관계 형성을 능숙하게 하지 못한다. 필자는 8명의 일 중독자들이 치유를 완료한 후에도 교회에서 이들과 계속적인 접촉과 지원을 할 수 있는 후원자들을 멘토로 선정하여 주기적인 접촉을 하게 하였다. 또한 이들이 속한 각 기관과 구역에 적정하게 편성하여 교회 소공동체와 지속적인 관계 형성을 하도록 하였다. 또한 후원자 그룹과 소규모 모임 후에는 예배를 드리도록 하여 하나님과의 관계 형성도 자연스럽게 이루어지도록 하였다.

둘째로, 삶의 우선순위를 정하여 이를 효과적으로 수행하는 훈련을 지속하였다. 일 중독자들은 자신들에게 관심이 있거나 이익이 되는 것만 집중하는 경향을 보인다. 이들에게 그런 자신의 관심에서 벗어난 일들 가운데서도 건강한 삶을 위하여 꼭 필요한 일들이 많이 있음을 인식하도록 하였다. 그래서 모든 일을 골고루 하되 필요한 경우 우선순위를 정하여 효과적으로 일을 수행하는 훈련을 쌓도록 하였다. 방법으로는 아침에 일어나면 잠시 커피를 마시면서 그날 하여야 할 일들을 머릿속에 미리 우선순위를 정하여 잠시 생각을 정리한다거나, 혹은 출근하여 탁상일기에 그날 필요한 일들을 순위를 정하고 실천하는 방식을 활용하도록 하는 것이다.

셋째로, 가족의 협력을 통하여 정서적 재구성(reconstitution of mind)을 촉진하는 것이다. 일 중독의 가장이 있는 곳에는 반드시 역기능적 가정이 존재한다. 일 중독자들의 가정은 대체로 대립적이고 방관적이며 외로움과 분리감 그리고 상실감을 보이게 된다. 이것은 일 중독자인 가장의 이기심과 가족에 대한 가해의 결과이다. 따라서 가장인 일 중독자의 치유가 일차적으로 이루어졌을지라도 가족 치유가 함께 이루어져야 한다. 일 중독자들의 가정을 다시 함께 모아 AA 12프로그램을 운영하는 것도 좋은 방법이다. 그래서 가정의 치유가 함께 이루어지면, 이제는 가족 모두가 함께 화해하고 협력하여 일 중독자를 포함한 가족들의 정서적 재구성을 수행하여야 한다. 이런 과정에서 회복된 가정과 용서하고 용서받은 가족들 간에 따스한 유대와 결합이 완성될 때에야 비로소 일 중독자에 대한 최종적인 상담을 종료하게 된다.

3. 중독을 치유하는 상담자를 위한 제언

현대사회를 특징짓는 여러 단어들 가운데 하나로 '평생 교육'을 들 수 있다. 이제 교육은 어느 특정한 시기에 특정한 장소에서만 일정 기간 이루어지는 것이 아니라는 것을 의미한다. 현대사회는 일생 동안 계속적으로 교육을 통하여 자신의 가치와 기능을 높여 자신과 사회의 성장에 도움을 주는 것을 지향하며, 이를 위한 방법으로 평생 교육을 추구하고 있다. 따라서 교육은 고등학교 혹은 대학교에서만 이루어지고, 그 이후에는 배움과 관련이 없는 것이 아니다. 학교에서 또는 직장에서 혹은 각자의 삶의 터전에서 여러 방법과 수단을 활용하여 교육이 평생 동안 이루어져야 한다.

평생 교육을 지향하는 사회에서는 '속도'가 중요하지 않다. 빠른 속도보다도 더 중요한 것은 바른 '방향'이다. 바른 방향이 설정되어 있으면 속도가 때로 빠를 수도 혹은 기대보다 늦을 수도 있지만 추구하는 목적지에는 도달할 수 있다. 그러나 방향이 올바르게 설정되어 있지 않으면 아무리 빠른 성장이라고 할지라도 그 결과는 의도했던 것과는 다른 정반대의 길이 될 수밖에 없다.

상담자들은 평생을 걸쳐 공부를 해야 할 학습자가 되어야 한다. 정보화 사회에서 상담과 관련된 새로운 이론들이 계속 발표되고 있고, 또한 현장에서도 급격한 사회변동으로 인하여 예기치 못했던 다양한 중독자와 그 사례들이 나타나고 있기 때문이다. 이런 사회에서 상담자들은 평생 학습을 통하여 더욱 효과적인 상담기법을 확보하면서 내담자들의 다양한 문제와 욕구를 수용해 주고 충족해 주는 활동을 해야 한다.

이를 위해서는 평생 학습을 위한 바른 방향 설정이 필요하다. 특별히 우리가 지금까지 살펴보았던 중독 내지 일 중독자들의 문제를 다루는 상담자들은 바른 방향을 설정하고 꾸준한 자기 학습을 통하여 상담 역량을 강화시켜야 한다. 이를 위해서는 다음과 같은 요소들이 고려되어야 한다.

첫째로, 기독교 상담자들은 철저하게 기독교적 가치와 사고방식을 갖추고 상담에 임하여야 한다는 것이다. 일반 상담자와 기독교 상담자의 차이는 사용하는 언어나 수단 혹은 방법론의 차이에 의하여 구별되는 것이 아니다. 기독교 상담자들도 때때로 행동 심리학, 정신 분석학 등을 활용하여 상담 방법론을 구성하기도 한다. 또한 일반 상담자들도 성경적 개념과 단어들을 일부 차용하여 그들의 상담이론을 구성하기도 한다. 일반 상담자와 기독교 상담자의 가장 근본적인 차이는 세계관의 차이다. 인간과 세계와 역사를 바라보는 세계관의 근거를 어디에 두느냐에 있다.

기독교 상담자들은 세계관의 출발점과 완성점을 성경과 하나님에게 두는 사람들이다. 기독교 상담자들은 인간의 고통과 다양한 문제, 그리고 현 세상의 여러 불합리한 모순점들을 조망할 수 있는 관점을 성경 속에서 계시하는 하나님의 말씀에 근거를 두고 있다. 따라서 기독교 상담자들은 성경에 바탕을 둔 인간관, 세계관, 역사관으로 무장되어 있어야 한다. 이것에 대한 중요성은 기독교 목회상담학의 시초를 열었던 오츠의 말을 통하여 충분히 이해할 수 있다. 그는 다음과 같이 말한다.

> 나는 인간의 고통과 마음의 응축성에 대하여 성경적이며 기독교 역사적인 관점에 그 초점을 맞추었습니다. 나의 관심은 매일의 삶 속에서 가면을 쓰고 살아가는 사람들에게 어떻게 교회의 목적과 기능을 활용하여 사역할 것인가에 맞추어져 있습니다. 그 결과 성경에서 지혜서 혹은 (기독교적 서적인) 존 번연과 윌리엄 셰익스피어와 같은 사람들의 책들이 1차 자료가 되었습니다. 예수님과 바울의 가르침은 (인간에 대한) 이해와 공감에 커다란 조명이 되었습니다.[237]

이렇듯 오츠는 기독교적 세계관으로 철저히 무장하고 자신의

---

237) Wayne Oates, *Behind the Masks: Personality Disorders in Religious Behavior* (Philadelphia: Westminster Press, 1987), 9.

상담이론을 펼쳐갔던 것이다. 그가 지금까지도 기독교뿐 아니라 일반 상담계에 커다란 영향을 미칠 수 있었던 것은 자신의 일관되고 확고한 가치관과 세계관을 견지하였기 때문이다.

우리가 지금까지 살펴보았던 것처럼, 중독 내지 일 중독의 치유를 위해서는 인간에 대한 바른 이해와 인간의 삶에 대한 깊은 통찰력, 그리고 일이라고 하는 인간의 외적 행동에 대한 선 이해가 필요하다. 인간과 삶과 일에 대한 바른 이해는 성경적 관점과 세계관이 형성될 때 가능한 것이다. 현장에서 많은 기독교 상담자들이 상담을 펼침에 있어 이론적 근거 내지 상담활동의 근저를 성경적 가치관에 두지 않고 기독교로 가장된 세상적 방식으로 접근하는 것을 왕왕 보게 된다. 기독교 상담자들은 평생을 성경에 대한 깊은 학습을 통하여 진정한 기독교인으로 날마다 새롭게 무장하는 것이 무엇보다도 필요하다.

둘째로, 기독 상담자들은 철저한 전문가(specialist)이면서 한편으로는 일반가(generalist)를 지향하여야 한다. 중독 내지 일 중독에 대한 상담자로 활동하기를 원하는 사람은 중독의 여타 다양한 분야에 대한 심층적인 연구를 필요로 한다. 물질 중독을 대표하는 알코올 중독과 마약 중독 그리고 도박 중독에 대한 연구와 과정 중독에 속하는 쇼핑 중독, 섹스 중독, 기타 중독에 대한 보다 폭넓은 연구를 통하여 일 중독과의 상관관계와 공통점 내지 차이점을 확보하여야 한다.

중독은 물질 중독이든 행위 중독이든 서로가 일정 부분 연결되어 있기 때문에, 폭넓은 중독에 대한 연구는 일 중독에 대한 보다 깊이 있는 이해와 상담을 가능하게 한다. 따라서 기독교 상담자들은 이 책에서 학습한 중독 내지 일 중독에 대한 개념을 깊이 이해하고, 그런 바탕 위에서 여타 중독들을 연구하면서 공통점과 차이점을 비교하며 지속적으로 연구하여야 한다. 그런 면에서 상담자는 일 중독, 나아가 중독에 대한 전문가를 지향하는 방향성을 가져야 한다.

그러나 한편으로 상담자들은 일반가(generalist)를 지향하여야 한다. 현대사회는 각 부분이 고립적이고 독립적으로 존재하는 것이 아니다. 서로가 깊은 관련을 맺으면서 그물처럼 연결되어 있다. 중독에 관한 상담을 주업무로 설정하는 기독교 상담자라 할지라도 중독에 대한 보다 심층적인 이해를 위해서는 학제간 연구(Interdisciplinarity)가 필수적이다. 중독을 특별히 유발시키는 사회체계 내지 문화가 존재하기 마련이다. 어느 한 사회는 다른 사회보다 중독에 있어 발생 빈도가 현저하게 높은 것을 볼 수 있다. 대체로 가족 간에 유대가 강한 사회는 개인주의가 심화된 사회보다 중독에 있어 면역력이 더 큰 것으로 알려져 있다.

이런 요인들을 분석하기 위해서는 사회학에 대한 이해와 더불어 심리학에 대한 연구가 필수적이다. 그럴 때에 인간의 행동주의적 특성에 대한 이해와 아울러 사회 시스템과 문화가 인간의 행동양식에 미치는 요인들을 이해하게 되는 것이다. 이것은 중독 상담자는 중독에 대한 전문적인 지식과 아울러 인접 학문에 대한 폭넓은 이해를 도모하는 일반가가 되어야 함을 의미한다.

셋째로, 중독을 연구하는 상담자는 중독에 대한 이론과 현장을 함께 아우르는 통전적인 전문가가 되어야 한다. 다른 말로 표현하면, 이론을 겸비한 현장 임상가가 되어야 한다는 것이다. 중독 내지 일 중독과 여타 중독현상에 대하여 단순히 이론을 위한 이론을 추구하는 것은 바람직하지 않다. 현장에 깊은 뿌리를 둔 그러나 이론도 함께 겸비한 임상 상담자가 되어야 함을 뜻한다.

그러기 위해 전문가로서 또한 일반가로서 습득한 다양한 이론적 틀과 방법론을 끊임없이 현장에서 임상적 경험을 통하여 검증하고 분류하고 다시 이론화하는 과정을 지속적으로 이행해야 한다. 이론적으로 규명되고 지지되지 않은 현장 경험은 보다 높은 단계로의 발전이 불가능하다. 그러나 또한 현장에서의 임상적 경험이 뒷받침되지 않는 이론들은 삶과는 관련이 없는 공허한 말장난에 불과하기 쉽다. 이론과 현장이 결합된 임상이론가가 필요한 것이다. 이를 위해서는 현장을 적절하게 잘 기록하고 또한 각종 일지를 갖추어 과거의 사례를 축적 내지 사례화하고, 한편으로는 끊임없는 이론의 현장화를 통하여 중독 내지 일 중독에 대한 보다 심층적인 이론화, 현장화, 임상화를 도모하여 더욱 깊이 있는 상담활동을 이끌어낼 수 있어야 한다.

마지막으로, 기독 상담자는 따스한 시선을 가지고 있어야 한다. 중독에 대한 상담은 일회성으로 혹은 단기간의 활동으로 소기의 성과를 거두기가 어렵다. 상담은 비록 상담자가 주도권을 가지고 상담활동을 펼쳐가지만 기본적으로 중독자인 내담자의 자립이 필수적이다. 상담자는 내담자가 스스로 일어나도록 돕는 조력의 역할에 집중해야 한다. 그 예로, 도박 중독을 치유하는 상담활동은 중독자 한 사람에 대하여 다양한 상담기법을 적용해야 한다. 상담을 통하여 중독자의 사고체계를 바꾸어야 하며 또한 도박을 대체할 수 있는 대안적 활동을 마련해야 한다. 그리고 이와 함께 약물 치료와 가족 치료까지도 함께 병행하여야 할 때가 많다. 무엇보다도 도박 중독은 자신의 도박으로 인하여 발생할 금전적 손실을 도박자 본인이 갚도록 상담활동을 펼쳐야 한다. 따라서 도박 중독은 오랜 시간에 걸쳐 다양한 방면으로 상담활동이 이루어져야 효과를 볼 수 있다.

일 중독에 대한 상담활동 역시 도박 중독처럼 다양한 방향으로 치유가 이루어져야 한다. 일 중독은 도박 중독과 비교하여 오히려 치유활동이 더디게 나타날 수 있다. 왜냐하면 일 중독은 도박 중독보다 자기 합리화가 더욱 견고하기에 그런 합리화를 무너뜨리고 새로운 대체 사고를 형성하는 것이 쉽지 않기 때문이다.

중독 치유를 전담하는 기독교 상담자들이 오랜 기간에 걸쳐 다양한 방법으로 치유와 상담을 하기 위해서는 중독자에 대한 따스한 시선을 가지는 것이 무엇보다도 필요하다. 일선 임상 현장에서 상담자들이 쉽게 변하지 않는 일 중독자들과 부딪히면서 절망감을 토로하는 것을 쉽게 볼 수 있다. 이를 극복하기 위해서는 중독자에 대한 이해와 공감을 가질 수 있는 따스한 시선과 관용 그리고 인내력이 필요하다. 이것은 인간에 대한 깊은 사랑의 마음이 있을 때 가능하다.

2000년대 이후로 상담학에 대한 수요가 크게 늘어나고 있고, 이로 인하여 각 대학에서 상담학에 대한 신규 개설이 늘고 있다. 그러나 상담학에 대한 아무리 깊은 학문적 이해와 임상 경험이 있다고 할지라도 중독자에 대한 깊은 이해와 안타까움 그리고 따스한 마음이 없으면 중독자의 내면 심리를 제대로 파악할 수도 공감대를 형성할 수도 없다. 이해와 공감을 통하여 상담자는 중독자의 마음을 움직여갈 수 있기 때문이다. 그런 의미에서 기독교 상담자는 일반 상담자와 근본적인 차이를 보이고 있다. 바로 내담자에 대한 진정한 이해와 용서의 마음, 그리고 이들을 '푸른 초장'으로 인도하고자 하는 소명의식으로 무장되어 있기 때문이다. 이것은 바로 성경이 상담자에게 요구하는 것이요, 주님이 이들을 중독 치유 상담자로 부르신 목적이기도 하다.

모든 상담활동의 완성은 결국 사랑이 될 수밖에 없다. 성경은 "사랑은 율법의 완성"(롬 13:10)이라고 선언하고 있다. 사랑은 모든 상담활동의 근원이며 목적이며 가장 효과적인 수단이 된다. 따라서 중독 치유 상담자는 중독자에 대한 따스한 시선으로 그들과 함께 울고 공감하며, 그들 역시 하나님이 애타게 찾고 있는 '잃은 양'의 한 명이라는 것을 내담자에게 심어주어야 한다. 온갖 다양한 상담기법과 이론이 넘쳐나는 오늘의 상담 현장에서, 이런 따스한 마음과 중독자에게 기꺼이 손을 내밀 수 있는 사랑의 상담자들이 절실히 요구되는 것이 지금의 현실이다.

참고문헌

〈동양서〉

- 강경호 (2002), 《중독의 위기와 상담》, 한사랑가족상담연구소.
- 강병도 (1997), 《호크마 종합주석》, Vol. 9, 기독지혜사.
- 강수돌 (2006), 《일 중독 측정 도구의 신뢰도와 타당도》, 한국산업노동학회.
  _____ (2007a), 《경제성장, 일 중독, 돌봄 노동》, 녹색평론사.
  _____ (2007b), 《일 중독에서 벗어나기》, 메이데이.
- 고병인 (2010), 《중독자 가정의 가족 치료》, 학지사.
- 김기태 (2004), 《알코올 중독자의 회복훈련》, 양서원.
- 김병오 (2003), 《중독을 치유하는 영성》, 이레서원.
  _____ (2002), "중독의 신학적 의미", 〈기독신학저널〉, 3(3).
- 김병태 (2002), 《부부 행복 클리닉》, 생명의 말씀사.
- 김병훈 (2009), 《현대 정신분석의 임상기법: 하인즈 코헛의 자기치료 해설》, 한국 정신 역동치료학회.
- 김분한 외, "현상학적 연구의 비교고찰", 〈간호학회지〉, 26.
- 김시몬 (2005), "일 중독: 일 중독의 기독교 상담학적 치유", 〈상담과 선교〉.
- 김영석 (1999), 〈직장문제의 카운슬링〉, 운남 정원식 박사 고희 기념 논문 간행위원회, 카운슬링의 원리.
- 김중술 (2005), 《신사랑의 의미》, 서울대학교출판부.
- 김충렬 (2011), 《알코올 중독과 목회상담적 치료》, 한들출판사.
- 민병배 외 (2005), 《강박성 성격 장애》, 학지사.
- 박경애 (1997), 《인지 정서 행동치료》, 학지사.
- 박상규 (2009), 《중독의 이해와 상담 실제》, 학지사.
- 박정숙 (2009), 《워커홀리즘: 책상에 묶인 마음》, 북스넛.

- 《산업안전보건 백과사전》(2004), 한국산업안전공단.
- 신경림 (2001), 《질적 연구방법》, 학지사.
- 신국원 (1999), 《포스트모더니즘》, 한국기독학생회.
- 심수명 (2004), 《인격 치료》, 학지사.
- 송성자 외 (2004), 《가족과 가족 치료》, 법문사.
- 송인규 (1994), 《잃어버린 자아를 찾아서》, 한국기독학생회 출판부.
- 〈세계 고용전망 보고서〉 (2004), 경제 협력 개발 기구(OECD).
- 안덕수 (2009), 〈한국교회 중년 남성 목회자의 스트레스와 탈진에 관한 연구〉, 박사학위 논문, 연세대 연합신학대학원.
- 안석모 (1982), "스트레스는 신앙으로 풀어야 한다", 〈월간목회〉, 8월.
- 양병모 (2004), "중독의 목회신학적 소고: 죄의 신학적 이해를 통한 중독의 통합적 고찰", 〈한국기독교상담학회지〉, 8.
- 유명복 (2002), "일 중독증"(Workaholism), 〈기독신학저널〉, 2.
- 유영권 (2014), 《기독 목회 상담학-영역 및 증상별 접근》, 학지사.
- 윤덕중 (1998), 《현대사회학》, 형설출판사.
- 이가옥, 이지영 (2006), "사회화 과정과 일 중독의 연관성에 관한 탐색적 연구: 30대 화이트칼라 성인 남녀의 구술 생애사를 중심으로", 〈한국가족학회지〉, 18(3).
- 이관직 (2005), 《목회 심리학》, 국제제자훈련원.
- 이관직 (2008), 《개혁주의 목회 상담학》, 도서출판 대서.
- 이관직 (2005), 《목회심리학》, 국제제자훈련원.
- 이광자 외 (2001), 《21세기 사회학》, 학지사.
- 이재창 외 (1995), 《인간 이해를 위한 심리학》, 문음사.

- 이만홍 (1997), "사역자 탈진 증후군 그 원인과 대책", 〈월간목회〉, 6(2).
- 이동명 (2009), 〈일 중독과 건강〉, 통합학술대회 발표 논문.
- 이현림 (2009), 《상담이론과 실제》, 양서원.
- 이흥배 (2000), 《목회자 탈진 클리닉》, 엘맨.
- _____ (2003), 《사모 탈진 클리닉》, 한국복음문서간행회.
- 유영권 (2014), 《기독 목회 상담학-영역 및 증상별 접근》, 학지사.
- 우종민 (2008), "정신건강 선물: 주말에도 업무 걱정, 혹시 일 중독증?", 〈건강생활〉.
- 장후영 (2008), 《약물 중독의 심리생리학적 이해》, 조은.
- 정남운 (2000), 《알코올 중독 회복》, 학지사.
- 정병석 (2009), "일 중독 성향의 선행변인과 결과변인에 관한 연구", 〈한국 심리학회지: 산업 및 조직〉, 22(2).
- 정진욱 외 (2014), 《약물 및 알코올 중독 현황과 대응방안》, 한국보건사회연구원.
- 정정숙 (1994), 《기독교 상담학》, 베다니.
- 전영길 (1995), 《현상학 연구》, 한국문화사.
- 조흥식 외 (2006), 《질적 연구 방법론》, 학지사.
- 최은영 (2008), 《약물 중독》, 학지사.
- 최현서 (2003), 《건강한 교회와 아름다운 목회》, 서로사랑.
- 한광현 (2006), "일 중독이 개인과 조직에 미치는 영향", 〈한국인사관리연구〉, 30(1).
- 한국중독정신의학회 (2009), 《중독정신의학》, 엠엘커뮤니케이션.

〈번역서〉
- Anderson, N. 정진환 역 (2008), 《중독 행동을 극복하기 위한 내가 누군인지 이제 알았습니다》, 조이선교회.
- Branden, N. 강승규 역 (2003), 《나를 존중하는 삶》, 학지사.
- Carlson, D. 이관직 역 (2002), 《자존감》, 두란노.
- Clair, Michael St. 이재훈 역 (1995), 《인간의 관계경험과 하나님 경험》, 한국심리치료연구소.

- Clinebell, H. 이종헌, 오성춘 역 (1995), 《전인건강》, 한국장로교출판사.
- Craig, N. 오혜경 역 (2008), 《중독의 심리학》, 웅진지식하우스.
- Frank, Minirth. 김은철 역 (1996), 《탈진된 마음의 치유》, 규장문화사.
- Glasser, William. 김인자 역 (2008), 《긍정적 중독》, 한국심리상담연구소.
- Guest, J. 변순이 역 (1990), 《자존감》, 한국기독학생회출판부.
- Hart, A. 윤귀남 역 (1997), 《숨겨진 중독》, 참미디어.
- Hart, A. 차호원 역 (1985), "목회자의 탈진상태 어떻게 방지해야 하는가?", 〈월간목회〉, 111.
- Hart, A. 온누리 회복사역본부 역 (2009), 《참을 수 없는 중독》, 두란노.
- Jones, James william. 유영권 역 (1999), 《현대 정신 분석학과 종교》, 한국심리치료연구소.
- Kohut, Heinz. 이재훈 역 (2007), 《정신분석은 어떻게 치료하는가》, 한국심리치료연구소.
- Kohut, Heinz. 이재훈 역 (2013), 《자기의 분석》, 한국심리치료연구소.
- Martin, Grant. 임금선 역 (1994), 《좋은 것도 중독이 될 수 있다》, 생명의 말씀사.
- May, Gerald G. 이지영 역 (2006), 《중독과 은혜》, 한국기독학생회 출판부.
- McMinn, Mark R. 전요섭, 박성은 역 (2011), 《죄와 은혜의 기독교 상담학》, 기독교문서선교회.
- Michael, St. Clair. 안석모 역 (2009), 《대상관계이론과 자기 심리학》, 시그마프레스.
- Minirth, F. 김은철 역 (1996), 《탈진된 마음의 치유》, 규장문화사.
- Nakken, Craig. 오혜경 역 (2008), 《중독의 심리학》, 웅진지식 하우스.
- Robinson, Duke. 정영문 역 (1997), 《선한 사람이 실패하는 9가지 이유》, 창작시대사.
- Robinson, Bryan E. 박정숙 역 (2007), 《워커홀리즘》, 북스넛.
- Ryan, D. 정동섭 역 (2008), 《중독 그리고 회복》, 예찬사.
- Sanford, J. 심상영 역 (1995), 《탈진한 목회자들을 위하여》, 나단
- Segal, Hanna. 이재훈 역 (1999), 《멜라니 클라인》, 한국심리치료연구소.
- Sledge, Tim. 정동섭 역 (1996), 《가족치유 마음치유》, 요단출판사.
- Oswald, R. 김종환 역 (2000), 《목회자의 자기관리》, 세복.

- Tillich, Paul. 김광남 역 (2008). 《흔들리는 터전》. 뉴라이프.
- Toffler, Alvin. 이규행 역 (1996). "미래 쇼크". 한국경제신문사.
- Tony, H. 김광수 역 (2008). 《나를 위한 심리학》. 다산라이프.

〈양서〉

- Alcoholics Anonymous World Services, Inc *Twelve Steps and Twelve Traditions*. New York: Author, 1981.
- Alcoholics Anonymous World Services, Inc (1984). *The Big Book*. New York: Author.
- American Psychiatric Association (1994). *Diagnostic and statistical: a manual of mental disorders*. 4th ed. Washington, DC.
- Andreassen, C., Ursin, H. & Erikson, H. (2007). "The Relationship Between Strong Motivation to Work, 'Workaholism' and Health." *Psychology and Health*. 22(5).
- Bergler, E. (1970). *The Psychology of Gambling*. New York: International Universities Press.
- Bloom, B. (1985). "A Factor Analysis of Self-report Measures of Family Functioning." *Family Process*. 24.
- Bonebright, S., Clay, D. & Ankenmann, R. (2000). "The relationship of Workaholism with Work-life Conflict, Life Satisfaction, and Purpose in Life". *Journal of Counseling Psychology*. 47(4).
- Brook, A. (1993). "Leisure meanings and comparisons with work". *Leisure Studies*. 12(2).
- Brady, B., Vodanovich, S. & Rotunda, R. (2008). "The Impact of Workaholism on Work-family Conflict, Job Satisfaction, and Perception of Leisure Activities." *The Psychologist-Manager Journal*. 11.
- Brown, S. (1985). *Treating the Alcoholic: A Development Model of Recovery*.

New York: John Wiley.
- Burke, R., Oberklaid, F. & Burgess, Z. (2004). "Workaholism Among Australian Women Psychologists: Antecedents and Consequences." *International Journal of Management*. 21(3).
- Burke, R. & Mattheisen, S. (2008). "How Do Workaholics Experience Working?" *The Journal of Industrial Relations and Human Resources*. 22.
- Burke, R. (1999). "Workaholism in Organizations: Gender Differences." *Sex Roles*. 41(5/6).
- Burke, R. (2001). "Predictors of Workaholism Components and Behaviors." *International Journal of Stress Management*. 8(2).
- Burwell, R. & Chen, C. (2002). "Applying REBT to Workaholic Clients." *Counselling Psychology Quarterly*. 1.
- Buxton, Millicent. E. & Smith, David. E. & Seymour, Richard. B. (1987). "Spiritually and Other Points of Resistance to the 12 Step Recovery Process". *Journal of Psychoactive Drugs*. Vol.19(3),(Jul-Sep).
- Caplan, Gerald. (1964). *Principles of Preventive Psychiatry*. New York : Basic Books.
- Chambers, Cal. (1992). *Two Tracks— One Goal: How Alcoholics Anonymous Relates to Christianity*. Langley: Credo Publishing Corporation.
- Chappel, John N. "Long-term Recovery from Alcoholism." *Psychiatric Clinics of North America*. 16(1).
- Chappel, John N. "Effective Use of Alcoholics Anonymous and Narcotics Anonymous in Treating Patients." *Psychiatric Annals* 22:8 (August 1992).
- Cherrington, D. (1980). *The work ethic*. New York: American Management Association.
- Clarke, J. & Critcher, C. (1985). *The devil makes work: Leisure in a capitalist*

- - - - - - - *Britain*. Champaign, IL: University of Illinois Press.
- Clebsch, W. & Jaekle, C. (1994). *Pastoral Care in Historical Perspective*. Jason Aroson.
- Clinebell, Howard. (1984). *Basic Types of Pastoral Care and Counseling*. Nashville: Abingdon Press.
- _____ . (1989). *Understanding and Counseling Persons with Alcohol, Drug, and Behavioral Addictions*. Nashville: Abingdon Press.
- Cohen, S. & Wills, T. (1985). "Stress, Social Support, and the Buffering Hypothesis". *Psychological Bulletin*. 98.
- Ellens,J. and SicH. "Sin kness: The Nature of Human Failure," in Counseling and the Human Precicament.
- Ellis, A. (1985). "Why Alcoholics Anonymous is Prpbably Doing More Harm than Good by Its Insistence on a Higher Power," *Employee Assistance Quarterly*, Vol. 1(1).
- Fassel, D. (1990). *Working Ourselves to Death*. San Francisco: Harper & Collins Publishing.
- Frone, M., Russell, M. & Cooper, M. (1992). "Antecedents and Outcomes of Work-family Conflict: Testing a Model of the Work-family Interface." *Journal of Applied Psychology*. 79.
- Fleming, J. & Courtney, B. (1984). "The Dimensionality of Self-esteem: Hierarchical Facet Model for Revised Measurement Scales." *Journal of Personality and Social Psychology*. 46.
- Friedman, S. & Sharon L. (2003). "The Happy Workaholic: A Role Model for Employees." *The Academy of Management Executive*. 17(3).
- Golden, L. (2008). "A brief History of Long Work Time and the Contemporary S, Contemporary S, sources of Overwork." *Journal of Business Ethics*. 84(2).
- Gardner, E. (1992). Brain Reward Mechanism in Substance Abuse, A

　　　　　Comprehensive Textbook. J. H. Lowinson et al., 2nd ed. Baltimore: Williams and Willkins.
- Giddens, Anthony. (1992). *Sexuality, Love and Eroticism in Modern Societies*. London: Picador.
- Gutek, B. A., Searle, S. & Klepa, L. (1991). "Rational Versus Gender Role Explanations for Work-family Conflict". Journal of Applied Psychology. 76(4), 560-568.
- Hass, R. (1989). *Workaholism: A Conceptual View and Development of a Measurement Instrument*. Unpublished Doctoral Dissertation. United States International University.
- Hoogewind, A. (1983). "Holistic Ministry to Addiction". *Journal of Psychology and Christianity*. 2.
- House, J. (1981). *Work Stress and Social Support*. Addison Wisely Publishing.
- Humphreys, F. (2010). *Times of David Humphreys, Soldier Statesman-poet, Belove'd of Washington*. General Books.
- Ibrahim, H. (1991). *Leisure and society: A comparative approach*. Iowa: William. C. Brown Publishers.
- Isa-Ahola, S. & Weissinger, E. (1987). "Leisure and Boredom". *Journal of Social and Clinical Psychology*. 5(3).
- Jackson, Sydney V. (1989). "Pastoral Counseling of Recovering Alcoholics After Treatment", *Pastoral Psychology*. Vo, 38(2)(Winter).
- Jones, Stanton L. & Butman, Richard E. (1991). *Modern Psychotherapies: A Comprehensive Christian Appraisal*. IL: Inter Varsity Press.
- Kernberg, O. F. (1975). *Borderline Condition and Pathological Narcissim*. New York: Jason Aronson.
- Kelly, J. & Godbey, G. (1992). *The sociology of leisure*. State College. PA: Venture Publishing.
- Kiechel, W. (1989a). "The Workaholic Generation". *Fortune*. 10.

- Kill, Anthony Steven. (1986). "Kohut's Psychology of the Self as a Model for Theological Dynamics." *Union Seminary quarterly review*, vol. 41, no.1.
- Killinger, B. & Schuster, S. (1991). *Workaholics: The respectable addicts*. New York, NY: Simon.
- Kohut, Heinz. (1971). *The Restoration of the Self*. Madison: International University Press.
- _____ . (1971). *The Analysis of the Self*. Madison: International University Press.
- _____ . (1978). *The Search for the Self*. vol. 2 . Madison: International University Press.
- Kleiner, B & Francis. G. (1987). "Understanding workaholism." *Business*. Jannary, 52–54.
- Krumboltz, J. D. "Integration Career and Personal Counseling." *The Career Development Quarterly*, 42(2).
- Lounsbury, J. Gibson, L. & Hamrick, F. (2004). "The Development Validation of a Personological Measure of Work Drive." *Journal of Business Psychology*, 18(4).
- Maslach, C. (1976). "Burn-out." *Human Behavior*. 5(9).
- Maslach, C., & Jackson, S. (1981). "The Measurement of Experienced Burnout." *Journal of Occupational Behavior*. 2.
- Maslach, Christina. (1982). *Burnout-the Cost of Caring*. Englewood Cliffs, NJ: Prentice Hall.
- Machlowitz, M. (1977). "Workaholics." *Across the Board*. 14.
- _____ . (1980). *Workaholics: Living with them, Working with Them*. Menlo Park, CA: Addison-Wesley Publishing Company.
- May, G. (1988). *Addiction and Grace*. San Francisco: Harper Collins Publisher.
- McMillan, L. et als. (2001). "Understanding Workaholism: Data synthesis, Theoretical Critique, and Future Design Strategies." *International

Journal of Stress Management. 8(2).
- McCommic, Patrick. *Sin as Addiction*. New York: Paulist Press.
- McMillan, L., O'Driscoll, M. & Brady, E. (2004). "The Impact of Workaholism on Personal Relationships." *British Journal of Guidance & Counselling*. 32(2).
- Merton, T. (1953). *The Sign of Jonas*. New York: Harcourt Brace Jovanovich.
- Michaal, J. & Jones, S. (1999). *The Art of Moderation: An Alternative to Alcoholism*. San Francisco: Vision Books International.
- Miller, J. (1987). *Overcoming the Ultimate Deadly Addiction*. San Francisco: Harper and Row.
- Miller, k. (1991). *A Hunger for Healing: The Twelve Steps as a Classic Model for Christian Spiritual Growth*. New York: Harper Collins.
- Minirth, F. et als. (2002). *The Workaholic and His Family*: An Inside Look. Grand Rapids, MI: Baker Book House.
- Minuchin, Salvador. (1974). *Family and Family Therapy*. Cambridge: Harvard University Press.
- Moiser, S. (1983). *Workaholics: An Analysis of Their Stress, Success and Priorities*. Unpublished Master's Thesis. University of Texas at Austin.
- Mudrack, P. & Naughton, T. (2001). "The Assessment of Workaholism as Behavioral Tendencies: Scale Development and Preliminary Empirical Testing." *International Journal of Stress Management*. 8(2). Ng,
- T., Sorensen, K. & Feldman, D. (2007). "Dimensions, Antecedents, and Consequences of Workaholism: A conceptual Integration and Extension." *Journal of Organizational Behavior*. 28(1).
- Oates, W. (1971). *Confessions of a Workaholic*. Nashville, TN: Abingdon Press.
- Peele, Stanton. (1975). *Love and Addiction*. New York: New American History.
- Peters, T. (1994). *Sin: Radical Evil in Soul and Society*. Grand Rapids, MI: Wm. B. Eerdmans Publishing Co.
- Pita, D. D. (1994). *Addictions Counseling*. New York: Crossroad.

- Porter, G. (2001). "Workaholic Tendencies and the High Potential for Stress among Co-workers." *International Journal of Stress Management*. 8(2).
- Russel. H. (1994). *Research Methods in Anthropology: Qualitative and Quantative Approaches*. London: Sage Publication.
- Rogers, C. R. (1980). *My Philosophy of Interpersonal Relationships and How It Grew*. Boston: Houghion Mifflin.
- Rosenberg, M. (1962). "The Association Between Self-esteem and Anxiety." *Journal of Psychiatric Research*. 1.
- Robinson, B. & Kelley, L. (2002). Adult children of workaholics: self-concept, anxiety, depression, and locus of control. *The American Journal of Family Therapy*.
- Robinson, B. (2001). "Workaholism and Family Functioning: A Profile of Familial Relationships, Psychological Outcomes, and Research Considerations." *Contemporary Family Therapy*. 23(1).
- Robinson, B. (1998a). *Chained to the Desk: A Guidebook for the Workaholic, Their Partners and Children, and the Clinicians who Treat them*. New York: New York University Press.
- _____ . (1998b). "The Workaholic Family: A Clinical Perspective". *American Journal of Family Therapy*. 25(1).
- _____ . (1999). "The Work Addiction Risk Test: Development of a Tentative Measure of Workaholism". *Perceptual and Motor Skills*. 88.
- _____ . (2000), "Workaholism: Bridging the Gap between Workplace, Sociocultural, and Family Research." *Journal of Employment Counseling*. 37(1).
- Seybold, K. & Salomone, P.(1994) "Understanding Workaholism: A Review of Causes and Counseling Approaches." *Journal of Counseling and Development*.
- Schaef, A. (1987). *When Society Becomes an Addict*. San Francisco: Harper

and Row.
- Seybold, K. & Salomone, P. (1994). "Understanding Workaholism: A Review of Causes and Counseling Approaches." *Journal of Counseling and Development*. 73.
- Scott, K., Moore, K. & Miceli, M. (1997). "An Exploration of the Meaning and Consequences of Workaholism." *Human Relations*. 50(3).
- Shimazu, A., Schaufeli, W. & Taris, T. (2010). "How does Workaholism Affect Worker Health and Performance? The Mediating Role of Ccoping." *International Journal of Behavioral Medicine. Online First*. 10.
- Snir, R. & Harpaz, I. (2004). "Attitudinal and Demographic Antecedents of Workaholism." *Journal of Organizational Change Management*. 17(5).
- Spence, J. & Robbins, B. (1992). "Workaholism: Definition, Measurement, and Preliminary Results." *Journal of Personality Assessment*. 58.
- Tucker, D. (2001). *Workaholism: The Antithesis of Leisure*. Unpublished doctoral, dissertation. University of Illinois at Urbana-Champaign.
- *Webster's New Twentieth Century Dictionary* (1975). Second edition. New York: World Publishing Co.
- Washton, A. & Boundy, D. (1989). *Willpower's not Enough: Understanding and Recovering from Addictions of Every Kind*. New York: Harper & Row.
- Zimet, G. et als. (1988). The Multidimensional Scale of Perceived Social Support. *Journal of Personality Assessment*. 52(1).

일 중독 상담과 치유

1판 1쇄 인쇄 _ 2017년 3월 2일
1판 1쇄 발행 _ 2017년 3월 6일

지은이 _ 조숙자
펴낸이 _ 이형규
펴낸곳 _ 쿰란출판사

주소 _ 서울특별시 종로구 이화장길 6
편집부 _ 745-1007, 745-1301~2, 747-1212, 743-1300
영업부 _ 747-1004, FAX 745-8490
본사평생전화번호 _ 0502-756-1004
홈페이지 _ http://www.qumran.co.kr
E-mail _ qrbooks@gmail.com / qrbooks@daum.net
한글인터넷주소 _ 쿰란, 쿰란출판사
등록 _ 제1-670호(1988.2.27)
책임교열 _ 박신영·최찬미

ⓒ 조숙자 2017 ISBN 978-89-6562-989-4 93230

책값은 뒤표지에 있습니다.
이 출판물은 저작권법에 의해 보호를 받는 저작물이므로 무단 복제할 수 없습니다.
파본(破本)은 구입처에서 교환해 드립니다.